我国马拉松赛事风险管理机制研究

王月华　凌　平◎著

吉林大学出版社
·长春·

图书在版编目（CIP）数据

我国马拉松赛事风险管理机制研究 / 王月华, 凌平
著. -- 长春 : 吉林大学出版社, 2024.3
ISBN 978-7-5768-1573-3

Ⅰ. ①我… Ⅱ. ①王… ②凌… Ⅲ. ①马拉松跑 - 运
动竞赛 - 风险管理 - 中国 Ⅳ. ①G822.87

中国国家版本馆CIP数据核字(2023)第053087号

书　　名：我国马拉松赛事风险管理机制研究
　　　　　WO GUO MALASONG SAISHI FENGXIAN GUANLI JIZHI YANJIU

作　　者：王月华　凌　平
策划编辑：张宏亮
责任编辑：张宏亮
责任校对：滕　岩
装帧设计：雅硕图文
出版发行：吉林大学出版社
社　　址：长春市人民大街4059号
邮政编码：130021
发行电话：0431-89580028/29/21
网　　址：http://www.jlup.com.cn
电子邮箱：jldxcbs@sina.com
印　　刷：长春中海彩印厂
开　　本：787mm×1092mm　　1/16
印　　张：15
字　　数：220千字
版　　次：2024年3月　第1版
印　　次：2024年3月　第1次
书　　号：ISBN 978-7-5768-1573-3
定　　价：78.00元

序

从希波战争中跑回雅典报告胜利消息的菲迪皮茨，到不断刷新人类速度极限的基普乔格，马拉松在人类体育历史进程中扮演着极其重要的角色。场地开放、允许业余与专业选手一同参赛，让更多普通人亲身感受到顶级赛事的魅力，成为马拉松赛事的一个重要发展方向。在国家提出的取消商业性与群众性体育赛事的审批事项，积极推动体育赛事产业的快速发展政策与经济的双重驱动下，我国体育赛事的举办热情大大提升，马拉松作为最受我国民众青睐的体育赛事之一，一时间呈"井喷式"速度发展，席卷全国各大中小型城市。举办马拉松赛事不仅是提升城市知名度，增进城市政治、社会、经济、文化、环境发展的有效手段，更是社会主义发展新时期"广泛开展城市居民健身活动，加快推进体育强国建设的重要引擎"。但随着马拉松赛事规模与办赛环境的不断扩大，伴随而来的赛事风险也日益凸显，在举办过程中较为频繁地出现人员伤害、交通拥堵、秩序混乱等问题，特别是2022年甘肃越野马拉松赛出现了严重的死亡情况，死亡率高达12.2%；2023年2月时隔三年"重启"的深圳马拉松赛事中，6小时内救治2901人次。将马拉松赛事的安全问题推上风口浪尖，一时间成为社会各界关注的焦点。

风险事件频发的背后体现的是马拉松赛事风险管理机制的不完善、不健全等问题。2018年11部委联合印发《马拉松运动产业发展规划》明确提出：要科学的组织马拉松赛事，提高服务水平，加强对马拉松赛事组织的风险防控，完善赛事安全监管体系，确保马拉松赛事安全运行。2022年10月25日国家体育总局等8部委关于印发《户外运动产业发展规划(2022—

2025年)》的通知中明确提出应加强户外运动安全防控，开展户外运动安全知识教育。可见，马拉松赛事的风险管理，已然成为了赛事举办方、赛事承办方与体育学术界需要重点研究的议题。本研究基于国家政策导向、赛事安全发展需求与风险事故频发的现实背景，从构建与完善马拉松赛事风险管理机制入手，结合风险管理理论，分别从赛事致险因素分析、赛事风险管理现状及存在问题、赛事风险应对策略、赛事风险防控方案等全新的视角探索我国马拉松赛事风险管理的有效运行机制。为丰富赛事风险管理理论，完善赛事管理机制，提高赛事风险管理提供机制保障。

采用文献资料法、专家访谈法、案例分析法、实地考察法等，以国内典型马拉松赛事、案例、事件等为研究个案，从赛事风险管理的实际情况出发，对我国马拉松赛事的风险管理机制进行研究。第一，对马拉松赛事的历史文化及其对城市发展的促进作用进行概述；第二，对相关概念和理论进行梳理，明确风险管理理论为本研究的理论基础；第三，根据赛事外在表现形式与赛事管理要素对马拉松赛事风险的类型进行划分，以便马拉松赛事风险的分层分类管理；第四，分析我国马拉松赛事风险致因，识别其风险程度，为更加完善我国马拉松赛事风险管理机制打下基础。第五，从马拉松赛事风险实际案例中总结其中存在的风险管理问题，探索马拉松赛事在风险管理过程中存在的问题。基于以上理论基础和实际情况，对我国马拉松赛事赛前风险、赛中风险和赛后风险的评估结果进行分析，构建我国马拉松赛事赛前风险预警机制、赛中风险应对机制及赛后风险保障机制，进而完善我国马拉松赛事风险管理机制，并进一步对马拉松赛事风险的发展与内外部环境进行全程监控，及时调整风险管理机制，保障马拉松赛事的顺利进行。

目　录

绪 言

一、选题依据

近年来，随着我国社会发展水平逐渐提高，民众参与体育赛事等活动的热情不断提升，体育赛事迎来发展的重要时期。马拉松作为一项全民健身运动，在国家一系列政策文件引导下迅速在全国展开，尤其是在2014年《国务院关于加快发展体育产业促进体育消费的若干意见》等文件出台后，更是激发了各方举办体育赛事的热情。马拉松赛事是体育赛事中的重要组成部分，在促进体育产业发展、提高人民生活幸福感方面有着重要作用。体育运动作为人民生活的重要内容，既有利于增强人的身体素质，又有利于塑造人的意志品质。因此，只有将马拉松赛事风险管理工作做好，才能更好地发挥马拉松赛事的作用，进一步促进社会经济发展、满足人们多样化体育运动需求，真正实现马拉松赛事的健康可持续发展。

经过几十年发展，马拉松赛事作为参与人数众多、趣味性强的体育运动在众多体育赛事中脱颖而出，成为我国民众喜闻乐见且积极参与的体育赛事之一。在国家"放管服"政策的激励下，马拉松赛事发展迅速，全民参与热情不断高涨，马拉松运动本体呈现健康、稳定、蓬勃发展的良好局面，办赛数量和质量均有提升，大众选手和专业选手的男女马拉松成绩不断取得突破性进展。马拉松项目对运动器材基本无要求，对运动装备的投入较少，运动形式灵活，运动技术难度低，并且在没有搭档的情况下也可参加，因此吸引了众多人群参与。据中国田径协会统计，在马拉松赛事数量方面，2019年中国马拉松及相关路跑赛事持续保持高速增长，在2019年中国境内（不含香港、澳门、台湾地区）的所有地域内共举办规模赛事1828场，较2018年增加247场，同比增长15.62%。累计参赛人次712.56万，较2018年的583万增加129.56万，同比增长22.22%。其中，经中国田径协会认证赛事共计357场，较2018年增加18场；认证赛事总参赛人次达到423.91万，占总参赛人次的59.49%，较2018年增加57.75万，同比增长15.77%[①]。由此可见，以马拉松为代表的相关体育运动在体育产业和人民生活中的地位越来越高，2010年起马拉松运动逐渐在我国体育领域中占据了一定地位，尤其在"健康中国"战略和"全民健身"战略的助推下，进一步促进了中国马拉松赛事的发展。据相关统计资料显示，在2019年全国31个省区市（不含港澳台地区）均有举办马拉松及其相关赛事活动，其中浙江省、江苏省及北京市举办的数量位居全国前三，浙江省位于全国第一，共举办了232场相关赛事活动。在赛事活动层出不穷的背景下，由于我国社会的发展及经济水平的提高，人民对体育运动的需求也在提升，通过举办各类体育赛事来满足人民的需求成为许多国家和城市的重要选择，而马拉松作为一项竞技运动与健身休闲相结合的赛事，在全国各地掀起热潮，根据不同地区人民的需求特点和经济社会发展情况，全国许多城市都形成了具有自身特色的马拉松赛事，如长春国际马拉松赛、郑开国际马拉松赛、成都马拉松赛、上海国际马拉松赛、北京马拉松赛、厦门马拉松赛、深圳国际马拉松赛等，这些马拉松赛事经过长期发展已经成为或正在成为具有强大赛事价值及庞大参赛人群的体育活动。

　　和其他大型体育赛事相比，举办马拉松赛事同样可以带来丰厚的社会效益和经济效益。举办马拉松赛事不仅可以提高举办城市的知名度、改善城市基础设施建设、提高市政建设水平，还可以促进城市社会经济发展、加强城市环境保护、满足人民多样化体育需求，是社会主义发展新时期积极践行"广泛开展城市居民健身活动，加快推进体育强国建设的重要引擎"的关键举措。除带动相关产业发展外，马拉松赛事在践行全民健身

---

① 中国田径协会发布《2019中国马拉松年度报告》[EB/OL]．（2020-05-20）[2021-12-16]．http://www.athletics.org.cn/news/marathon/2020/0520/346440.html.

向全民健康转变的理念中也扮演着重要角色，对于提高人民的身体素质，改变人民的运动观念转变具有重要作用。在政策、经济、人民需求等多重利好因素的驱动下，我国马拉松赛事迎来发展的关键时期，但在马拉松赛事迅猛发展的同时，我们也应注意到在其发展过程中存在许多问题，如行业规范健全程度不够、医疗救治不及时、赛场秩序失衡等。同时在新型冠状病毒肺炎疫情下因其本身所具有的聚集性、流动性所带来的防疫风险使马拉松赛事长时间处于停摆状态，马拉松赛事组织经验不足、安全措施不到位、医疗保障条件缺少及赛事风险预警不到位等问题也逐渐显现。无论是深圳半程马拉松的"抄近道"事件、苏州马拉松的"递国旗"事件，还是诸暨西施马拉松的"赛中强行采访"与"三年猝死"事件、"甘肃白银山地马拉松21人死亡"事件的发生，都给马拉松赛事的发展笼罩上了一层阴霾，也使马拉松赛事安全问题成为社会各界关注的焦点。马拉松赛事的组织机构复杂，参与人员众多，赛程路况复杂，种种不确定因素给马拉松赛事的发展带来诸多潜在风险。随着全民健身意识的逐渐觉醒，作为重要的全民健身活动之一的马拉松赛事，其参赛人数不断增长的同时，参赛者意外伤害事件也随之而来，这不禁引发对马拉松赛事的风险管理水平是否符合其发展速度的思考。在理论基础和实践经验双重薄弱的情况下，加之赛事风险的不确定性和复杂性，导致马拉松赛事中猝死、损伤及突发事故等风险问题频发。风险事件频发的背后体现的是我国马拉松赛事风险管理机制的不完善、不健全等问题，随着马拉松赛事规模不断扩大与办赛环境逐渐复杂，一些马拉松赛事风险随之而来，内外部等多种不确定因素对马拉松赛事是否可以顺利举办起到关键性作用。在某种情况下，危险一旦发生，往往会造成多方面损失，所产生的后果是无法估量的。

基于马拉松赛事风险事件频发的现实状况，2018年十一部委联合印发《马拉松运动产业发展规划》，明确提出要科学地组织马拉松赛事，提高服务水平，加强对马拉松赛事组织的风险防控，完善赛事安全监管体系，确保马拉松赛事安全运行。2020年中国田径协会发布《中国马拉松及相关运动办赛指南》围绕竞赛管理组织、医疗保障等方面提出相关规定，对于规范中国境内路跑赛事的组织管理，促进路跑赛事健康发展具有指导性意义。2021年6月，国家体育总局办公厅印发《关于加强路跑赛事安全管理工作的通知》，要求落实好"安全风险防控方案、应急处理方案、疫情防控方案和赛事组织方案"，将赛事举办时间、项目设置、赛事规模等进行备案。另外，2021年10月《中华人民共和国体育法（修订草案）》提出加强对高危险性体育项目和赛事活动的监管。由此可见，在政策助推下，加强马拉松赛事风险管理研究，已然成为政府部门、赛事组织者、赛事承办方与体育学术界需要重点研究的议题，建立和健全马拉松赛事风险管理机制成为保障马拉松赛事顺利举办的重要内容。

本研究抓住"风险"这一研究视角，依据风险管理理论，结合马拉松赛事的特点，识别我国马拉松赛事风险类别，找出我国马拉松赛事面临的主要风险，构建马拉松赛事风险管理机制，以此保障我国马拉松赛事顺利开展。在传统的风险管理理论中，风险识别是风险管理的第一步，也是展开风险分析和风险评价的基础。只有有效识别项目中存在的风险，才能合理地进行风险评估，并有针对性地采取规避和降低风险的措施，构建马拉松赛事风险管理机制。风险管理机制是马拉松赛事风险管理的基础，建立完整的马拉松赛事风险管理机制是目前我国马拉松赛事运作过程中亟待解决的重大问题，也是促进马拉松赛事健康可持续发展的关键。通过建立完整的马拉松赛事风险管理机制，既可以保障马拉松赛事顺利举办又可以完善我国马拉松赛事风险管理体系，并为其他类型体育赛事的发展提供风险管理策略参考，积累赛事风险管理经验，最终回馈于马拉松赛事的风险管理中，从而为马拉松项目相关部门制定风险管理方案提供支持。

二、研究目的与意义

（一）研究目的

随着我国马拉松赛事数量不断增多、规模不断扩大、参赛人数不断增长，马拉松赛事在运行中所面临的风险也愈来愈复杂，马拉松赛事因其本身所具有的特殊性，与其他体育赛事相比带有更多的不确定性和高风险性，伴随马拉松赛事在我国各地开展，马拉松赛事风险问题逐渐显露。从近几年国际马拉松赛事和城市马拉松赛事发生的事故中就可以清楚地看到，马拉松赛事风险问题十分突出。本研究旨在通过对我国马拉松赛事中出现的风险进行分类并找出我国马拉松赛事中面临的主要风险，建立马拉松风险预警和防控机制，找出规避风险的措施，客观分析马拉松赛事风险产生的因素，识别评估不同赛事风险类型等级，对在举办马拉松赛事中可能遇到的风险进行预警，进一步加强对马拉松赛事风险的管理与控制，从而促进我国马拉松赛事的正常运行。

（二）研究意义

首先，将风险管理理论应用到我国马拉松赛事风险管理的研究中，将马拉松赛事风险管理的理论研究进行完善，拓宽管理学理论的研究空间；从马拉松赛事风险控制与管理的角度出发，构建与完善马拉松赛事风险管理机制，从而实现对我国马拉松赛事风险的预判、监管与控制；在客观分析导致马拉松赛事风险产生原因的基础上，识别评估不一样的马拉松赛事风险类型等级，为进一步完善我国马拉松赛事风险管理机制提供科学方法。

其次，通过对马拉松赛事风险的有效识别，准确把握我国马拉松赛事在举办过程中存在的赛事风险因素，为进一步完善马拉松赛事风险管理机制提供现实依据；在马拉松赛事举办过程中深入分析导致马拉松赛事风险发生的相关影响因素，为提升我国马拉松赛事的风险管理与控制提供决策参考；通过对马拉松赛事举办过程中尚存风险的识别与影响因素的分析，结合马拉松赛事管理特点，提出马拉松赛事风险管理机制，对于促进我国马拉松赛事正常运行具有十分重要的现实意义。

三、研究的主要观点及创新点

（一）研究的主要观点

加快建立与完善我国马拉松赛事风险管理机制是新时期马拉松赛事健康可持续发展的必然选择。但由于马拉松赛事发展速度与赛事产业链条、赛事管理机制不相匹配，加之马拉松赛事环境、规模、人员的复杂，导致马拉松赛事风险事故频发，严重影响了马拉松赛事的健康发展。因此，本研究通过界定马拉松赛事风险管理的概念，识别马拉松赛事风险种类，探求马拉松赛事风险的影响因素，分析马拉松赛事风险管理现状，以期构建马拉松赛事风险管理机制，加强对马拉松赛事风险的科学管理，预防、规避、减少马拉松赛事风险事故的发生。

（二）研究创新点

1. 研究视角创新

本研究将社会学、风险管理学和体育学等相关学科联系起来进行探究，从赛事风险管理理论的研究视角出发，立足于我国马拉松赛事的竞赛风险、政治风险、经济风险、组织风险、自然风险等，结合我国马拉松赛事的现实情况，根据赛事风险管理环节进行风险识别、风险评估、风险应对、风险监控等，系统而深入地探讨我国马拉松赛事风险形成的影响因素及赛事风险管理过程中存在的问题，从而提出我国马拉松赛事风险管理机制。

2. 研究内容创新

研究所涉及的相关概念、马拉松赛事风险管理的研究范畴，赛事风险管理的内容、赛事管理的过程及马拉松赛事风险管理的运行机制均属于在前人研究基础上的进一步创新，马拉松赛事风险管理机制的完善，是《关于加快发展体育产业促进体育消费的若干意见》的落地举措及《马拉松运动产业发展规划》中完善赛事管理机制，保障赛事健康发展的客观实际。

3. 研究方法创新

本研究规避了以往单学科理论的研究，综合了管理学、经济学方面的知识，运用理论并结合实证方法，以我国马拉松赛事发展亟须构建风险管理机制为契机，从影响我国马拉松赛事风险发生的因素出发，结合国内马拉松赛事风险的典型案例，了解我国马拉松赛事风险管理现状，识别马拉松赛事风险类型，对马拉松赛事风险进行监测并构建我国马拉松赛事风险管理机制。

四、研究对象与研究方法

（一）研究对象

本研究以我国马拉松赛事风险管理机制为研究对象。

（二）研究方法

1. 文献资料法

本研究是在前人研究的基础之上，根据研究内容的实际需要，对所收集的资料进行整理和分析，并对其充实完善以适用于本研究。通过实地访问吉林省图书馆、长春市图书馆、东北师范大学图书馆等文献信息收藏中心，检索"中国知网""万方数据知识平台""维普中文期刊服务平台"及"Web of Science""Google Scholar"等数据库，大量收集、整理国内外管理学和赛事管理中关于赛事风险管理相关理论的研究资料、论文、专著，并对所收集的资料进行整理和分类，重点对与体育赛事风险管理相关的文献资料做阅读和分析，梳理可借鉴的理论成果，为本研究奠定基础。主要查询了以下有关资料：社会学、风险管理学、项目管理学、现代管理学、心理学、法学等方面的博硕论文、期刊论文、相关报刊以及马拉松赛事和马拉松赛事风险事故的报道和采访资料等。这些资料可以为我国现在马拉松赛事的开展状况进行科学分析和评价提供参考，为研究马拉松赛事风险指标因素的确立，以及马拉松赛事风险事件的识别、风险评估、风险应对和风险控制等相关问题提供理论依据。

2. 专家访谈法

访谈专家是为了对本研究过程中可能出现的问题及应注意的事项征求专家意见并进行咨询，为本研究的可行性提供参考。本研究在选题和研究思路的确定、研究内容和研究框架的构建等过程中，分别走访了部分体育局相关人员、马拉松赛事管理的专家学者及马拉松赛事组织者和参与者等，征求他们的意见，重点对我国马拉松赛事发展的现状、目前存在的问题、有关马拉松赛事举办过程中出现的各种风险和应对措施进行交流与探讨，以确保本研究的顺利进行。同时进行实地调查访问我国马拉松赛事有关情况，对相关专家学者进行深度访谈，在交谈和探讨过程中进行记录，获取关于我国马拉松赛事的第一手材料，并对所有内容进行书面整理。

3. 案例分析法

通过对以往我国马拉松赛事风险事件的收集与整理，以赛事风险管理的典型事件为研究对象，具体对马拉松赛事风险产生的原因及赛事风险管理过程中存在的问题进行分析，整体把握当前我国马拉松赛事存在的风险、风险产生的原因及马拉松赛事风险管理过程中存在的问题。在此基础上结合以上研究方法提出我国构建马拉松赛事风险管理机制的举措。

4. 实地考察法

通过与部分体育局及相关体育部门沟通，向赛事举办方、赛事承办方及相关研究领域的专家等进行无结构深度访谈，重点访谈当前马拉松赛事风险问题产生的原因、影响因素、具体解决措施等；主动参与到我国马拉松赛事运行的整个过程中，通过选定具有代表性的马拉松赛事，实地考察赛前、赛中和赛后出现的风险问题及所采取的管理措施。

五、研究步骤分析

本研究主要分为七章，具体内容安排如下：

第一章为马拉松赛事概述。该部分阐述了马拉松赛事的起源及发展史，对马拉松赛事的文化特征进行分析及介绍了马拉松赛事对城市发展的促进作用。

第二章为基础理论部分。该部分对马拉松赛事、体育风险、赛事风险管理等相关概念进行了辨析和界定，分析了风险管理理论与本研究的关联及其适用性，阐述风险管理理论对马拉松赛事风险管理机制构建的主要启示和作用。

第三章为马拉松赛事风险类型及案例分析。该部分选取马拉松赛事风险典型案例并对其进行细致分析，在对赛事风险类型进行划分的基础上，根据马拉松赛事外在表现形式与赛事管理要素对马拉松赛事风险的类型进行划分。其中，按照外在表现形式可将马拉松赛事风险类型划分为自然风险、政治风险、商业风险、设施赛道风险；按照赛事管理要素风险可将马拉松赛事风险类型划分为人员风险、财务风险、场地器材风险、时间风险、信息风险。通过对马拉松赛事风险类型进行划分，为马拉松赛事风险管理责任划分、马拉松赛事风险的分层分类管理和马拉松风险管理机制构建奠定基础。

第四章为马拉松赛事风险致因分析。该部分主要对我国马拉松赛事的风险致因进行分析，在对马拉松赛事风险进行分类的基础上结合马拉松赛事本身的独特性及赛事组织方式，从比赛项目的竞赛风险、政治风险、经济风险和自然风险等方面对马拉松赛事的风险因素进行分析。通过对我国马拉松赛事风险致因的分析，识别其风险程度，为更加完善我国马拉松赛事风险管理机制打下基础。

第五章为马拉松赛事风险管理现状及存在问题。该部分结合马拉松赛事风险管理的特点，制定了访谈提纲，对体育领域研究马拉松赛事的相关专家学者、马拉松赛事组织者和参与者等进行调查与访谈，实地考察部分马拉松赛事，以此了解我国马拉松赛事风险管理现状。针对马拉松赛事风险案例进行具体分析，总结马拉松赛事风险案例或事件中存在的风险管理问题，探索城市马拉松赛事在风险管理过程中存在的管理不完善、管理不严谨及管理不规范等问题产生的根源，为深入分析我国马拉松赛事风险管理中存在的问题奠定基础。

第六章为马拉松赛事风险管理机制及实施策略。该部分通过对马拉松赛事风险进行识别和评估，探索马拉松赛事风险管理程序和策略；在对我国马拉松赛事赛前风险、赛中风险和赛后风险的评估结果进行分析的基础上，构建我国马拉松赛事赛前风险预警机制、赛中风险应对机制及赛后风险保障机制，进而完善我国马拉松赛事风险管理机制，保障马拉松赛事的安全运行。

第七章为马拉松赛事风险监控。该部分通过对马拉松赛事风险的发展与内外部环境进行实时监控、全程监控，根据马拉松赛事风险的变化和管理需要对风险规避策略和管理机制进行调整，从而保证对马拉松赛事风险的管理能够达到预定目标，保障马拉松赛事的顺利进行。

六、马拉松赛事风险研究综述

（一）国外研究现状

1. 关于马拉松赛事价值的研究

举办马拉松赛事需要得到当地举办方的大力支持，同时马拉松赛事也会为举办城市带来巨大的经济效益和社会效益，刺激良性消费，拉动经济增长，带动基础设施建设等相关发展。Essex等（1998）指出举办大型体育赛事活动有利于提高举办城市的社会影响力、打造城市体育品牌，同时可以增加就业岗位，提高社会发展活力，促进城市基础设施建设的同时可以拉动城市旅游业、酒店业、餐饮业等服务业的发展[1]。

但同时也对举办城市的赛事统筹能力、办赛能力、赛事安全保障能力提出了要求。Jordan Rappaport等（2001）认为，大型体育赛事的举办有助于进一步提升城市的影响力、促进城市的经济发展，同时提高整个城市居民的生活质量[2]。David Moross（2009）认为，举办马拉松赛事对城市的影响力要大于举办其他体育赛事，马拉松赛事具有巨大的经济影响力，参与赛事的群体多为具有较高收入的人群，这些消费群体是赛事经济来源的重要组成部分，将带动马拉松赛事经济的进一步发展，从而促进举办城市经济和社会发展，提高马拉松参赛者的经济收入。Jose（2014）认为马拉松在奥运会中是一个十分重要的比赛项目，它不仅体现了参赛选手的意志力，更是体现了他们不服输、顽强拼搏的体育精神，这也正是体育想要向人们传达的心声[3]。Millicent Kennelly（2014）认为，马拉松作为大型体育

① ESSEX S, CHALKLEY B. Olympic Games: catalyst of urban change [J].Leisure Studies, 1998 (17): 187-206.

② RAPPAPORTJ, WILKERSONC.What Are the Benefits of Hosting a Major League Sports Franchise [J].Economic Review. of the Federal Bank of Kansas City, 2001, 86 (1): 55-86.

③ CONTRERAS J L,CORVALAN A.Olympic Games: No legacy for sports [J]. Economics Letters, 2014 (2): 268-271.

赛事，它的号召力相当强大，企业可以利用该赛事充分展示自己的品牌，借此发挥品牌效应，让更多人了解品牌的内涵，以此获得更多经济效益，因此举办方应该利用这一优势积极吸引更多的赞助商参与到马拉松赛事中。具有系统的组织规划、完善的管理制度的马拉松赛事有助于打造城市名片，促进城市其他产业协同发展，为举办地带来更多机遇和经济价值。随着人们休闲时间日益增多、体育活动的种类不断丰富，使其对自身健康的重视程度不断提高，从而逐步显露出马拉松赛事的经济属性。参与和举办马拉松赛事，将给参赛者和举办方带来不同效益，进一步促进了马拉松赛事的发展。

2. 关于马拉松赛事管理的研究

举办马拉松赛事需要各个部门的相互配合，只有配合默契和得当才能够更好地为运动员和赛事本身服务。斯蒂芬P.罗宾斯（Stephen P. Robbins,2001）指出管理学具有五大职能特点，分别为计划、组织、指挥、协调、控制。体育赛事组织管理容易受政治、文化、环境、人口等因素的影响，因此建议在赛事组织管理中要以本土环境的变化而变化，实行灵活开放式的管理方式，处理好利益相关者之间的关系。Stephen P. Robbins（2002）认为，在举办大型体育赛事的前期，应先确定好赛事举办的最终目标，以及举办赛事所需要达到的影响，并充分围绕举办目标有条不紊地进行体育赛事活动。乔·戈德布拉特（Joe Goldblatt,2003）在书中指出：赛事的早期准备工作，以及赛事的规划、各部门之间的配合、赛事举办过程中的合作、举办赛事过后的评估，都是赛事举办中的重要过程。大型体育赛事的举办过程中，赛事组织过程的管理、工作的协调、活动的推广合作，以及赛事举办过程中问题的充分准备与分析都属于赛事管理范畴[①]。John Buswell（2005）认为体育赛事成功举办的关键在于完善的管理制度，赛事的管理制度主要是将资源投入体育赛事里，经过一定的程序，而程序中主要衡量的是消费者的需求与期望，最后满足赛事目标用户群的

---

① 　戈德布拉特. 国际性大型活动管理［M］.陈加丰，王新，译. 北京: 机械工业出版社，2003.

预期。Beatrice Abalasei（2012）认为，马拉松属于大型体育赛事，拥有庞大的参赛群体，赛事主办方应合理及充分地利用新旧媒体对赛事进行宣传，以期带来更多经济效益。Preuss，Holger（2015）认为，马拉松属于大型体育赛事聚集性的活动，赛前赛后都将吸引大批量的参赛选手在一起进行比拼，但是赛后的运营方面未得到主办方、政府及赞助商的重视，因此在马拉松赛事举办后期，要充分考虑到各种因素，妥善处理好赛后阶段的各种问题，避免出现一些不可预知的风险[①]。马拉松赛事管理工作贯穿马拉松赛事运行的各个阶段，马拉松赛事各部门既要制定马拉松赛前和赛中管理预警和防控方案，又要重视马拉松赛后风险管理，以确保马拉松赛事正常进行。

3. 关于马拉松赛事风险分类的研究

厘清马拉松赛事风险的种类，是做好马拉松赛事风险防范工作的关键一步，国外学者从不同角度对马拉松赛事风险进行了分类。Frosdick等（1997）认为马拉松赛事风险包括观众、人身安全风险、人群风险、商业相关风险、外部干扰风险，这些风险类型对于马拉松赛事的顺利举办具有关键性作用[②]。Appenzeller（2005）认为赛事风险包括人身受伤害率、运动员服务、门票销售、后勤服务、赞助商服务、酒店运营、媒体关系等风险[③]。Bill Glad（2007）认为赛事风险包括人身意外伤害风险、体育赛事风险管理、风险管理机构、体育活动伤害预防策略风险、体育赛事保险、财产损失风险等风险。通过对以上学者关于马拉松赛事风险的分类进行整理和分析发现，马拉松赛事风险主要由人员风险、商业风险、财务风险、环境风险等共同构成，在不同的马拉松赛事中会出现不同风险和新增的其他

---

① HOLGER P. A framework for identifying the legacies of a mega sport event [J]. Leisure Studies, 2015, 34（6）: 1-22.

② FROSDICK S, WALLEYL. Sportand safety management [M]. Oxford: Butterworth-Heinemann, 1997.

③ APPENZELLER H. Risk Management [M]（2nd ed）. Durhamin Sport lssues and Strategies NC: Carolina Academic Press, 2005.

风险，因此了解马拉松赛事风险类型，做好马拉松赛事风险管理工作对于推动赛事顺利运行具有重要意义。

4.关于马拉松赛事风险现状的研究

国外学者对马拉松赛事风险的因素进行了总结，其中对人身安全和医疗风险因素方面的研究较多。Baron T.（1999）等人的研究表明，参加马拉松赛的人员大部分为普通市民或高校生，缺乏经常性的全面的锻炼，身体素质没有达到比赛水准，参加马拉松赛事经验也很少，对比赛的困难性估计严重不足，仅凭一种挑战自我、想要突破自我的激情去参加比赛，这就导致医疗事故来临很突然，受伤的概率增加。Caselli（1997）认为在马拉松这样的持续时间长、比赛赛程长、运动强度激烈的比赛中，最常见导致的伤病为骨骼肌肉的疼痛，其中有肌肉痉挛、脚踝和膝盖运动损伤等。Ogwumike（2013）的观点是，马拉松选手在比赛过程中专注于竞技运动上，注重追求较高的比赛成绩，常常会忽视运动中的身体损伤，直到终点时才去找医务人员进行相关救治，这种情况在马拉松赛事中极为常见，使马拉松赛事人员伤亡风险率提升[1]。Kosaka E.等（2018）对东京2020年奥运会马拉松赛事的路线进行了研究，比赛期间正值东京最热季节，因此在不同路段要设置不同的缓解措施以减少马拉松赛事风险中的人员风险发生，提出可以提前一小时开始比赛，允许跑步者在建筑物的阴影下跑步，或者利用城市绿化，包括扩大树冠等方法最小化马拉松赛事风险发生的可能[2]。Breslow R.G.等（2021）以波士顿马拉松为例探讨了年龄、性别、赛事经验和赛事环境与参赛者劳累性中暑之间的关系，认为在波士顿马拉松比赛中，年轻和跑得更快的运动员患劳累性中暑的风险更高，尽管劳累性中暑只占马拉松赛事医疗安全事故的一小部分，但仍需要大量资源以缓解

---

① OGWUMIKE O O, ADENIYI A F. The SPLASH/ICPC integritymarathon in Ibadan, Nigeria: incidence and managementof injuriesand marathon-related health problems [J]. BMCSports Sci Med Rehabil, 2013, 5（1）: 6.

② KOSAKA E, IIDA A, VANOS J, et al. Microclimate Variation and Estimated Heat Stress of Runners in the 2020 Tokyo Olympic Marathon [J]. Atmosphere, 2018, 9（5）192.

或者减轻这种风险的发生①。马拉松赛事风险发生具有很大不确定性，需要进一步对其发展状况进行总结与思考，提出更为有效的发展途径。

5. 关于马拉松赛事风险管理的研究

了解马拉松赛事风险管理的概念、分类及管理程序等是构建马拉松赛事风险管理机制的关键所在，国外对马拉松赛事风险管理的研究主要集中在以下方面。①马拉松赛事风险管理分类：通过系统研究马拉松赛事，发现马拉松赛事风险管理一般是对人员风险、经济风险、外部环境风险和人身安全风险进行管理，但也有学者提出了其他类型的马拉松赛事风险管理。Chappelet（2011）在研究中将马拉松赛事风险管理分为以下几个方面：身体风险、材料风险、欺诈风险、气象风险、自然风险、公共关系风险②。Parent M.（2016）把马拉松赛事风险管理分类为：财务风险、人力资源、基础设施、媒体、操作、组织、参与、政治、人际关系、运动、形象等13种风险③。Shone（2009）等提出，根据对风险的敏感程度，可以分等级研究赛事风险，分别为低风险赛事、中等风险赛事和高风险赛事，马拉松赛事参与人员众多、组织情况复杂，属于中高风险赛事④。其中国外比较常用的是Parent M的分类。②马拉松赛事风险管理过程：Razz M.（2001）把马拉松赛事风险管理的过程具体分为四个阶段：风险识别、风险评估、风险应对和整理归档；Post（2012）把马拉松赛事风险管理的过程划分为四个时期，即筹备期、准备期、竞赛期与结束期。③马拉松赛事风险管理措施：马拉松赛事风险管理要根据参赛人群、赛事规模、赛事

---

① BRESLOW R G, COLLINS J E, BAGGISH A, et al. Exertional Heat Stroke at the Boston Marathon: Demographics and the Environment[J]. Medicine and Science in Sports and Exercise, 2021, 53(9): 1818-1825.

② CHAPPELET L, Risk Management for large-scale events: the case of the Olympic Winter Games [J]. European Journal for sport Management, 2001(8): 6. -21.

③ PARENT M M, DEEPHOUSE D L, A case study of stakeholder identification and prioritization by managers[J]. Journal of Business ETHICS, 2007, 75(7): 123.

④ SHONE A, PARRY B. Successful event management: Apractical handbook[M]. London: Thomson, 2004.

位置等进行差别化管理，根据已经举办的马拉松赛事中出现的各类风险，不同学者提出了针对各类风险的相应管理措施，以此来预防减少风险的发生及保证马拉松赛事的顺利进行。Takeda Y.等（2006）提出马拉松赛事应提供医疗保健服务，需将疾病控制医院或机构、医护志愿者安排妥当，事先让救护车演练进行现场抢救和设置转运路线，还要保证赛事信息的联通和反馈等。建立马拉松安全防护紧急预案时，应将马拉松运动损伤突发事件救援方法的可行性、高效性和安全性。此外，国外马拉松竞技比赛损伤风险防范大多采取组织者提前购买保险的方式①。Alonso 等（2012）认为通过提高医疗监测覆盖率，确定未来的预防策略可以使得田径赛事过程中的损伤风险有效降低②。Schwabe等（2014）分别研究了21、56公里马拉松参赛者发生疾病和死亡的风险问题，研究显示长距离跑步者容易突发疾病，短距离跑步者仅仅存在心脏猝死风险。在两个距离中，产生疾病的概率均是经常性的，并提出需在两个距离的比赛中根据跑步者的自身条件确定各自导致疾病的因素，并以计划策略来减少耐力跑步者出现不良医疗事件的风险③。Marijon等（2011）基于法国救护服务报告，对观众和救援者在危险发生时的正确的抢救方法进行论述，得出第一时间的心脏除颤是运动员存活最强有力的保障④。通过对相关文献资料进行整理分析，得出海外对马拉松赛事风险管理的研究大多是对马拉松赛事风险管理概念、管理分类、管理过程及管理措施进行研究，研究覆盖面较为全面，研究内容较

---

① TAKEDA K, TAKEDA T, HIRATA K, et al. Jpn guidelines for the management of actue pancreatitis: medical management of actue pancreatitis. ［J］Hepatobiliary Pancreat Surg, 2006, 13: 42-47.

② ALONSO JM, EDOUARD P, FISCHETTO G, et al. Determination of future prevention strategies in elite track and field: analysis of Daegu2011 IAAF Championships injuries and illnesses surveillance［J］. Br J Sports Med, 2012, 46: 505–514.

③ SCHWABE K, SCHWELLNUS M, DERMAN W, et al. Medical complications and deaths in 21 and 56 km road race runners: a 4-year prospective study in 65865 runners—SAFER study I［J］. British Journal of SPports Medicine, 2014, 11(48): 912-918.

④ MARIJON E, TAFFLET M, DUMAS F, et al. Celermajer, et al. Sports-Related Sudden Death in the General Population［J］. Circulation, 2011, 124(6): 672-681.

为丰富，对本研究后续进行的我国马拉松赛事风险管理机制研究有重要的借鉴意义。

6. 关于马拉松赛事风险致因的研究

一直以来，对于马拉松赛事风险致因的研究都是众多学者研究的重点，国外学者对马拉松赛事风险的影响因素进行了总结，其中在人身安全和医疗风险因素方面的研究较多。William L.H.等（2008）指出运动风险致因的影响因素有运动项目特点和行为，具体包括以下几方面，性别、年龄、运动技能、预防措施、天气状况[①]。Tiller等（2020）认为有规律地参与体育活动可以有效降低患心血管疾病、Ⅱ型糖尿病、肥胖、某些癌症的风险和全因死亡率，但由于超级马拉松赛事的特殊和参赛人员自身风险意识和身体状况的影响，参加马拉松赛事对于人的心肺功能、呼吸功能影响较大，其研究对超级马拉松的风险分层、马拉松赛事主管和医务人员的管理提供了最佳实践[②]。Naturale A.（2017）以2013年波士顿马拉松爆炸案为例对其风险致因及影响进行了分析，马拉松赛事中意外事故发生是导致参赛者发生人员伤亡的重要原因，同时这种不良影响会蔓延到社会中，大量媒体对伤害事故图像的曝光易造成社会恐慌，加剧了受影响社区及在媒体上观察事件的人的行为健康风险[③]。Swart K.等（2020）认为全球危机、病毒传播、政局不稳定等因素是影响马拉松赛事能否正常举办的重要原因，在这些因素的影响下世界各地的许多马拉松已经被重新安排或完全取消，另外利益相关者之间的利益网络也是影响马拉松赛事风险产生的重

---

① HASKELL W L, NELSON M E. Part D of physical Activity Guidelines Advisory Committee Report [M]. Washington DC: US Department of Health and Human Service, 2008.

② NICHOLAS B T, GLENN M S, BENJAMIN D L, et al. Exercise Is Medicine?The Cardiorespiratory Implications of Ultra-marathon [J]. Current Sports Medicine Reports, 2020, 19（8）: 290-297.

③ NATURAIE A, LOWNEY L T, BRITO C S. Lessons learned from the Boston Marathon bombing victim services program [J]. Clinical Social Work Journal, 2017, 45（2）: 111-123.

要因素①。Chan J.L.等（2019）认为大型群众体育赛事越来越需要更多的赛前规划和准备，通过预测所需医疗支持及资源的位置和时间可以为马拉松赛事的开展提供更多保障，并对美国银行芝加哥马拉松赛事风险产生的致因进行了分析，提出活动组织者、紧急医疗服务（Emergency Medical Services，EMS），以及地方、州和联邦机构之间的灾难规划和准备，对于确保参与者和观赛公共的人身安全至关重要②。Vernon T.等（2021）通过对2018年维珍伦敦马拉松新手参赛者进行调查，发现极端天气会影响参赛体验，也是马拉松赛事风险产生的重要原因，提出组织者应使用温度预测和计划对策，如调整活动开始时间以避免高温，帮助跑步者预测结束时间并相应调整节奏策略，并在高风险时间点为参与者提供安全建议及冷却策略。从以上学者的研究中不难看出，国外学者对马拉松赛事风险致因的看法存在差异，但对不同地域、不同等级的马拉松赛事发生风险的原因有待进一步的探索与研究。

综上所述，通过对国外相关文献资料进行整理分析发现，目前国外学者对于马拉松赛事风险的研究较为深入，对马拉松赛事的种类、价值、致因，马拉松赛事风险现状及风险管理的研究比较透彻；通过整理和分析国外学者的研究，弄清楚马拉松赛事对参赛运动员导致的各种风险的影响现状，明确了马拉松赛事在整个过程中的长处和缺点，这也给我国马拉松比赛人员对于风险的规避提供了经验思路；而马拉松赛事发展中产生的商业风险、人身风险、财务风险等相关研究，则对本研究所涉及的马拉松赛事风险分类具有重要的指导意义；马拉松赛事风险管理分类、过程及措施的研究，对于进一步研究我国马拉松赛事风险管理，构建马拉松风险管理机

---

① SWART K, MARALACK D. COVID-19 and the cancellation of the 2020 Two Oceans Marathon, Cape Town, South Africa［J］. Sport in Society, 2020, 23（11）: 1736-1752.

② CHAN J L, CONSTANTINOU V, FOKAS J, et al. An Overview of Chicago（Illinois USA）Marathon Prehospital Care Demographics, Patient Care Operations, and Injury Patterns［J］. Prehospital and disaster medicine: the official journal of the National Association of EMS Physicians and the World Association for Emergency and Disaster Medicine in association with the Acute Care Foundation, 2019, 34（3）: 308-316.

制具有重要的借鉴意义；对马拉松赛事风险发生的致因进行研究，有助于明晰我国举办马拉松赛事需要重点关注的问题，深层次探索我国马拉松赛事风险发生的原因，为预防和缓解马拉松赛事风险提供参考。本研究从赛事本身的属性出发，将完善整个赛事风险管理机制。

（二）国内研究现状

1. 关于赛事风险分类的研究

国内学者对赛事风险的分类主要围绕事、物、人和管理等方面，大致可分为自然环境、政治、基础设施器材、商业财务风险等。对于赛事风险的研究焦点集中在对赛事风险的管理层面，将物、事、人控制在可支配范围内。马拉松赛事遍布世界各地，参赛人员来自各个国家和地区，国内专家学者从不同的角度对赛事风险进行了分类。卢文云（2005）等人通过探析大型体育赛事的特点，依照大型体育赛事在准备到举办的整个过程的内外环境，根据风险导致的损失类型将风险分为组织者收入损失风险、人身安全风险、财产损失风险、民事纠纷赔偿风险及其余的特别类型的风险[1]。刘东波（2010）从赛事管理要素角度出发将赛事风险划分为政治类、场地器材类、经济类、竞赛项目类、赛事运行类、灾害类、技术类、人员类等风险[2]。董杰（2007）等人提出：根据风险发生对象的不同，将体育赛事风险分为经济风险、财务风险、生命安全风险、赛事延期或取消风险及责任风险5个主要类型[3]。范明志（2005）等人从内部和外部风险来对体育赛事风险进行分析，政策风险、经济风险、政治风险、自然风险和环境风险属于外部风险；内部风险有行为风险、技术风险、组织风险、决策风险和赛事形象风险[4]。黄海峰（2009）从赛事发生风险所在的不同阶段来研究，他从四个阶段进行讨论，指出风险发生于赛事申办阶段、准备阶段、组织进行阶段及赛事收尾阶段；又根据赛事风险的表现将赛事风险

---

① 卢文云, 熊晓正. 大型体育赛事的风险及风险管理 [J]. 成都体育学院学报, 2005（5）: 18-22.

② 刘东波. 我国承办大型体育赛事风险管理机制研究 [D]. 长春: 东北师范大学, 2010.

③ 董杰, 刘新立. 体育赛事的风险管理研究 [J]. 武汉体育学院学报, 2007（5）: 28-32.

④ 范明志, 陈锡尧. 对我国重大体育赛事风险识别的初探 [J]. 体育科研, 2005（2）: 26-29.

划分为自然风险、政治风险、市场风险和基建环保风险；人员风险、财务风险、场地器材风险、时间风险及信息风险是根据赛事不同管理内容风险的分类①。目前，国内学者从不同角度对赛事风险进行了分类，对体育赛事风险类型的研究已较为透彻，覆盖范围较为全面，对于推动体育赛事发展具有重要作用，也为研究马拉松赛事风险分类奠定了基础。

2. 关于赛事风险识别的研究

进行风险管理的前提和基础是风险识别。预期和实际效果的偏差就是风险，在风险之前进行全面的安全分析，就是风险识别，它是指对潜在的、有可能发生的各种风险及其成因进行分析和认识，是构建风险管理机制的前提和基础。高乐旭（2018）认为，对未来的风险进行识别和评估是实现效益最大化的关键做法，要想办好一场体育赛事，风险识别是必须经历的过程，风险识别是基础。袁艳（2019）认为风险是在比赛过程中导致的损失或人员损伤的可能性。在风险还未发生的情况下，对可能产生的风险进行主动的辨别和分析，就是对风险的识别，她认为风险分为组织举办过程风险、环境状况风险、人员安排风险和后期维护风险②。李悦光（2019）等人认为，对风险因素进行识别是做好风险防范和预防的关键一步，并将风险识别分成一和二两级程度③。朱光秋（2017）提出：自运动项目出现起体育风险就随之产生，他将风险的识别分为人员、物和管理的因素，将体育运动意外伤害风险的影响因素分为内部和外部的原因，其中起关键性作用的是内部原因④。马拉松赛事风险管理离不开事先的风险识别，有效识别出马拉松赛事可能产生的风险，接下来才能有效地选择相应的风险控制方法来规避风险。

---

① 黄海峰. 大型体育赛事风险管理研究［D］. 武汉：武汉体育学院，2009.
② 袁艳. 医疗设备的风险管理［J］. 医疗装备，2019，32（1）：74-75.
③ 李悦光，郑弦，梁雄杰，等. 公共文化类PPP项目建设期风险识别与防范对策研究——以柳州市柳东新区文化广场项目为例［J］. 项目管理技术，2019，17（2）：22-28.
④ 朱光秋. 昆明市普通高校体育运动意外伤害风险的识别与评估研究［D］. 昆明：云南师范大学，2017.

3. 关于赛事风险管理内容的研究

从细节入手，根据赛事管理内容因素的特点进行战略性预测，了解赛事风险管理的内容，制定符合各个因素的应对策略。史悦红（2016）认为，风险管理有一定的周期性规律，与项目知识管理体系方法（Project Management Boby Of Knowledge，PMBOK）相似，实质上风险管理包括风险的识别、评价、回应和文档编制四个阶段，通常我们认为风险管理存在于整个赛事之中，包括赛事计划、组织、举办和结束阶段[①]。张森等（2017）认为，赛事风险管理包括举办城市的选择、参考以往经验、员工雇佣和安排、场馆设施、赛事日程设置、赛事规模、政治、文化、赛事复杂性等因素[②]，从而得出赛事风险具有复杂性、不确定性、多元性等特点。赛事风险管理内容包含的因素也同样复杂，既包括举办赛事前、中、后期的基本风险又包括除此之外的风险因素，如外交风险等。政治风险关乎国际关系和国家形象，在某种层面上可以将其狭义地理解为外交风险。因此，在赛事管理中需要得到格外的重视。张文俊（2010）主要研究体育赛事中发生的法律风险，法律风险的规避需要立法、司法、执法这几个方面来进行，不仅需要法律风险意识，还需要培养优秀体育法律人才等措施来使得赛事风险管理更加完善[③]。唐洪（2012）[④]、姜宇（2017）[⑤]、康树昆（2018）[⑥]等强调赛事风险管理包括组织机构风险、人员风险、政治风险、商业风险和设施赛道风险。蒲柳羽（2020）等人认为，马拉松赛事风险管理应将猝死风险考虑在内。在其设计的应急救援仿真系统中将心脑疾病、肥胖程度、血压、血糖疾病、其他疾病，以及年龄和赛前不良反应作为马拉松赛事风险管理的重要内容，并提出完善马拉松赛事急救医疗保障

---

① 史悦红. 我国大型体育赛事风险管理的研究［J］. 广州体育学院学报, 2016, 36（1）: 30-33.

② 张森, 王家宏. 基于利益相关者视角的大型体育赛事风险管理问题识别［J］. 首都体育学院学报, 2017, 29（2）: 105-109; 113.

③ 张文俊. 我国大型体育赛事法律风险研究［D］. 西安: 西安体育学院, 2010.

④ 唐洪. 国际田联世界半程马拉松锦标赛南宁赛事风险管理研究［D］. 南宁: 广西大学, 2012.

⑤ 姜宇. 北京马拉松赛风险管理研究［D］. 北京: 北京体育大学, 2017.

⑥ 康树昆. 郑开国际马拉松赛事风险管理研究［D］. 郑州: 郑州大学, 2018.

系统对降低马拉松赛事猝死风险的重要性[①]。项目风险管理追求的是在识别潜在风险之后，能够制定有效的策略以应对风险。对体育赛事潜在风险进行识别，为赛事管理人员采取预防规避风险的策略提供基础，将赛事风险带来的负面影响降到最低。因此，需要构建一个综合的体育赛事风险问题研究框架，从而对大型体育赛事的潜在风险进行识别。

4. 关于赛事风险管理分类的相关研究

目前，学术界对赛事风险管理分类的研究已较为透彻。由于体育赛事风险管理问题与赛事的筹备、组织、规划和实施等诸多方面相关联，因此对赛事风险管理的分类也稍有不同。石磊等（2017）表明在赛事风险管理中存在参赛者组织风险、人员安排风险、自然环境风险、后勤保障风险、安全保障风险[②]；刘东波（2010）提出可以将赛事风险管理分为政治类、经济类、技术类、赛事运行类、灾害类、场地器材类、人员类和竞赛项目类[③]；相关研究在Parent M. 研究的基础上，根据我国城市马拉松赛事的风险特征，进一步识别环境和威胁两种风险，提出财务、组织、环境和威胁等15种赛事风险；董晋等（2021）以太原国际马拉松赛事为例，从WSR视角进行分析，马拉松赛事风险管理应从物理（Wuli）维度（场地管理、自然风险）、事理（Shili）维度（安全管理、经济风险）、人理（Renli）维度（信息风险）和人员管理方面对马拉松赛事风险进行管理，并指出人理维度是要考虑的重点角度，其次是物理角度，最后是事理角度[④]。以上学者对赛事风险的研究已较为全面，但在对风险类别进行分析的过程中，某些概念的含义有重叠。例如：恐怖袭击可以归为政治风险，但大部分研究对于此部分仍需进一步进行划分。

① 蒲柳羽, 张英华, 高玉坤. 基于GIS的马拉松猝死风险管理和应急救援仿真系统研究 [J]. 工业安全与环保, 2020, 46（7）: 50-53.

② 石磊, 时广彬. 马拉松赛事竞赛组织风险与评估研究 [J]. 体育文化导刊, 2017（12）: 22-26.

③ 刘东波. 我国承办大型体育赛事风险管理机制研究 [D]. 长春: 东北师范大学, 2010.

④ 董晋, 纪云哲. 基于WSR视角下马拉松赛事风险管理研究——以太原国际马拉松为例 [J]. 晋中学院学报, 2021, 38（3）: 52-59.

5. 关于马拉松赛事分类的相关研究

近年来，随着马拉松赛事逐渐白热化，对马拉松赛事分类的研究也日趋细化，涉及内容也日渐丰富。作为普及全民健身的重要手段，马拉松赛事已经成为提高人民身体素质、丰富城市文化生活及促进社会和谐发展不可缺少的一部分。随着我国经济发展水平和人民生活质量不断提高，大众对体育运动的需求也在不断提高，针对不同层次的人群衍生了多种类型的马拉松赛事。何艳君（2020）分析了湖北省A类马拉松赛事的开展情况，并提出为了丰富赛事类型需增加B、C类马拉松赛事数量的建议[1]。2017年我国A类认证马拉松赛事数量远高于B类认证赛事，马拉松赛事结构需要更加完善和平衡，由此可见增加B、C类马拉松赛事的数量有其合理性。2019年《中国马拉松管理文件汇编》中显示，马拉松赛事类别有全运会马拉松、全国马拉松、半程马拉松、10公里锦标赛、冠军赛等九类，并对申请举办各类马拉松的条件作出了具体要求，明确了我国马拉松赛事具体开展标准。根据城市马拉松赛事特点，徐俊（2017）将城市马拉松赛事归为"大型社会活动"，并根据城市马拉松的特点将其分为全程马拉松、半程马拉松、10km马拉松、5km马拉松和迷你马拉松；此外，也有轮滑马拉松和残疾人马拉松[2]；按照跑步所经路线的特征，常芸（2013）将马拉松划分为山地马拉松、公路马拉松、越野马拉松和极地马拉松[3]；按照赛事等级，沈七襄（2013）将其分为国内和国际的金银铜标级赛事[4]。自从北京在1981年举行中国首届城市马拉松赛，我国陆续开展了上海国际马拉松赛、厦门国际马拉松赛等多个城市马拉松赛事。近年来，随着马拉松赛事不断得到越来越多人的青睐，校园马拉松、智慧马拉松等一系列紧跟时代步伐的马拉松赛事也逐渐在一些地区展开，进一步丰富了我国马拉松赛的类型。

---

① 何艳君.湖北省马拉松A类赛事研究[J].体育风尚, 2020,（11）: 192-193.

② 徐俊.马拉松赛事风险管理研究[D].厦门: 集美大学, 2017.

③ 常芸.马拉松运动与健康[M].北京: 人民体育出版社, 2013.

④ 沈七襄.马拉松与健康[M].厦门: 厦门大学出版社, 2013.

6. 关于马拉松赛事特点的相关研究

马拉松赛事作为大型体育赛事，因其比赛场地、参赛人数、赛程设置等的特殊性，使其具有独特的特点。祝良等（2014）对城市马拉松的文化特点进行了研究，他认为城市马拉松的文化融合性、高参与性与合作性、提供同场竞技平台及开放与社会的合作等是其特点所在[①]。陈尔洁（2014）通过在发展马拉松赛事对城市发展影响的研究中表示中国马拉松具有聚集性强、体验度高及综合性高等特点[②]。张嘉宾（2020）指出我国马拉松赛事在地域上呈现分布不均的状态，高水平马拉松赛事主要分布在东部地区，而西部地区则较少，整体而言我国体育赛事主要集中在东部沿海地区，并表明城市人口、城市经济、社会、体育、旅游等的发展水平是影响马拉松赛事分布不均的重要原因[③]。方华星（2020）认为马拉松赛事的特点是由赛事规模、赛事增长速度及赛事区域分布三者共同构成的，他将马拉松赛事的发展分为了初期萌芽阶段、中期积累阶段和迅速发展阶段，提出通过打造满足不同区域跑者需求的品牌赛事，逐步凸显马拉松赛事的文化特征[④]。马拉松赛事举办所在的地区的地域特色和文化特点，赋予了马拉松赛事独特的吸引力，通过对马拉松赛事的特点进行分析，为进一步探讨马拉松赛事风险发生的原因和风险种类的识别等奠定了基础。

7. 关于马拉松赛事管理程序的相关研究

了解风险的来源和后果，学会识别、评估和规避风险是我们举办马拉松赛事时需要深入考虑的问题。对马拉松赛事管理程序的研究主要集中在风险致因、风险评估、风险对策及实施方案方面，赛事管理程序是一个循环的过程。有些学者提出建立风险评估指标体系，按照评估指标对马拉松

① 祝良，黄亚玲. 城市马拉松赛文化特点的研究 [J]. 体育文化导刊，2014（9）：25-28.

② 陈尔洁. 中国马拉松赛事对城市发展影响的研究 [D]. 北京：北京体育大学，2014.

③ 张嘉宾. 对2018年中国高水平马拉松赛事地域分布特征及影响因素的研究 [D]. 武汉：武汉体育学院，2020.

④ 方华星. 中国马拉松赛事发展历程、基本特征及现存问题分析 [J]. 辽宁体育科技，2020，42（2）：18-23；28.

赛事风险进行管理，并预测在举办赛事前后可能遇到的风险及规避途径。徐卫华[①]（2010）、张森[②]（2017）将体育赛事风险管理分为风险原因分析、评估风险效应、风险应对路径的选择、实施风险方案和风险控制。通过分析风险致因可以选择合适的对策去规避和解决风险，使赛事的损失降到最低；评估风险效应可以确定赛事整体的风险水平；正确的风险对策可以起到预防风险的作用；实施风险方案是综合评估赛事举办现状制订具体的风险管理计划；风险控制则是整个程序的最后一环又是下一程序的起点。马拉松赛事有着参与成员的复杂多样性及赛事的大规模性的特点，对其管理程序进行研究是赛事取得成功的重要保障。

8. 关于马拉松赛事运营管理的研究

我国对于马拉松赛事运营管理的研究主要集中在组织机构建设、马拉松经费投入与管理模式方面。由于中国特色社会主义制度，相对应地我国采取的马拉松赛事的运营管理模式与国外有所不同。目前，我国大型赛事的运营管理模式主要有三种，分别是职能型、矩阵型及项目型组织结构形式。我国马拉松赛事的资源分配是由政府和社会合作进行的，但是政府处于态度支持占主要、经费支持占次要的位置，赛事的主要经费仍是依靠社会力量的赞助。高文景[③]（2016）、赫立夫[④]（2019）分析了中国马拉松金牌赛事运营管理、对策和赛事监督，认为我国马拉松赛事大多采用职能型组织结构形式来进行，即按职能从高层到基层进行组织分工，并对我国马拉松赛事组织管理中出现的问题，建议逐步转化为矩阵型组织结构，但是也持续发挥职能型组织结构和项目型组织结构特点的优势。这种组织管理方式的好处是简单快捷，但是马拉松赛事在组织结构方面比较复杂、交

① 徐卫华, 谢军. 厦门国际马拉松赛风险管理研究[J]. 北京体育大学学报, 2010, 33（2）: 38-41.

② 张森, 王家宏. 基于利益相关者视角的大型体育赛事风险管理问题识别[J]. 首都体育学院学报, 2017, 29（2）: 105-109; 113.

③ 高文景. 我国大型体育赛事赛风赛纪监督机制研究[D]. 上海: 上海体育学院, 2016.

④ 赫立夫, 张大超. 中国马拉松金牌赛事运营管理及对策[J]. 北京体育大学学报, 2019, 42（3）: 88-100.

叉项目较多，赛事对象多样，单一的组织管理模式的弊端日渐显现，根据马拉松赛事特点进行组织管理形式的选择，并保留三种组织管理形式的特点，是我国马拉松赛事组织管理过程中需要考虑的方面。政府的支持无疑是赛事运营的重要支撑，给予赛事很多便利，对于健全运行机制以进行良性运作有重要作用。

9. 关于马拉松赛事风险分类的研究

不同学者运用不同的研究方法与研究角度对马拉松赛事风险分类进行了全面探究。杨骏（2018）从风险属性角度出发，将马拉松赛事风险分为主观性和客观性风险两类。主观性风险包括赛事运行过程风险、组织管理风险、设施器材风险、科学技术风险、人员安全风险、安保风险和后勤保障风险；客观性风险包括政治风险、经济风险、环境风险、社会风险[①]。柳林（2017）以北京马拉松赛事为例从赛事安全角度分析，将马拉松赛事风险分为人员风险、场地风险、物品风险、环境风险、管理风险[②]。张芳霞（2020）等依据管理学五要素即"人、财、物、时间、信息"作为高校马拉松赛事风险因素划分的标准，指出高校马拉松风险大致也分为人员安全风险、经济财务风险、设施风险、时间风险和信息风险。其中，人员风险包括参赛者风险、裁判员风险、志愿者风险和观赛者风险[③]。高月（2019）运用扎根理论，以2018年杭州马拉松赛事为例进行赛事风险分析，提出人员风险、环境风险、政治风险、组织管理风险是马拉松赛事中的主要风险[④]。汤六狼（2017）对新形势下我国城市马拉松风险进行了研究，提出我国城市马拉松赛事主要风险包括死伤风险、商业风险、赛事管理过程风险、赛事社会安全风险和其他风险[⑤]。王联聪（2008）通过问卷调查、走访调查、现场观察等方法，从源头出发对厦门国际马拉松赛中

① 杨骏. 大型马拉松赛事风险管控研究 [D]. 成都：成都体育学院，2018.

② 柳林. 北京马拉松安全风险管理研究 [D]. 北京：中国人民公安大学，2017.

③ 张芳霞，王岩. 高校马拉松赛事风险与对策研究 [J]. 青少年体育，2020（2）：56-57；77.

④ 高月. 2018年杭州马拉松赛事风险识别研究 [D]. 杭州：杭州师范大学，2019.

⑤ 汤六狼. 新形势下我国城市马拉松赛事风险管理研究 [D]. 上海：华东政法大学，2017.

导致的风险进行研究。他认为厦门国际马拉松赛事风险主要有赛事形象风险、自然风险、组织管理风险、赛事商业风险、人员风险和政治风险等[①]。以上学者都从不同视角、运用不同的研究方法对马拉松赛事风险的类型进行了研究，为以后对于马拉松赛事进行各方研究奠定基础，对识别规避马拉松赛事风险意义重大。在对风险类别进行分析的过程中，有些类别的含义是重叠的，如可以将政治风险中的恐怖袭击作为人为导致的风险来探究。另外，更有部分学者在原有研究的基础上进一步识别了其他的风险类型，如主办方收入损失风险、竞赛项目风险、人员意外伤害风险及民事责任赔偿风险等风险类型，这对做好赛事风险管理工作，完善我国的风险管理体系有着重要促进作用。

10. 关于马拉松赛事风险特征的研究

风险管理不仅要考虑如何降低财产损失，同时在举办赛事的过程中我们还需要考虑人员伤害等其他类型的损失，想要降低或者规避这些风险，认识马拉松赛事风险管理并厘清其特征是规避风险的重要一环。张超慧（2001）将赛事风险管理的主要特征解释为在体育领域使体育组织降低伤害事故，即减少财务风险与经济损失是风险管理的最主要特征[②]。朱华桂等（2013）[③]认为赛事风险有普遍性、多元性、客观性等特征，这些特质赋予了马拉松赛事与众不同的风险特点，在一定程度上也决定了马拉松赛事风险管理机制的形成要区别于其他类型体育赛事。对马拉松赛事风险管理的特征进行探究最主要的目的就是降低风险产生的可能，最小化风险损失，最大化因举办马拉松赛事获得的各种效益。马拉松赛事风险的产生不是固定在某个或者某类马拉松赛事中，也不是发生在特定的地区或时期内，其发生具有灵活性、不稳定性、周期性。因此，熟悉马拉松赛事管理的特征，是做好马拉松赛事风险防范的前提，是降低马拉松赛事风险发生

① 王联聪, 谢军. 厦门国际马拉松赛风险调查及对策 [J]. 体育科学研究, 2008, 12（4）: 21-22.

② 张超慧. 论体育经营风险与风险管理 [J]. 成都体育学院学报, 2001,（2）: 26-28.

③ 朱华桂, 吴超. 大型体育赛事风险评估研究——以南京青奥会为例 [J]. 体育与科学, 2013, 34（5）: 22-26; 30.

的重要手段。

11. 关于马拉松赛事风险致因的研究

多种因素交叉造就了体育赛事的复杂性，马拉松赛事也不例外，国内学者就马拉松赛事的风险因素进行了研究并取得了诸多成果。潘妤（2015）提出国际政治局势稳定与否及区域经济是否能够支撑赛事发展对赛事是否能够顺利举办至关重要，也是举办马拉松赛事时需要考虑的关键因素[①]。康树昆（2018）提出自然因素是影响马拉松赛事举办的重要因素，自然灾害、恶劣及突发天气等不可抗力的自然因素会影响马拉松赛事的顺利举办[②]。石磊等（2018）等从后勤保障方面指出，马拉松赛事中救援赛道不畅通、医疗人员缺位、医疗救助和指挥系统不健全等是造成马拉松赛事风险频发的重要原因[③]。徐峰（2020）通过对我国城市马拉松赛事人身伤亡事故的民事责任进行研究发现，参赛者的水平、经验和年龄、盲目跟风及参赛者自身带有的疾病是导致马拉松赛事中人身伤亡事故产生的主要原因[④]。李泽中（2021）以系统脆弱性理论为基础，从自然、管理、技术、社会文化出发分析了山地马拉松赛事安全风险产生的原因，认为赛事所处的地理位置、天气状况等自然环境是影响山地马拉松赛事安全风险产生的基础因素；灾体风险识别与评估机制、公共管理与应急管理机制等方面的不利因素，是影响赛事安全事故产生的关键因素；工程、装备、技术等方面的不利因素，是促成赛事重大安全事故发生的技术性因素；社会、经济、文化等社会文化系统是事故发生的潜在因素[⑤]。张苏等（2021）基于社会燃烧理论视角，从社会、组织和个人三个维度分析了马

① 潘妤. 基于模糊层次分析法的大型体育赛事风险评估研究 [D]. 成都：成都体育学院，2015.

② 康树昆. 郑开国际马拉松赛事风险管理研究 [D]. 郑州：郑州大学，2018.

③ 石磊，王锋. 基于事故树分析法的我国马拉松大众选手猝死风险研究 [J]. 南京师范大学学报（自然科学版），2018，41（4）：140-146.

④ 徐峰. 我国城市马拉松赛事人身伤亡事故的民事责任研究 [J]. 天津体育学院学报，2020，35（1）：103-110.

⑤ 李泽中，戴羽. 山地马拉松赛事安全风险的形成机理及防控研究——基于系统脆弱性理论框架的分析 [J]. 体育科技文献通报，2021，29（10）：17-20.

拉松赛事的风险诱因，提出社会层面的诱因包括经济诱因、政治诱因、文化诱因及自然诱因；组织层面的诱因包括管理诱因、技术诱因；个体层面的诱因包括观众、运动员和志愿者[①]。杨舒琳（2021）等以晋江国际马拉松赛为例，认为马拉松赛事风险产生的气象因素包括气温、相对湿度、风速和降水，并提出雷暴、冰雹、大雾、5级及以上大风和中雨及以上（含暴雨）对马拉松赛事顺利举办有影响[②]。袁凤喜（2015）对浙江省8个跑吧马拉松俱乐部业余选手的运动发展现状与影响因素进行了研究，得出在马拉松业余选手参赛人数逐年增加的同时存在教练员缺乏的境况，由于缺乏专业的教练指导，加上运动员盲目参赛，运动员生理和心理问题频发，最终风险事故出现[③]。李美纯等（2020）认为参赛者对于参加马拉松赛事的理性认知是影响马拉松赛事风险产生的重要原因，部分参与群体缺乏对马拉松的科学认知而盲目参赛、缺乏对马拉松运动风险的正确评估、对自身身体与心理情况把握不清等导致马拉松运动中伤病事故频发[④]。从马拉松赛事发展现状来看，马拉松赛事的风险致因主要来源包括自然因素、参赛者自身因素及管理因素等，明晰马拉松赛事风险致因对于预防风险发生、降低风险发生的可能性、构建风险管理机制有重要作用。

12. 关于马拉松赛事风险评估的研究

目前，国内学者对马拉松赛事风险评估的研究主要是通过马拉松典型案例进行分析。石磊（2021）运用德尔菲法构建了包含前期策划等7个一级指标、赛事日程安排等23个二级指标、同期历史气温等56个三级指标的马拉松赛事风险评估指标体系，并通过层次分析法得出前期策划、人力保

① 张苏，张静，邹国忠. 论马拉松赛事风险形成机理与控制——基于社会燃烧理论视角[J]. 南京体育学院学报，2021, 20（7）：1-7；87.

② 杨舒琳，王聪晓，叶晓冰. 晋江国际马拉松赛气象条件分析及风险评估[J]. 海峡科学，2021（9）：34-37；45.

③ 袁凤喜. 浙江省业余马拉松运动发展现状与影响因素分析[D]. 北京：北京体育大学，2015.

④ 李美纯，赵永红，刘转青."马拉松热"现象的社会原因探析及问题透视[J]. 和田师范专科学校学报，2020, 39（6）：104-109.

障和组织协作是影响马拉松赛事风险产生的主要因素[①]。张俊燕（2021）基于风险源思路，根据商业性路跑赛事的特点，构建了赛事运营风险指标体系，认为经济风险、治安风险、社会风险、认识风险和自然风险是影响赛事正常运行的潜在风险因子[②]。袁林（2017）提出业余选手安全意识不足、身体素质水平差、运动经验缺乏、环境因素、自然因素、社会因素等都会造成风险事故[③]。马拉松赛事风险产生的原因既来源于自然因素又来源于社会因素和参赛者个人因素，马拉松赛事风险发生的原因是多种致因共同导致的结果，通过运用不同研究方法对不同类型、等级马拉松赛事进行研究，将会找出更多马拉松赛事风险致因，对于完善马拉松赛事风险管理程序具有重要作用。陆尧（2021）建立了马拉松健康风险评估指标体系以增强马拉松选手规避风险的能力，得出身体健康风险包括致损性风险、致病性风险、致命性风险，并分别对8个二级指标即致命性风险、社会支持、态度、认知、致病性风险、社会交往、致损性风险、情感进行了重要程度排序[④]。国内学者对于马拉松赛事风险的相关研究起步较早，研究方向主要聚焦于马拉松赛事风险分类、致因、特征及评估方面，对马拉松赛事中出现的风险进行管理，推进马拉松赛事顺利进行，但是对于马拉松赛事风险管理机制等研究较少，值得进一步地研究与探索。

13. 关于马拉松赛事风险管理过程的相关研究

目前，对马拉松赛事风险管理过程的研究较少，但研究内容较为细致。其中，元云丽（2013）对建设项目中的风险进行了系统分析，认为风险管理首先要对风险因素进行识别，其次对风险进行评价并根据风险类型制定相应的风险防范措施，其建立的建筑工程项目风险管理体系对于研究

---

① 石磊. 我国大型马拉松赛事风险评估指标体系的构建［J］. 河南师范大学学报（自然科学版），2021, 49（1）：93-100.

② 张俊燕. 商业性路跑赛事运营风险指标体系构建研究［D］. 广州：广州体育学院，2021.

③ 袁林. 对北京马拉松业余选手参赛风险认知的研究［J］. 文体用品与科技，2017（15）：55-57.

④ 陆尧. 马拉松运动健康风险评估指标体系构建研究［D］. 沈阳：沈阳体育学院，2021.

马拉松赛事风险管理具有指导意义[①]。尚志海等（2014）围绕风险产生的要素将风险划分为：风险特征、风险要素、风险情景三个类别，并提出风险管理目标是风险评估的核心[②]。董博（2020）结合马拉松赛事特点，将马拉松赛事风险管理过程分为赛事风险管理规划、赛事风险识别、赛事风险评估、赛事风险应对和赛事风险控制五个过程[③]。了解马拉松赛事风险管理过程是构建马拉松赛事风险管理机制重点，也是进行马拉松赛事监控的关键。

14. 关于马拉松赛事风险管理措施的相关研究

由于马拉松参赛人口密集、参赛人数众多、参赛人员成分不定，因此政治风险是构建马拉松赛事风险管理程序需要重点关注的话题。张原等（2018）对郑开国际马拉松中蕴含的政治风险问题进行了分析，郑开国际马拉松有超过30个国家和地区的人员参加，外事问题是需要主办方关注的重点，为化解政治风险需要加强对相关人员的文化习俗培训，使工作人员充分认识到不同参赛国家和民族在文化背景、意识形态、风俗习惯和宗教信仰等方面的差异，在接待中要以相互尊重、有礼有节的态度服务。赛前应与参赛运动员详细沟通相关细节，提前做好应急措施与应急处理方案[④]。市场化和商业化逐渐成为马拉松赛事发展的主要趋势，伴随马拉松赛事市场化和商业化出现的还有马拉松赛事经济风险，不同利益方之间的竞争与赛事秩序混乱等进一步加剧了马拉松赛事经济风险发生的可能，从而影响马拉松赛事的正常开展。陈添（2019）认为，在赞助商的选择方面不能只注重数量，应该更注重赞助商的信誉、形象和企业实力，并加强对赞助商权益的保护，如果发现侵权行为，应立即通过法律途径解决，避免出现更大的经济损失；通过完善赞助体系，拓宽赛事资金渠道，保证赛事

① 元云丽. 基于模糊层次分析法（FAHP）的建设工程项目风险管理研究 [D]. 重庆：重庆大学，2013.

② 尚志海，刘希林. 自然灾害风险管理关键问题探讨 [J]. 灾害学，2014，29（2）：158-164.

③ 董博. 沈阳马拉松赛事项目风险识别及对策研究 [D]. 大连：大连海事大学，2020.

④ 张原，康树昆，宋忠田，张冰倩. 中国郑开国际马拉松赛事风险研究 [J]. 运动，2018（18）：30-31.

奖金正常发放，以便吸引更多优秀运动员参赛，从而达到宣传赛事的目的，吸引更多人参与赛事，使主办方的资金得到回笼[①]。纪燕灵（2020）认为，在媒体推广方面，建议组委会加强官方网站的管理和维护，采用搜索引擎推广方法、信息发布推广方法及网络广告推广方法，与赞助商、合作伙伴或行业其他网站进行合作，实时更新赛事信息、视频和图片等，增大官方的访问量，从而加强赛事宣传的力度，吸引更多的赞助商参与进来，保证资金充足，提高举办赛事的稳定性[②]。杨毅然（2020）认为，组委会可以与保险公司签订保险合同，为赛事取消、参赛者意外伤害事故等提供保障，把可能出现的经济赔偿损失降到最低，同时也加强了对参赛人员的安全保障[③]。

综上所述，通过总结分析国内学者关于马拉松赛事、马拉松赛事风险、马拉松赛事风险管理及赛事风险等的相关文献资料可以发现，随着马拉松赛事在我国逐渐成为热门赛事之一，马拉松赛事风险也逐渐成为当前研究的重点，但是目前关于马拉松赛事风险的研究多集中于马拉松赛事风险识别、马拉松赛事风险评估、马拉松赛事风险致因等单一方面的研究。因此，本研究将结合相关案例从风险识别、风险分析、风险应对及风险监控等入手，构建我国马拉松赛事风险管理机制，以期促进我国马拉松赛事顺利开展，同时也为其他体育赛事进行风险管理提供借鉴。

---

① 陈添. 我国城市马拉松赛事经济影响评估指标体系构建研究［D］. 武汉: 武汉体育学院, 2019.

② 纪燕灵. 上合昆明马拉松赛事管理现状与对策研究.［D］. 云南: 云南师范大学, 2020.

③ 杨毅然. 城市马拉松风险管理与对策研究——以武汉马拉松为例［C］. 中国体育科学学会. 2017年全国竞技体育科学论文报告会论文摘要汇编. 2017: 235-236.

第一章 马拉松赛事概述

目前，被频繁提及的马拉松赛事是由某一个城市动员全市资源，并能够突出该城市优势资源与特色。作为一场单项体育赛事，参赛者中不仅包含专业运动员，更是包含了大量的业余选手参与其中，成了一项全民参与的赛事。马拉松赛事的举办具有明显的体育项目特征，其举办没有限定场馆与内场地，而是以一个城市作为"赛场"，不同的举办城市会设计特色的马拉松赛事路线，向参赛者展示城市发展与城市居民的精神风貌。由于马拉松赛事独特的文化特点使其成为城市首选赛事并且迅速发展。随着我国城市马拉松赛事举办的增加，其形成的特殊文化形态特征，也成为推动城市经济发展的重要因素。如今，马拉松赛事的举办已经成为其举办城市宣传社会经济文化建设成果的特色窗口，凝聚一个城市公众向心力的重要纽带，是居民展示积极向上精神风貌的赛事舞台，宣传健康运动培养终身体育的宣传平台，也成为促进一个城市核心价值体系建设的有效动力源之一，这些成效的发挥都依赖马拉松赛事的举办与其特殊的文化特点。

第一节 马拉松赛事的起源及发展史

有关马拉松赛事的起源，其历史可以追溯到公元前492年开始的希腊波斯战争。公元前490年，波斯王渡海西侵进击阿蒂卡，在马拉松海岸登陆，希腊军在马拉松平原英勇奋战打败了波斯军队。为了把胜利的消息尽早地告诉雅典人，希腊军派出了擅长长跑的战士菲迪皮茨从马拉松跑到雅典中央广场传递消息。菲迪皮茨是有名的"飞毛腿"，当雅典人民都在担心这场关乎自由和独立的战争胜负时，一名满身血迹的战士冲进了广场，这名战士正是菲迪皮茨，他边跑边激动地传递胜利的喜悦，当人们听到这一振奋人心的消息时，菲迪皮茨已经上气不接下气，随后就因受到的创伤和疲劳过度倒地而亡。

在1896年举行首届现代奥林匹克运动会时，为了纪念这一事件，顾拜旦采纳了历史学家布莱尔（Breal）的建议，以这一史事来设立一个比赛项目，就是如今马拉松赛事的雏形。比赛沿用的是当年菲迪皮茨传递消息所跑路线的距离，约为40公里，项目的名称就命名为"马拉松"。此后的十几年里，马拉松的距离一直保持在40公里左右。而马拉松赛事的距离正式定为42.195公里则是在1908年的第4届伦敦奥林匹克运动会举行时确定的，当时为了便利英国王室成员观看马拉松比赛，特意将起点设立在温莎宫的阳台下，终点则设置在当时的奥林匹克运动场内，其赛事的路线距离从起点到终点的距离经过丈量为26英里385码，折合成公里为42.195公里。经过这场马拉松赛事，此后国际田径联合会（以下简称"国际田联"）便将42.195公里的距离正式确定为马拉松赛事的标准距离。马拉松在早期的奥运会赛事中，只设有男子项目，而女子马拉松项目则在1984年第23届奥运会才被正式列入奥运会比赛项目[①]。2004年1月1日，国际田联宣布包括马拉松在内的公路赛跑和竞走项目将告别只有世界最好成绩的时代[②]，开始拥有世界纪录。

在1896年首届奥运会之后，马拉松赛事就凭借其赛事参与"门槛"较低的优势，吸引了一大批跑步爱好者的积极参与。马拉松赛事在世界各国各地开始被广泛举办，其中历史最悠久的赛事是美国波士顿马拉松赛，该赛事从1897年开始举办，至今已经举办一百余届。最初的波士顿马拉松赛只有15人参加，现经过百余年的发展已经成为世界知名的马拉松赛事，吸

---

① 乔伟铭. 马拉松参赛选手需求特征研究 [D]. 厦门：集美大学，2019.

② 张超峰. 黑龙江省马拉松赛事组织竞赛发展策略的研究 [D]. 哈尔滨：哈尔滨体育学院，2017.

引世界各地的运动员积极参与。

中国首场现代马拉松比赛于20世纪初在南京开展。当时南京正在开展南洋劝业会，其内容之一就是推动我国体育的进步，所以南洋劝业会组织了当时的首场长距离赛跑。经过大量史料证明，该赛事被认为是中国最早的现代马拉松比赛，而这场马拉松将比赛终点设置在了南洋劝业会场内的纪念塔。经考证确定，这个纪念塔就位于现在的东南大学丁家桥校区附近，南京与镇江就是比赛的总路程，南京的中山门到新模范马路就是该比赛赛道临近终点的一段。赛道由镇江的金山而起，终到南洋劝业会纪念塔，其中包含三段，比赛日程是三天。共有十余名选手参加比赛，最终有六人完成比赛，他们到达时间一致。1959年，我国将马拉松纳入全运会正式比赛项目，随后北京国际马拉松比赛从1981年起开展。

经过不断发展，20世纪80年代马拉松赛事已经成为普通大众参与健身锻炼的象征，而不单单是体育运动竞赛。从1970年的纽约开始，"大城市"马拉松的时代便拉开帷幕，马拉松赛事的路线将以"城市"作为赛道，设置不同距离的马拉松赛事类型，从而迎合满足所有类型赛事参与者的需求。在20世纪60年代，出现了马拉松赛事的另一种形式类型：慢跑，其最初是在美国，然后发展到欧洲。凭借其低技术要求和健康益处，慢跑也吸引着众多爱好者的参与。慢跑反映了反现代性的情绪，这种情绪基于反文化和对环境的日益关注。作为更广泛的健康教育活动的一部分，欧洲政府也推广了"人人享有体育"的信息。1970年第一次纽约马拉松赛有127名参赛者，1979年有11 500名参赛者，2015年有50 000名参赛者。1979年纽约马拉松比赛的参赛者之一是英国运动员克里斯·布拉舍尔（Chris Brasher），受到纽约马拉松赛的经验启发，他与威尔士运动员约翰·迪斯利一起决定在伦敦举办第一场比赛，即1981年举办的第一届伦敦马拉松比赛，当时就有7 055名选手参加伦敦第一届马拉松比赛。

女子首次参与马拉松赛事并不是在专业的女子马拉松赛事上，而是在1967年的波士顿马拉松中。当时人们认为女性弱不禁风无法承受激烈的竞技体育，但当凯瑟琳·维吉尼亚（Kathrine Virginia）以4小时20分完成当时的波士顿马拉松比赛时，引起了世人的震惊，同时引起社会对女子马拉松赛事的关注。到1972年，女性正式被允许参加马拉松赛事。

随着人们生活水平的不断改善，身体素质不断提高，马拉松赛事的比赛记录一次又一次地被优秀专业运动员刷新。目前，男子马拉松世界纪录是由肯尼亚名将埃鲁德·基普乔格（Eliud Kipchoge）在2018年柏林马拉松赛上创造的，时间为2小时01分39秒；女子世界纪录是由肯尼亚女子选手布里吉德·科斯盖（Brigid Kosgei）在2019年芝加哥马拉松赛上创造的，她以领先世界纪录1分21秒的成绩打破了由英国人保拉·拉德克利夫（Paula Radcliffe）在2003年伦敦马拉松上创造的2小时15分25秒，这一纪录也是尘封了16年曾被认为是田径界最不可能被打破的几个纪录之一。

随着马拉松赛事热度的逐渐升高，我国马拉松赛事亦得到不断发展。2014年10月20日，我国国务院下发了《关于加快发展体育产业促进体育消费的若干意见》，其中特别突出了全民健身在我国国家战略中的独特作用，马拉松赛事作为全民健身参与度较高的体育赛事类型，在我国迎来了其赛事发展的黄金时期。2017年，多部委联合印发《支持社会力量举办马拉松、自行车等大型群众性体育赛事行动方案》，为我国马拉松赛事运动的开展增添新的动力，许多城市竞相开展马拉松赛事，各城市旨在利用马拉松赛事传播城市文化，完善城市文化建设。

近年来，国家出台了其他大量政策及指导文件规范赛事组织管理及赛事投资，为马拉松赛事产业的发展奠定了良好的行业秩序，为其相关产业的进一步发展提供了积极影响。马拉松发展速度最快的几年当属从2015年到2019年，在国家各类政策的鼎力支持下，全国马拉松赛事从2015年的134场比赛发展到2019年的1828场，赛事数量飞速增长。随着城市马拉松赛事的不断发展，世界各地逐渐开展了各种类型的马拉松赛事，我国的马拉松也开设了全程马拉松、半程马拉松及迷你马拉松等多种距离的赛事。

第二节　马拉松赛事文化特征分析

一、赛事集中展示性

各个城市对于马拉松赛事的组织，都是宣传城市文化形象，真实反映城市价值观、精神、理念，评价市民生活质量与城市文明度的手段之一。马拉松赛事的举办，承办城市一般会用一年左右的时间对马拉松赛事进行宣传，一个月左右的时间进行相匹配的赛事活动，但正式的马拉松赛事比赛时间只在一天内，并且在这一天中仅有短短的六至七小时是参与者最多、关注者最多的一段时间。因此，对马拉松赛事的承办城市来说，在有限的六七个小时之内，距离为42.195公里的马拉松赛道上，创造的价值是无限的，其中包括在更广阔范围内展示城市独特的自然景观、人文特色、环境气候、经济发展、城市面貌等。从各个地区的基础设施等硬件入手，逐渐扩散到生态、环境再到物质文化水平等软件条件，马拉松赛事渗透在城市的各个方面，表现出集中展示性的特点。马拉松作为赛事承办城市的体育文化载体，对于这个城市来说是增加品牌曝光的重要路径，还有利于塑造良好城市形象、提升知名度从而实现可持续发展。因此，设计马拉松赛道路线是一项重要工作，不同马拉松赛事承办城市选择的赛道不是固定不变的，承办城市要依据城市自身特色、发展需要及想要呈现的重点城市区域、主要环节、最新成效亮点，更改和优化马拉松赛道，从而展示城市自身的最佳效果。

二、赛事广泛参与性

随着马拉松赛事参与人数越来越多，其运动普及程度亦逐渐提高，马拉松赛事表现出广泛参与性的文化特点。首先，马拉松赛事设置的项目不断增加，不仅仅包括一般的全程马拉松、半程马拉松，十公里、五公里之类的迷你马拉松，还包括轮滑、轮椅马拉松等，满足参与者的不同参赛需求。其次，参赛者人数众多，参与人群广泛，年龄大至八九十岁的老人，小至三四岁的孩童；参赛者既有国家级的优秀专业运动员，也有满腔热血的业余爱好者；参与团队有家庭、企业及学校等，来自世界不同地域、不同民族，有着不同肤色、不同信仰的马拉松赛事参与者都汇聚于此。再次，在马拉松赛事的参与者中，专业运动员所占比例很小，以业余选手和爱好者为主，也体现了其广泛参与性。最后，随着马拉松爱好者人数的不断增多，在社会上逐渐形成了各具特色的民间跑团，把各行各业的跑步爱好者集聚在一起，相互监督训练，组团到各处参加马拉松赛事，形成了高效的健身督促机制，并在社会上形成了"马拉松跑现象"。

三、赛事同场竞技性

马拉松赛事的参与广泛性进而导致了其同场竞技性特点的出现，参与选手特点各异。在马拉松赛事竞争中既是专业选手之间的竞争，也是赛事业余选手之间的较量，这就给专业选手和普通业余民众之间提供了一个竞技的平台。这种使不同能力水平的参赛者在一个场合进行比赛，从唯一的出发点同时起跑，就象征着竞技体育的公平和公正，也是全世界马拉松爱好者积极参与比赛的原因之一。这为全世界来自不同国家的选手提供了交流平台，缩短了彼此的距离。马拉松赛事专业运动员中既有国内马拉松高手也有世界马拉松赛事冠军，因此以大众群体为参与主体的马拉松赛事也成为马拉松专业运动员之间相互竞逐的赛场，这不会影响到马拉松选手的体育运动能力，各地马拉松比赛的最优成绩被打破并且在每次比赛中不断被提高，都是赛事同场竞技性的表现。根据马斯洛需求理论，马拉松赛事的同场竞技性对普通赛事参与者来说，也满足了人的不同层次的需求，依次是追求生命健康、社会交往、自我价值的实现需求，同时赛事也承担着服务于普通民众的责任，体育的初心如此，它将会以此为目标不断提升。

四、赛事的高度整合性

中国的马拉松赛事大多是在城市中举办的，一场马拉松的成功举办离不开社会各界相关组织的通力合作。马拉松赛事具有整合城市资源的桥梁作用，是一项高难度的综合工程，涉及承办城市的各个方面。首先，需要以主办方在技术方面的指导工作为基础，协调好城市的交通道路情况、医疗保障、安全保障、赛事转播宣传、城市生态环境等。若把赛事承办城市比作一把伞的伞柄，其他相应的部门就是这把伞的伞骨，而这伞面就是马拉松赛事，任何一根伞骨的破损都无法将伞面完好地撑起来[①]。因此，马拉松赛事的高度整合性主要体现在组织和协调两方面。政府将赛事的各个独立而职责各异的部门通过一定的手段整合成为一个高效运转的整体，他们拥有不同的权利和义务，为同一个目标而服务，那就是实现马拉松赛事的高质量举办。其次，赛事内部组织的协调运转，也是马拉松赛事高度整合性的内容之一。例如，参赛者报名、志愿者征集、赛道裁判布置，赛事外部的协调，即交通、旅游等，直接或间接地为赛事的举办服务。

五、赛事社会文化融合性

马拉松赛事举办特色和赛事服务质量不断地提高，吸引了众多马拉松运动员与跑步爱好者参与，有效地拉动了举办城市经济的增长。首先，诸多的马拉松赛事参与者跟着比赛去旅行，运动员及陪同人员不可避免地通过当地的餐饮、交通、住宿、购物等渠道进行消费，带动马拉松赛事承办城市的经济发展。其次，马拉松赛事的举办附带不同形式、属性的娱乐活动，在比赛前后会安排丰富多彩的赛事配套活动，与马拉松赛事相呼应，如马拉松体育文化节、马拉松博览会、形象大使选拔赛等，因此马拉松不仅是一场赛事，也成为体育活动的嘉年华。最后，马拉松赛事也是社会文化的缩影。马拉松赛事与配套活动的相呼应，不仅展现着马拉松"勇于挑战、不断超越、勇往直前、奋力拼搏"的精神，也是宣传马拉松城市精神面貌的重要途径，还是体育运动与社会文化相结合的最佳形式，以赛事为主，配套活动为辅助，体现出马拉松赛事具有社会文化融合性的特征。

---

① 祝良, 黄亚玲. 城市马拉松赛文化特点的研究[J]. 体育文化导刊, 2014 (9) : 25-28.

第三节 马拉松赛事对城市发展的促进作用

一、促进城市经济发展

马拉松赛事具有轰动力和感染力，对城市的发展不仅在社会效益上体现，而且对城市经济的发展具有巨大的推动力。举办一场成功的马拉松赛事表现在其对消费行为的促进作用，这也是许多大型体育赛事重要的经济来源渠道之一。为了服务于参赛选手和观众，需要雇佣更多的酒店管理人员、服务员、餐饮行业的工作人员等，这为城市提供了许多就业岗位，增加了就业机会。此外，马拉松比赛对于城市可提供的服务水平要求较高，经济社会发展较为快速发达的城市要尽可能提高整个城市各个行业的运营水平，使得城市全面协调运转，从而依托马拉松比赛促使城市产业结构平衡发展。

体育旅游愈加受到人们的关注，这是一种体育活动和旅游活动有机结合的形式，能够使得人们在旅游中体验体育运动的乐趣，将健康融入生活，增加旅游的魅力。当代生活中，体育与其他活动有机融合，其中包括体育+文化、体育+艺术等，都会为地区增加吸引力。在组织马拉松比赛时，主办城市大多会将赛道选在风景优美，环境良好的旅游景点，在宣传城市精神文化的同时，提高城市旅游景点的知名度，创造一定的经济效益。城市马拉松赛事的多样性、灵活性、感召力等特点，有利于帮助城市建立旅游品牌。城市马拉松赛事对城市旅游的影响，最直接、最显著的就是游客数量的骤增。马拉松赛事举办数量不断增加使得其吸引力和影响力也随之提升，利用马拉松比赛进行城市旅游活动推广，增加城市经济收入，方可使得经济持续发展。从马拉松体育产品对技术的依托程度方面来考虑，体育产品制造业，如体育服装、用品制造等，需要大量的劳动力来开展，这属于劳动密集型。马拉松体育赛事的成功，有利于城市获得广告赞助、直播转播等收益，也在一定程度上推动了科技进步、基础设施完善等城市发展。

城市之间的交流也可以利用马拉松比赛来深入，马拉松赛事是一场开放性的活动，其参赛选手来自不同地区，甚至是不同国家，城市与城市，国家与国家，人和人之间的沟通随之增加，为交流的深入提供渠道，其中包含着人力、物力、技术等各方面的流动，还有文化精神等软性物资的传播。在这个过程中，马拉松举办城市受到更多群众的关注，不断扩大市场走向国际。显而易见的是，这其中蕴含着城市经济发展的思路，把握好马拉松比赛的优势能够为城市经济建设实现大幅提升创造条件。体育已经成为大众媒体的宠儿，借此浪潮传播体育文化，提高人民的体育意识，让更多人参与体育活动，推动全民健身实现，拓宽体育消费渠道，促进体育市场发展。在此过程中，发挥媒体的宣传作用，提升城市的文化、设施等吸引力，推动人才引进，以此增加旅游或投资收入。通过比赛使城市的形象得以健全，其影响力再向更广阔范围扩散。赛事可以帮助提升城市形象和知名度，提高城市在投资者心中的地位，有利于企业与投资者向举办城市进行投资。马拉松赛事的举办可以刺激举办城市形成广阔而灵活的投资和需求市场，激发城市经济活力，通过国际商贸交易、招商引资来促进城市的经济发展。

二、维护城市形象

举办体育赛事尤其是大型体育赛事是展现举办城市市政形象、体现举办城市发展规划和表达举办城市政府发展设想的重要渠道。马拉松赛事作为全民可参与的大型体育赛事，其成功举办与否将从侧面对举办城市的基础设施、市政建设、形象规划等进行立体化呈现。与其他类型的体育赛事不同，马拉松赛事的举办与举办地的政治环境、经济状况、文化氛围、社会条件等因素有着密切关联，涉及人力资源调配、安全保障、赛事推广、资金筹措等多个方面[①]。政府作为承办各类体育赛事的关键枢纽，其领导

---

① 陈添.我国城市马拉松赛事经济影响评估指标体系构建研究［D］.武汉:武汉体育学院,2019.

能力、创新能力和管理能力在一定程度上决定着赛事的举办能否促进城市良性发展。因此，举办马拉松赛事要充分发挥政府的组织管理作用，利用政府的力量确保赛事顺利进行和保障城市安全。一方面，要充分运用各种政策措施，以政府为主体，以人民为中心，以安全为要义不断提高政府举办马拉松赛事的能力，通过高质量品牌赛事提升城市形象，充分展现举办城市的人文环境和自然环境。另一方面，举办马拉松赛事要对举办地的软硬件设施进行更新，全面提高城市的交通通信、卫生绿化等水平，不断巩固城市环境建设的成果，通过引进高质量体育人才，吸取其他城市举办马拉松赛事的经验并结合自身特色巩固城市记忆，培养赛事受众。

三、推动文化发展

独特的赛道设计及人群参与的全面性推动马拉松赛事成为展示举办地文化特色的重要平台。将优质且珍贵的民俗文化与马拉松精神进行完美契合，充分展示当地文化底蕴，形成"马拉松+"的城市发展模式一直是举办城市追求的目标。将文化内涵厚植于马拉松赛事中不仅可以深度挖掘和展现城市历史文化，塑造城市形象，还可以加强城市对外交往，体现主办城市的人文精神与品质。通过分析当前我国城市马拉松发展现状可以发现，在不断地经验积累过程中，马拉松比赛已经成为城市发展的重要支柱，在建设城市文明中占有非常重要的地位，更成为发展城市经济、奠定城市硬件基础的关键环节所在。在人们对马拉松比赛逐渐了解和参与的过程中，其精神文化同样得到了有效传播。马拉松比赛赛时较长，需要相关参赛人员具备较强的凝聚力与耐力，其中表现了坚持不懈、挑战自我、永不放弃的人文精神，是促进建设城市精神文明的重要方式。在城市马拉松比赛中多以不同年龄、种族、身份的人们为主，其共同参与的形式充分展示了我国社会主义核心价值观中的"自由""平等"等元素。通过集体奔跑运动的形式充分展现了我国团结、友爱、进步的奥运精神。这项运动虽然看起来比较简单，但是需要参赛者具备较强的毅力与持之以恒的精神。

城市马拉松比赛的组织与开展是促进建设城市精神文明的重要方式。

通过城市马拉松比赛，一方面展现了城市精神文明的建设发展，另一方面展示了城市自然景观及城市历史底蕴。在以城市马拉松为主题的运动项目中，其赛程较长，在设计赛程期间可以将城市的主要建筑及具有历史意义的名胜古迹等元素充分突出，这不仅可以有效提高城市历史文明文化的展现效果，同时可以引导其他城市的外来参赛者对举办比赛城市的人文、历史进行充分了解，以此提升城市精神文明建设效果。

四、促进社会发展

在全球化浪潮下，城市间的竞争日趋明显，如何利用赛事存量资源实现城市全面更新成为城市可持续发展的重点。品牌赛事的举办能为城市发展提供机遇，赛事精神丰富城市文化内涵、赛事筹办优化城市基础设施、赛事维护保护城市自然环境。大型体育赛事的顺利举办将提高举办地的综合实力，完善的基础设施、和谐的生态环境、友好的人文氛围、优质的城市空间不断刺激城市升级和社会发展，改变与促成新的城市品牌形象形成。城市品牌成为城市推广宣传自身、服务大众和社会价值呈现的重要方案，它符合城市的战略发展规划及战略定位，并能够获得社会认同。城市品牌定位既要通过调查研究，又要符合城市的战略规划，从而找到城市的个性和灵魂，对城市进行清晰明确的定位。城市品牌的核心在于是否能够为城市的全体社会成员带来最大的利益。马拉松赛事赋予城市再生动力，优质马拉松赛事品牌成为塑造城市形象的关键载体，同时也对城市未来发展方向有了更明确的定位。城市在传统文化和现有的技术革新中得到了融合与发展，为城市注入了新鲜血液，通过强有力的赛事品牌营销增加人民对城市的好感，从而带动城市其他产业发展成为城市马拉松赛事未来需要关注的重点。城市马拉松作为地域性赛事，承担着城市品牌营销的主要责任，更是打造城市品牌营销产品的着力点。马拉松赛事的赛道是展示城市整体风貌的窗口，通过赛事转播，城市可以得到极好的宣传；若将城市文化的元素融入赛事本身的口号和主题，还能丰富城市品牌营销的内涵，提升城市的知名度。当马拉松赛事融入人们的生活、成为城市生活中的重要组成部分时，马拉松的价值便能超越赛事、活动本身。马拉松赛事作为一项全民参与的大型群众性体育活动，其蕴含的精神总是在无形中改变着人们的思维模式，帮助人们树立正确的价值观。城市马拉松成为人们精神文化生活中不可或缺的重要元素，通过举办马拉松赛事可以提升居民自豪感和幸福感，提升其精神品质和层次。基于马拉松赛事特殊的社会属性，赛事的举办不仅可以帮助缓解现代人繁重的工作压力，而且可以提高人的意志力和心理承受能力，磨炼个人的意志品质。个体建设需要有品位和精神，城市建设同样需要打造自身特有的精神和灵魂。除硬件设施外，营造积极向上、富有激情、健康生活的城市氛围也同样重要，这种城市环境会在马拉松赛事筹办和举办的过程中持续发挥效益，不断使广大人民群众受益，并在社会发展中促成良好社会关系的实现。

五、保护生态环境

城市举办或者承办体育赛事要将当地的自然环境和人文环境考虑在内，尤其是举办城市马拉松这类比赛场地范围广、参与人数多的体育赛事。马拉松赛事的成功举办有助于创立城市品牌，提升城市在人们心中的形象，因此举办城市往往会在赛事筹备阶段对城市的基础设施进行翻新和调整以适应赛事运营需要。例如，当城市举办马拉松赛事时会对赛道旁的商铺、住宅、绿化、通信等进行全面整治，在优化比赛场地的同时将对城市原有生态环境和人文环境产生影响，优化赛道周围环境。为了马拉松赛事的顺利举办，会围绕赛道本身进行建设，对现有的道路进行有效修缮，使得交通便利，对未来城市交通的发展有着长远有效地规划，为市民提供了便利。为服务马拉松赛事顺利进行，举办城市制订一系列环境保护计划和措施，对环境进行一定程度的综合治理，从顶层设计层面入手改善举办地的生态环境质量，提高举办地宜居度，创建美丽宜人的旅游区。在进行赛道规划时，要充分考虑参赛者补水、如厕和就餐等方面的需求，合理地设置厕所的位置；对于垃圾桶的摆放等问题也要合理地设计，减少环境的污染问题。公众参与环境保护的程度是一个城市环境意识、社会文明程度的直接体现。在大数据时代，举办地通过网络媒体等媒介加强对环境保护的宣传可以提升当地居民的城市环境保护意识，积极开展环保宣传活动，使得居民能主动地参与到环保工作中。在赛后垃圾处理等方面要有完备的处理机制，以"与大自然和谐共生"的理念，制定有效的策略，为以后的环境绿色发展打下坚实的基础。

总而言之，城市马拉松的成功举办对于举办地的经济、政治、文化、社会发展和生态环境有着积极影响，提升了举办城市的知名度，为当地提供了就业岗位，大力发展了第三产业，促进了体育产业的蓬勃发展，拉动了举办地的经济发展，同时也推动了高科技产品和网络信息的发展，改善了举办地的交通条件，制定了减轻环境污染的有效措施，唤起了大众积极参与体育运动的热情，从而增强了全民的身体素质和人文素养，提升了举办地政府的决策及各部门之间的协调配合能力，彰显了举办城市的文化特色，吸引了全世界的参赛者参与其中，极大地增强了文化自信。

第二章　赛事风险管理的理论研究

20世纪80年代，风险管理相关理论被引入中国，由于对此研究较晚所以整体上仍处于起步阶段，并未形成完整成熟的科学理论体系，有待进一步深入研究与完善。如今风险管理理论与实践都主要集中在企业运营方面，在其他领域，尤其是体育赛事风险管理等方面的应用，未形成独立机构，仍有待进一步发展成熟。

第一节　马拉松赛事风险管理相关概念

一、马拉松赛事

体育赛事是竞赛表演的表现形式之一，在规则框定的范围内，在裁判人员的监督下，组织运动员之间、运动队之间进行的竞技比赛[①]。马拉松赛事按照比赛赛程长短可分为全程马拉松、半程马拉松和四分马拉松。陈尔洁（2014）在对马拉松赛事进行详尽分析后认为马拉松赛事是以马拉松运动为比赛项目的赛事，可分为业余和专业比赛[②]。余君倩（2018）将马拉松赛事定义为以马拉松竞技为主题的，提供一系列竞赛产品和服务产品的特殊事件，具有整合社会资源的功能，能产生社会效益和经济效益的体育活动[③]。马拉松赛事的举办可以促进该城市全民健身的发展，还可以扩

---

① 王守恒，叶庆辉.体育赛事运作管理理念探析［J］.首都体育学院学报，2005（1）：8-9；12.

② 陈尔洁.中国马拉松赛事对城市发展影响的研究［D］.北京：北京体育大学，2014.

③ 余君倩.2016年首届南昌国际马拉松赛事组织研究［D］.南昌：江西师范大学，2018.

大城市的知名度，尤其是一些国际大型马拉松赛事，更可以提高该城市的国际知名度。

二、体育风险

风险起源于西方古典经济学派，其衍生于经营活动，经营者的收入实质上是从风险中得来的。在《国际经济法》一书中，基于经济学视角，风险被定义为"能够充分使得货物毁坏、灭失的意外因由，如偷盗、火灾、事故及不属于正常损耗范围内的腐烂、变质"。此外，有学者从管理学角度赋予风险"积极或消极影响项目的不确定事件、条件"[①]的定义。由于体育赛事在举办过程中存在不可控因素太多，诸如政治、经济、自然、政策、社会文化等都是马拉松赛事中重要的风险因素，因而在参加体育运动时应加强对体育风险的防范。体育风险的概念在我国提出较晚，目前学界并没有统一的标准。体育运动风险就是存在于体育运动中的风险性问题，主要包括暂时性身体伤害和永久性身体伤害，如擦伤、死亡等[②]。通过对以上观点的分析，本研究将体育风险的概念定义为，参加马拉松的相关人员在参与马拉松赛事的过程中由于各种不确定因素产生的伤害参与者身心健康的风险性问题，主要侧重于研究参与者在参与马拉松过程中产生的体育风险。

其中，厘清体育风险的特征有助于我们更好地了解风险管理原理，从而实现对体育风险的识别、评估和控制。在众多有关体育风险的研究中，学者对体育风险特征的认识有所不同，刘均（2008）认为突发性、客观性、随机性和伤害性是风险最为显著的特征[③]；刘燕华等（2005）提出客观性、普遍性、不确定性、潜在性、双重性、行为相关性、可变性、风险的可收益性、可计算性和不可计算性、时间和空域属性是我们研究风险主

---

① 陈安. 国际经济法［M］. 北京：北京大学出版社，2007.

② 刘易. 恩施市中小学生体育活动风险防控的现状及对策研究［D］. 武汉：中南民族大学，2018.

③ 刘均. 风险管理概论（第二版）［M］. 北京：清华大学出版社，2008.

要关注的方向[①]。根据学者关于风险的概念和特征的论述，本书认为体育风险具有客观性、偶然性、损害性、潜在性的特征。

（一）体育风险的客观性

参与者参加体育活动过程中存在着不确定性，如准备活动不充分、运动强度过大、运动场地器材的不安全、心理状态不佳、疾病与机能状态下降、自然环境变化等都是意外事故发生的诱因。风险发生的可能性、频率及产生损失的多少可以通过人为的方式降低，但这种风险会存在赛事活动的始终，无法被彻底消除，其在无形中干扰着赛事的正常运行。

（二）体育风险的偶然性

对于某一具体的体育风险而言，其发生是偶然的。人们不容易注意到其存在，任何风险只有具备风险发生的主、客观条件时，才会发生相应的风险事故。不同项目、对象、场地等条件下发生风险的偶然性很大。

（三）体育风险的损害性

从体育运动的特点可知，体育运动本身存在一定的危险性。例如，较大负荷运动可能会因机体疲劳而造成生理性损伤，激烈运动会导致的心血管疾病，运动器械使用不当会引发伤害事故。从组织管理来看，不论是健身锻炼还是其他竞赛、娱乐活动，都有可能使参与者受到伤害。

（四）体育风险的复杂性

由于不同个体易受到身体机能状况、运动方式、参与对象、环境、体育器械、交通、天气等多种因素的影响，以及参与者参与体育活动时的组织管理复杂、多变，因而不同项目体育活动的风险的复杂程度不同，稍有不慎就会有伤害事故发生。

三、体育赛事的风险

目前，关于什么是体育赛事风险学界已经做出相关解释，不同研究者从不同的角度给予了描述。董杰（2007）提出体育赛事风险指赛事主办

[①] 刘燕华, 葛全胜, 吴文祥. 风险管理: 新世纪的挑战 [M]. 北京: 气象出版社, 2005.

方在赛事举办前中后期所面临的对赛事发展不利的各种风险的总称[①]。张枝梅（2007）认为在体育赛事举办的过程中，各种难以预测和控制的因素导致赛事组织者主观期望目标与客观实际结果之间存在差异和变动，加剧了体育赛事风险发生的可能[②]。李国胜（2005）认为体育赛事风险发生在体育赛事举办过程中，由特定危害性事件发生的可能性与产生后果共同组成[③]。体育赛事是项目活动的一种，它具有项目的特征。体育赛事具有一次性、独特性、渐进性、生命周期性（从申办到举办结束）、制约性（有限的资源人力、物力、财力等）等特征。结合对风险的基本含义与项目管理基本理论的理解，本研究将体育赛事风险定义为：在自然环境和人文环境的共同作用下，举办体育赛事面临的不稳定性增加，体育赛事管理者不能准确预见或控制体育赛事运营全过程，使体育赛事的最终实施结果与人的期望值产生偏离并可能造成的损失。

（一）体育赛事的风险特征

体育赛事风险是体育赛事管理中重要的概念，其涉及对事件未来发生风险可能性的推测，包含客观存在和主观臆断两个方面。体育赛事风险的识别和评估，本身都带有很大的不确定性[④]，基于风险理论视角，本研究将从以下三个方面分析体育赛事风险的特征：

1. 体育赛事风险发生的随机性

体育赛事风险的发生具有随机性，这增加了对体育赛事风险发生可能性的预测难度。例如游泳有风险，因为可能会发生溺水事件，但是无论什么人溺水，完全是随机事件，没有规律可循。随机性使体育赛事风险识别和控制的难度升级，一旦它能够被识别并量化，体育赛事风险性也就大大降低了。

---

① 董杰, 刘新立. 体育赛事的风险管理研究 [J]. 武汉体育学院学报, 2007（5）: 28-32.

② 张枝梅. 体育赛事风险特点及风险管理刍议 [J]. 河南科技学院学报（自然科学版）, 2007（2）: 79-81.

③ 李国胜, 张文鹏. 关于体育赛事风险管理要素的研究 [J]. 广州体育学院学报, 2005（2）: 39-41.

④ 肖林鹏, 叶庆晖. 体育赛事项目管理 [M]. 北京: 北京体育大学出版社, 2005.

2. 体育赛事风险后果的相对性

体育赛事风险在某种程度上是相对于组织管理者的承受能力的。体育赛事风险的承受能力有客观指标，也有主观倾向，后者涉及人的心理因素，这就为体育赛事风险的量化带来了很大的弹性空间。

3. 体育赛事风险发展的渐变性

事物的发展是一个由量变到质变，再由质变到量变的螺旋式上升过程，因此体育赛事风险的发生也是一个从量变到质变的演变过程。体育赛事风险的渐变性促使我们从细微细节入手，探寻体育赛事风险发生的根源，通过分析量变的进程从而识别和控制体育赛事风险。

（二）体育赛事的风险分类

鉴别和对比是人类认识事物本质、探索事物本源的重要方式，分类是对事物进行鉴别和对比的重要途径。从客观角度出发，把体育赛事的风险横向划为内外两个范畴。因外部环境影响导致风险发生的称为体育赛事系统风险，此类风险主要来源于不可人为控制因素，带有无法回避性和控制难度高的特点，被动应对是其主要防范措施[1]，包含政治风险、经济风险、自然风险、政策风险、社会文化风险。因内部环境影响导致风险发生的称为体育赛事非系统风险，与体育系统风险相比其更易回避和控制，主动预防和控制是其主要防范手段。而对这两种风险的防范水平取决于组织的体育赛事风险管理水平。根据体育赛事自身特点和体育赛事组织管理过程缔结的各种关系为基础，对体育赛事内部风险进行分类[2]（如图2-1所示），主要分为四大类，即体育赛事保障风险、竞赛组织管理风险、体育赛事市场开发风险和运动员参赛风险。例如，2019年底开始的新型冠状病毒肺炎疫情导致异地交流体育赛事终止，因其受外部环境影响的特质所以将其归为非系统体育赛事风险。图2-1概括了体育赛事内外部风险因素的关系，体育赛事风险管理是在内外风险相互影响、相互作用、处于动态的情

---

① 王守恒, 叶庆晖. 体育赛事管理 [M]. 北京: 高等教育出版社, 2007.
② 刘建, 高岩. 体育赛事风险特征及分类研究 [J]. 成都体育学院学报, 2011, 37（4）: 5-8.

况下，对所可能发生的事件进行管理的。就危害性而言，系统体育赛事风险大于非系统体育赛事风险。

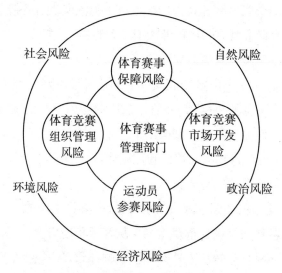

社会风险　　体育赛事保障风险　　自然风险

体育竞赛组织管理风险　　体育赛事管理部门　　体育竞赛市场开发风险

环境风险　　运动员参赛风险　　政治风险

经济风险

图2-1　体育赛事内外部风险分类

（三）体育赛事的风险评估

风险评估指在识别风险的基础上，运用概率论和数理统计对所收集的资料进行细致分析，估计和预测风险发生的概率和损失程度，为进行正确的风险管理决策提供依据。

体育赛事风险评估指标体系是体育赛事风险管理和研究工作的基础，它的确立与完善具有重要的理论意义和现实价值[①]。一些研究者采用了不同的研究方法对体育赛事风险进行评估，大型体育赛事为城市发展创造良好的社会效益和经济效益的同时，也在一定程度上给城市生态环境带来了风险。学者梁波等（2020）就体育赛事对生态环境风险进行了评估[②]；蒲毕文等（2018）构建了体育赛事风险评估结构方程模型；张翠梅

---

① 蒲毕文,贾宏. 大型体育赛事风险评估的结构方程模型构建及实证研究［J］. 中国体育科技, 2018, 54（2）: 51-58.

② 梁波,李伟,李峻峰. 城市承办大型体育赛事生态风险评估体系的构建研究［J］. 成都体育学院学报, 2020, 46（2）: 34-41.

等（2016）采用了WSR系统方法论构建了体育赛事风险评价指标体系；郭利军（2017）采用了基于模糊层次分析法对商业性的赛事进行了风险评估，把业余高尔夫赛事运作过程中风险因素的重要度进行排序；苏海荣等（2017）采用风险指标评价法对大型体育赛事安全事故风险进行了分级，构建了大型体育赛事安全事故风险模型；韩颖等（2015）根据高校承担大型比赛的前、中、后阶段面临的风险，建立了赛事风险评价指标体系；霍德利（2011）建立了用于赛事风险分析的多层次风险评估指标体系；安俊英等（2011）通过对大型体育赛事风险运作过程中风险的重要因素排序，并在第11届全运会的风险评估中进行了验证；朱华桂等（2013）依据风险管理理论及体育赛事组织规律，以南京青年奥林匹克运动会为例对大型体育赛事风险评估进行了研究；胡良玉（2013）构建了一种基于相对熵的模糊集合下的体育赛事风险评价方法。吴勇等（2012）提出了一种多人参与评价的体育赛事风险评估模型，基于广义离差最小原理进行体育赛事风险评估；翁建锋等（2010）基于安全风险的概念模型和风险管理流程，构建了大型体育赛事安全风险评估模型；霍德利（2010）采用风险极差量化表法综合评估了体育赛事的风险因素；管惠文（2010）运用评估目的、评估客体、评估主体、评估方法等要素构建了大型体育赛事风险评估指标；Fuller等从风险发生率和严重程度之间的关系中获得的推论有助于理解和控制运动中的风险。与内在和外在风险因素相关的研究应侧重于确定哪些因素导致某种的风险水平落入风险分布的高风险或低风险区域。风险值可用于推导风险等值线，因此了解风险发生概率和发生的严重程度是提出预防和降低风险措施的关键。

四、赛事风险管理

根据风险定义，姜宇（2017）认为风险管理是指在已知的风险情况下，怎样将项目或企业风险所带来的负面影响降到最低[①]。风险管理的目

---

① 姜宇.北京马拉松赛风险管理研究［D］.北京：北京体育大学, 2017.

的是以尽可能低的成本实现最大的安全。蔡世雄（2020）认为，风险管理工作应以制订风险管理与安全管理计划为核心。计划的监督和实施要按照方案的要求，在全过程、全方位的督查中，提前、及时地指出偏差，消除隐患，及时研究，及时解决问题，防止出现危险。风险发生后的正确反应：风险认知、风险分析、风险评估、风险应对是计划的关键，这也称为风险管理的四步走[①]。

赛事风险管理是一种在特定环境条件下，对赛事运作过程中有可能影响赛事正常运行的各种不确定因素进行识别和评估，并提出相应解决措施以达到预期管理目标的管理活动。黄海峰（2009）认为赛事风险管理是指在组织运营中提前对赛事风险进行识别、分析和衡量，并运用科学合理的手段化解风险，强调用最低的经济成本获取最大安全保障[②]。

而有些学者则强调它是一个过程。董杰、刘新立[③]（2004）提出在体育赛事的申办、筹备、运营和实施的过程中可能会出现影响到整个体育赛事的正常进行的问题，体育赛事的风险管理目的就是把这种意外或者风险所带来的损失减小到最低程度的重要环节。王子朴[④]等（2007）从企业管理的角度分析，把体育赛事视作企业经营的产物，把体育赛事风险管理归入企业风险管理范畴，根据体育赛事的内涵与特征，通过企业管理模式降低体育赛事风险。

五、体育赛事风险管理

做好风险管理工作是确保大型体育赛事顺利举办的关键[⑤]。新型冠状病毒肺炎疫情作为国家重大的公共卫生安全事件，对体育赛事的打击几乎

① 蔡世雄. 内蒙古高校体育开展冰上运动课程风险管理研究 [D]. 呼和浩特：内蒙古师范大学，2020.

② 黄海峰. 大型体育赛事风险管理研究 [D]. 武汉：武汉体育学院，2009.

③ 董杰，刘新立. 北京2022冬奥会支出的风险与风险管理 [J]. 体育与科学，2020, 41（1）：16-27.

④ 王子朴，孙琦，吕予锋. 从项目管理视角看赛事风险投资的风险防范与控制 [J]. 成都体育学院学报，2007（2）：14-16;42

⑤ 刘燕华，葛全胜，吴文祥. 风险管理：新世纪的挑战 [M]. 北京：气象出版社，2005.

是毁灭性的。张春萍（2020）等学者从当下的赛事环境出发，在新型冠状病毒肺炎疫情背景下通过对重大体育活动的风险预防与突发事件的新实践与新情况的分析，梳理影响其发展的有关问题及对策；张森（2017）从利益相关者的角度分析大型运动项目的风险管理；Thomas A. Baker等（2015）分析了国外的大型体育赛事中"恐怖主义"和"伏击营销"这两种主要风险的管理；史悦红（2016）针对大型体育赛事风险管理的现状及成因，加强风险防范意识，完善制度建设，构建赛事风险预测评估体系，加强人才培养等方面的对策；孙庆祝（2010）运用综合集成方法对大型体育赛事进行风险管理；龙苏江（2010）从大型体育赛事风险管理体系建立的重要性出发，完善了风险管理的运行机制，建立了风险管理体系后评价机制和持续改进机制，论述了如何构建我国大型体育赛事风险管理体系；刘东波等（2009）应用风险管理的相关理论，对悉尼、雅典和北京奥运的风险管理进行了对比和分析；苏永庆等（2008）以管理理论为依托，对体育赛事风险管理进行了研究；卢文云（2005）从风险管理的角度对大型运动项目风险类型、风险成因进行了分析，并对其风险管理的模型进行了探讨；莱斯特大学的Colin Fuller和UK Sport的Seott Drawer根据风险管理的基本原理，对体育项目风险管理的各个环节进行了详尽的阐述。中欧数字奥运战略框架合作项目（IST-001970 ECOSPLAN）编制了雅典奥运会风险管理图，从风险管理图表可以看出，奥运会的整体风险分为市场风险、自然灾害风险、运营策略风险和运营风险四个方面[1]。

综上所述，体育赛事风险管理是运用风险管理技术，根据风险的特点和内涵，通过对风险来源进行识别预测、评估，运用科学的对策，有效地控制和正确处置风险，保证运动项目的正常运转。

---

[1]　杨铁黎，李良忠，陈文倩.商业性体育赛事风险管理［M］.北京：北京体育大学出版社，2010.

第二节 风险管理理论概述

自新型冠状病毒肺炎疫情暴发以来，全世界各行各业的发展都面临着严峻的考验，一些重大的风险事件的发生，如美股数次熔断、负油价和原油宝事件、比特币疯涨、生猪价格起伏剧烈、世界金融危机的小范围发生，以及由各种社会问题引起的各种骚乱和罢工游行，引起了各个国家和行业对风险管理研究的高度重视。2011年以来，中国马拉松运动发展速度急剧加快，无论是赛事数量，还是参赛人数，或是赛事规模都得到了前所未有的突破。目前，中国城市马拉松赛事尚处于快速发展阶段，随着马拉松热持续升温，城市马拉松赛事数量还将进一步攀升，并且在一定的时间内，我国城市马拉松赛事数量还将保持增长态势。

在新型冠状病毒疫情背景下，各国都加强了对公共卫生领域的关注与投入。相关管理方法和应对措施的研究文章与成果相继出现在一些报刊和文献专著之中。从风险管理研究对象和成果来看，风险管理研究多集中于金融业、保险业、企业管理、重大项目的风险管理。针对像马拉松赛事这样的公共事件的风险管理研究不多。但是可以预见，在公共领域，风险管理也将成为一个热门的领域。马拉松作为一项大规模项目活动，是风险管理研究的重要组成部分。本研究主要是借鉴和运用风险管理的基本理论与方法，通过对城市马拉松赛事风险识别、风险评估，从而准确地预测赛事举办过程中可能存在的风险，提出科学的风险决策管理方式，对这些危险的出现进行最大限度的控制或减少其负面影响。本研究在借鉴风险管理理论的基础上，通过分析城市马拉松赛事风险形成的机理，为我国城市马拉松赛事风险的科学管理奠定理论基础。

一、风险的基本理论

（一）风险的主要学说

通过研究角度和所需结果的差异，将国内外学术界成果进行归结整理得出关于风险的学说主要分为风险客观说、风险主观说及风险因素结合说[①]。

1. 风险客观说

风险客观论是指客观上存在着危险，因而能够被预测。我们可以通过统计学的方法来对这种不确定性进行测量和评估，将结果用数据表示，可以更直观地进行对比。在日常生活中，领域的不同，风险测量的标准和规定也大相径庭。

"损失可能性"学派。该学派着重于可能出现的损失，并将其表示为概率。1928年，法国学者莱曼在《普通经营经济学》中把风险界定为"有可能出现的亏损"。德国学者斯塔德勒将风险界定为"影响支付或意外事件的可能性"[②]。因此，我们把这个观念叫做"损失可能性"。该学说的核心思想是：损失的可能性和风险的变化规律是相同的，也就是说，损失的可能性越大，风险就越高。

"损失不确定性"学派。这种学派强调损失的不确定性，同样也将概率作为度量的指标。与"损失可能性"的不同在于，当概率处于0～1/2时，不确定性随着概率的增加而增加，风险系数也随之提高；概率为1/2时，风险达到最高值；概率处于1/2～1时，不确定性随着概率的增长而减少，风险也随之减少[③]。当概率为0或1时，表示此事件具有确定性也就说要么肯定不发生要么肯定发生，不存在不确定性，风险也就不复存在。

"损失差异性"学派。这种学派的观点在于突出结果的差异性对风险的影响，结果差异越大，风险也就越大。如果结果存在唯一性，此结果

---

① 威廉姆斯, 汉斯. 风险管理与保险 [M]. 陈伟, 张清清, 王铁, 等译. 郑州: 中国商业出版社, 1990.

② 温红梅, 姚凤阁, 娄凌燕. 金融风险管理: 第二版 [M]. 大连: 东北财经大学出版社, 2012.

③ 胡胜著. 现代商业银行信用风险度量与管理 [M]. 北京: 中国金融出版社, 2011.

必然发生，即不存在风险；如果能够引起多种结果的产生，就说明此事件变动大，那么风险也就高。小阿瑟·威廉姆斯（Arthur Williams）和理查德·M.汉斯（Richard M.Heins）是这一学派的代表人物，在《风险管理与保险》中，风险的定义是："在一个特定的环境中，在一个特定的时期，那些可能发生的结果之间的差异"[①]。结果的差异性经常用相对于某个期望结果来说可能发生的变动情况来衡量。

"未来损失"学派。此学派的代表观点为：风险是指在一定程度上，危险程度越高，风险也就越大。洪水风险图是洪水演变路线、到达时间、淹没水深、淹没范围和速度等过程特性的一种重要的非工程控制方法。在同样的可能性水平下，水流速度、深度、淹没持续时间等指数较高的地区，其所处的生命财产遭受破坏的可能性愈大，其危险程度也愈高。保险公司根据五年一遇、十年一遇、二十年一遇的洪水灾害地图，对不同危险程度的区域进行不同保险费率的划分，之后再按照水灾易损程度厘定保险标的不同费率。

2. 风险主观说

风险主观说并不否认风险的不确定性，其认为个人对未来的不确定性的认识是与本人的教育背景、实践经验、生理和心理各方面条件息息相关，每个人的三观和思想体系都会影响其对各类事物的评价与判断。风险是主观的。我们在社会学、心理学及各类人文社科等学科领域都可以找到这类观点的支持者。其中，心理学中的实证论者思维认为风险可以通过个体的主观判断来测量；而其他人文社科则采用相对论者的思维，认为风险是形成过程的问题。20世纪80年代以来，反对风险客观说的人认为，客观说上有两个问题：一者，事物的客观性是相对的，不可避免存在主观判断；二者，在进行风险评估时，我们必须将自己的价值和喜好考虑进去，如同一种损失，对于经济水平不同的人来说感受也会不一样。因此，风险评估不存在客观的绝对性，风险主观说的思想更接近于现实的决策，将越

---

① 威廉姆斯, 汉斯. 风险管理与保险 [M]. 陈伟, 张清清, 王铁, 等译.郑州: 中国商业出版社, 1990.

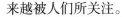

来越被人们所关注。

3. 风险因素结合说

该学说的重点在于风险产生的原因与结果，认为风险事故发生的原因之一就在于人们自身的行为。此外，风险是由于人类及其财产造成损失而产生的。因此，"风险是每个人和风险因素的结合体"，人为因素与造成灾害的发生及其后果之间存在较为复杂的互动关系。其实，有的学者认为，"危险"是客观存在的，也有"危险主观"理论，但"危险"理论并没有把"危险"的客观性和主观性作为重点，严格意义上，"危险"理论与前两种理论并不是平行的，而是相互交织的。

（二）风险的定义

西方古典经济学理论认为，"风险"是由企业的经营活动所产生的产物，也就是说，企业的收益实质上是对风险的补偿。在《国际经济法》中，笔者用经济学的方法对风险进行了界定，即：一种可以造成货物损坏、损失的意外原因，如偷盗、火灾等，不属于自然损失范畴，而美国项目管理协会（Project Management Institute）角度，PMI，则认为风险是指"不确定事件、条件"[1]。美国学者富兰克·H.奈特（Frank H.Knight）把不确定分成两种类型：一种是可以被衡量的不确定，即风险；第二种是无法测量的不确定，这是真正的不确定。高晓波（2007）认为，在统计学上，风险是偏离预期的回报；从投资的角度来看，风险是指与人们期望背道而驰，从而导致负面结果的潜在可能性[2]。

风险是发生损失或损害的不确定性，其内容包括两个方面：一是风险的发生概率，二是由于风险造成的损失的严重性，即不幸事件的发生概率和损失程度决定了风险的大小。实践中，在确定一个项目的风险水平时，往往要综合考虑这两个因素，才能获得这两个变量。

如2-2[3]所示，纵轴是风险事故的发生概率，横轴是后果的严重性：低

① 陈安.国际经济法：第二版[M].法律出版社，2007.

② 高晓波.大型体育赛事运营的风险来源与防范[J].北京体育大学学报，2007（3）：297-299.

③ 刘新立.风险管理：第二版[M].北京：北京大学出版社，2014.

可能性与轻微后果——低风险；高可能性与严重后果——高风险；高可能性与轻微后果——低风险。但是，对于低可能性与严重后果，则风险等级较多地取决于经验和技术专家。

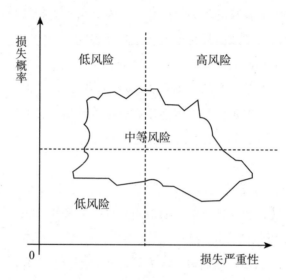

图2-2　风险等级的划分标准

风险的不确定性是一种客观的、非人为因素所能改变的。例如，由于天气变化、运动员受伤或其他自然灾害等，赛事组织方在准备、组织竞赛时所面对的各种突发事件，其预期的目标与现实状况发生了变化，从而对主办单位造成各种损失。所以，在对我国马拉松运动的危险性进行分析时，既要充分考虑其自身的危险性，还要考虑相关商业活动带来的风险。

（三）风险的基本特征

1. 不确定性

无法预知风险何时存在，何处发生，它是不以人们的意志为转移的，这就是风险的不确定性。要规避和降低风险，这就要求风险的管理者必须及时、准确地对可能导致风险发生的因素，进行有效评估与管理，针对出现的可能性进行有效监控，提出应对方案，风险就可以得到及时的规避和有效的控制。

2. 相对性

风险的相对性是指风险所带来的损失或损害，因为个体承受能力的不同而不同，对不同个体所产生的影响的大小是不一样的。在认识风险的相对性和分析风险因素时，要针对不同个体的承受能力，对不同的风险因素进行权衡加权，才能对风险进行及时有效的控制。

3. 隐蔽性

风险是客观存在的，它们一直无形相伴着事件和事物的发展过程。风险隐蔽性特征通常难以准确描述。在风险分析中，运用系统理论、概率、模糊数学等理论与方法对风险进行界定，再从定性和定量两方面进行综合分析与判断，可以监测风险、发现风险的隐蔽状态，再选用适当的技术方法和手段，风险是可以进行有效控制的。

4. 复杂性

风险的复杂性主要是指风险的种类。风险的种类诸多，如经济风险、人员管理风险、政治风险、自然风险、法律风险等，这些风险是相互联系、相互影响的。风险种类的繁多和风险之间联系的复杂性，增加了风险管理的难度和可控性。

5. 易变性

风险影响的大小不是一成不变的。随着风险本身所处的内外部环境、外部条件的变化而变化，影响也会随之变化和波动。因此，错误的判断、不利地处理，会导致风险影响的进一步扩大。反过来，有效地监控和管理，合理地处置风险，可以降低或规避风险，把风险的影响降低到最低程度。

（四）风险的分类

认识潜在的风险，研究风险问题，对不同的风险进行分类是十分必要的，这样才能非常全面地认识政策风险，分析不确定风险、研究风险系数，有效控制政策风险的重要影响，保证风险管理目标的创新实现。风险一直相伴在我们的生产和生活中，人们面临的风险来源都是丰富多样的。从不同角度、按照不同的标准，从不同的需求可以对风险进行各种分类。

表2-1为风险的分类总结。

表2-1　风险分类

风险分类依据	分类	举例
按风险产生的原因	自然风险	地震、海啸、风暴、洪水、核电站泄漏等
	社会风险	经济风险、政治风险、恐怖风险、法律风险等
按风险自身的性质	静态风险	火灾、旱灾、爆炸、瘟疫、雷电、核电站泄漏等
	动态风险	价格波动、技术革新等
按风险获利的可能性	纯粹风险	火灾、水灾、地震、疾病、战争、核电站泄漏等
	投机风险	股市投资、价格波动、兼并重组等
按风险造成的结果	财产风险	房屋、设备、运输设备等损失风险
	人身风险	导致人的病、死、伤、残等风险
	责任风险	医生、会计师、律师等过失、疏忽形成的风险
	信用风险	银行、保险公司、企业等不当行为导致的风险

二、风险管理的基本理论

（一）风险管理理论的起源与发展

风险管理理论作为一个系统科学的管理理论，其产生与发展经历了漫长的实践与积累。早在20世纪30年代，西方国家便已萌生风险管理的思想和理念，风险管理的发展，经过了传统风险管理、现代风险管理及全面风险管理。

1. 传统风险管理

1930年，美国宾夕法尼亚大学的所罗门·许布纳（Solomon Stephen）博士在美国管理协会举办的一次关于保险的会议上提出了"风险管理"这个术语①。随着社会经济的发展，我们所面临的风险种类不断增多，其严重程度也随之增强。在20世纪50年代，美国通用汽车公司的安全事故及20

---

① 张琴，陈柳钦. 风险管理理论沿袭和最新研究趋势综述［J］. 金融理论与实践，2008，（10）：105-109.

世纪90年代苏联切尔诺贝利核电厂爆炸事故等多起灾难，对风险管理的推动和发展，起到了极大的催化作用。在此期间，传统的风险管理以不利风险为主，其目标是降低不利风险对公司的运营及可持续发展，保险成为最主要的风险管理工具[①]。此阶段以防范损失为主要内容，手段包括资产负债管理技术及金融工程风险管理技术。

2. 现代风险管理

1993年，首席风险总监职位的产生，标志着现代风险管理进入了一个新的时代[②]。现代的风险管理已经脱离了传统的风险管理阶段，它与传统的风险管理不同，它是通过多个决策者共同承担风险的过程，从而避免了整个企业的风险损失[③]。

3. 全面风险管理

1998年，长期资本管理公司在全球金融危机中面临倒闭，使得金融界开始进一步思考风险防范与管理的问题。他们发现风险管理应从整个系统的角度对所有风险集合管理，而全面风险管理理论也应运而生。

全面风险管理是指在公司的整体运营目标下，在公司的各个阶段和运作中，通过实施风险管理的基本程序，培养良好的风险管理文化，并建立一套完整的风险管理体系，其中包括：风险管理策略、财务措施、风险管理的组织功能体系、风险管理信息系统和内部控制系统，从而为实现风险管理的总体目标提供合理保证的过程和方法。

全面风险管理的核心理念主要体现在：一个组织机构的风险来自方方面面，其会面临各种不同的风险，最终产生影响的不是某一种风险，而是所有风险联合作用的结果，所以只有从整体的角度进行风险管理才是最有效的。尽管这一管理方法目前还不尽成熟，但是全面风险管理仍然是风险管理发展的未来趋势所在，国际大型的赛事机构已经建立全面风险管理体系，基于风险管理资本追求风险与收益的平衡和优化。

① 王东. 国外风险管理理论研究综述 [J]. 金融发展研究, 2011, (2): 23-27.

② 张轶, 周吉. 风险管理理论综述 [J]. 科技视界, 2014, (17): 241.

③ 陈嘉智. 风险管理理论综述 [J]. 特区经济, 2008, (6): 278-279.

（二）风险管理的一般过程

经过近百年的发展，风险管理已经发展成为一个独立的理论，众多学者也就风险管理理论的诸多方面展开广泛而深入的研究。经过长时间的理论与实践研究，风险管理已经形成了较为成熟的流程体系，风险管理的一般过程包括：风险管理的初始信息收集、风险评估、风险管理策略的制定、风险管理的实施、风险管理的监督和改善。其中，风险管理的一般过程如图2-3所示[①]。

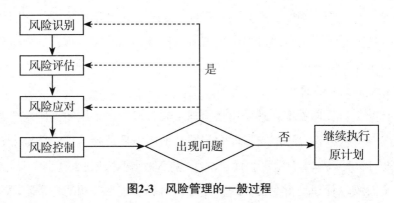

图2-3 风险管理的一般过程

1. 风险识别

风险识别就是识别和认识各种可能的危险和成因，以确定危险的本质和特点，并对各种危险进行分类。风险识别是企业经营活动的首要环节，在风险识别中应充分考虑内部和外部的风险。对内源性的风险，应采取相应的防范措施，避免潜在的风险；在外部环境中，要尽可能地识别和实施相应的对策。

风险识别不仅仅是鉴别出明显的风险因素，更多的是潜在的风险因素，总体上，对潜在危险因子的认知程度要高于对其显著危险因子的认知。风险的辨识可以从感性和历史经验两方面进行判断，而类推比较是一种有效的方法；分析、归纳、整理各类企业经营管理信息、各类危险事件记录，根据需要进行专业调查，找出各类风险和损失，并从中找出

---

① 范道津，陈伟珂. 风险管理理论与工具［M］. 天津：天津大学出版社，2010.

规律性。

　　风险识别一般包含：对各经济单元的人员组成、资产分配、经营活动进行综合分析；分析人、物、业务活动中的各种危险因子并对其进行风险评估；对经济单位所遭受的损失进行分析，包括人身伤亡、财产损失、赛事延期、民事责任等。另外，为了能够合理、高效地处理危险，还必须识别危险的本质。风险识别是一项长期而系统的工作，因为环境的变动，企业所面对的风险往往会发生变化，一种风险已经消失，而新的危险又会随之产生；这种危险降低了，另一种危险增加了；另外，风险的本质也发生了变化，需要风险管理人员持续地确认并密切注意原有的风险，因此风险识别必须制度化。

　　2. 风险评估

　　风险评估是在进行风险管理时，根据所获得的大量的信息和数据，对其进行风险辨识。其内容包括：频度分析，也就是对某一危险因子出现的概率或频率进行分析；结果分析，是指在环境因子作用下，对某一特定危险因子所引起的各类事故后果进行分析，其中包含了场景分析和损失分析；对现行控制措施的有效性进行分析及风险等级评估等。

　　组织大型体育赛事及群众体育活动可能出现的突发性公共事件，根据活动特点、规模及风险程度（可能发生的突发公共事件对社会造成的危害及负面影响）可分为五类：

　　Ⅰ类（特别重大的体育活动）：如综合性运动会、涉外重大体育比赛或人员密集、规模庞大的群众体育活动相关信息。

　　Ⅱ类（重大的体育活动）：涉及使用枪支、弹药、危险化学品和高危环境条件的体育活动相关信息。

　　Ⅲ类（较大的体育活动）：具有一定规模的综合性或单项体育活动相关信息。

　　Ⅳ类（一般性体育活动）：规模较小的体育活动，如非热点项目单项比赛或人员活动相对分散的群众健身活动相关信息。

　　Ⅴ类（关联信息）：所在区域外举办的有可能对所在区域造成重大影

响的大型体育赛事或群众体育活动的相关信息。风险评估为选择风险处理方法，进行正确的风险管理决策提供依据。

3. 风险应对

风险应对指的是风险管理过程中控制手段和控制措施的选择与实施，它是根据风险评估结果，为了降低风险源产生的后果，制定相应的风险应对手段和应对措施的过程。风险处理通过降低风险、避免风险和减少风险来源出现的可能性、控制已经发生的损失以避免风险的持续增长和减少风险损失，达到减少损失的概率、降低损失的程度，从而提高最终目标实现的可行性。

一般情况下，风险的处理方法可以分为控制型和财务型。控制型风险的处理方法是预防和减少损失的技术手段。它通过避免、消除和减少危险事件的发生，并将已经发生的损失控制在有限的范围内，从而减少损失。这一方法的核心是要改变造成危险事故和增加损失的情况。控制型手段包括避免、损失和预防、控制非保险的转让。财务型风险管理是指在发生危险事件后，提前进行财务规划，筹集资金，从而及时、全面地弥补因风险事件而导致的经济损失。

4. 风险控制

美国风险领域学者威廉姆斯等，1964年在《风险管理与保险》中提出："风险管理是一种在通过对风险的识别、衡量和控制的过程中，用最低的成本使损失降到最低的管理方法"[1]。我国台湾学者袁宗慰认为："风险控制是在对风险的不确定性及可能性等因素进行考察、预测、收集分析的基础上制定出一整套系统而科学的控制方法"[2]。风险控制包括分析所采取的措施，执行行动监督与评审，评价剩余风险、整体风险可接受程度。本研究认为风险控制包括马拉松参赛者参赛前期通过报名系统对其风险开始进行控制，赛事当日开赛前的风险筛查控制及赛后信息回收等几

---

① 田旻露，魏勇. 简论学校体育伤害事故的风险 [J]. 首都体育学院学报, 2008, (5): 35-37; 52.

② 石岩. 我国优势项目高水平参赛者参赛风险的识别、评估与应对 [D]. 北京: 北京体育大学, 2004.

个环节的风险控制等。

三、管理理论在马拉松赛事领域中的应用

随着风险管理理论在实践中的不断成功，风险管理理论体系的规范化与实用性使得其与多个学科不断融合并形成诸如金融风险管理理论、企业风险管理理论等，同时在保险、投资管理、食品安全及信息安全等领域也都颇有建树。在此过程中，越来越多的学者将风险管理理论应用到体育赛事的组织与运营管理当中。

学者蒲毕文等（2018）从体育赛事风险评估的角度对大型体育赛事风险评估指标体系进行构建并进行实证研究，认为应当做好赛前、赛中及赛后的风险应对工作[①]；而学者石磊等（2017）则通过分析马拉松赛事竞赛组织风险，对各类风险要素进行评估，为马拉松赛事的举办与组织提供建议[②]。实践证明，风险管理理论在体育赛事的运营管理中发挥着积极有效的作用，马拉松赛事作为规模宏大、人员众多、影响因素复杂的体育赛事，需要风险管理作为管理手段对其潜在风险进行识别、评估、应对与控制，从而降低马拉松赛事风险，最大限度地保障赛事安全。

马拉松赛事风险是指，贯穿备赛直至赛事完全收官的全过程中，可能会发生的各个风险及这些风险对马拉松赛事和参赛运动员的影响[③]。马拉松赛事的人员参赛风险是指，在特定人群参加比赛时才会产生的特殊风险，这一风险始于参赛者日常备赛的过程中，赛中持续存在并且不断加大，在比赛结束后，选手的体能储备与身体状况恢复完毕，参赛风险才停止存在。

① 蒲毕文，贾宏. 大型体育赛事风险评估的结构方程模型构建及实证研究 [J]. 中国体育科技，2018，54（2）：51-58.

② 石磊，时广彬. 马拉松赛事竞赛组织风险与评估研究 [J]. 体育文化导刊，2017，（12）：22-26.

③ 姜鑫. 中国马拉松参赛者参赛风险评估与控制路径研究 [D]. 长春：东北师范大学，2019.

（一）马拉松赛事风险的识别

基于上文介绍的风险辨识流程，为了更好地对马拉松赛事风险进行分析和更好地对马拉松赛事风险实施管控，需要对马拉松赛事风险进一步分类，从马拉松赛事风险的风险主体出发，可将风险分为内部风险和外部风险。内部风险主要包括选手本人的心理素质与技战术影响及教练与队友影响。外部风险则主要涉及对手竞争和自然环境因素等。

（二）马拉松赛事风险的评估

在认识风险的理论基础上，根据风险矩阵分析法，将判断出的危害性区别为危害性出现的实际可行性和损害发生后造成的损失程度，而危害性的评定值即为二者之积，并运用帕累托分析法和层次分析法对马拉松参赛者危害性进行了量化判断。

（三）马拉松赛事风险的应对

风险对策研究是风险管理的后续环节，在对马拉松赛事风险进行辨识与分析评估之后，本研究将根据不同方法所得到的研究结果，从马拉松选手对风险规避的现实需求出发，提供风险应对的方法和路径。

（四）马拉松赛事风险的控制

风险控制主要按照风险控制方法、危险性认识、危险对策方法，以及其他控制危险的理论体系来实施。风险控制管理是指企业在进行日常工作的进度中，按照传统风险管理方法，对活动计划所实行的具体防范管理工作活动。而与此同时，在新活动逐渐出现时，企业应进一步地对其加以研究，从而及时制订新的风险管理方案，逐渐完善风险控制体系。

第三章　马拉松赛事风险类型及案例分析

根据马拉松赛事外在表现形式与赛事管理要素进行赛事风险类型的划分，可以分为以下几种：按照马拉松的外在表现形式的风险类型划分为自然环境风险、政治外交风险、商业经营风险、基建赛道风险和环境保护风险；根据比赛的管理要素风险类别划分，包括人员风险、财政风险、场馆设备风险、比赛时间风险及信息网络风险等。通过对赛事风险的归类，明确马拉松赛事的风险类型，为比赛的风险管理责任界定和比赛风险分层与分类管理，提供了重要依据。

第一节　按照风险的表现形式划分

一、自然环境风险

马拉松赛事中存在地震、暴雨、传染病等不可抗力的自然风险。中国历史悠久，漫长的人类活动在极大程度上促进或推迟了自然的发展过程，也极大地改变了中国的自然面貌，领土南北纬度的跨越近50°造成我国地理环境自然差异较大。而通过对历史数据的统计分析则表明，由于春、秋两季节天气条件相对较好，很多马拉松赛事都在此期间举行。2019年中国马拉松赛事影响力排行榜中，排名前十的比赛中有七个均在春、秋两季进行，但我国不同地区所面临的天气是有所不同的。

北部地区大多数区域均属热带季风气候，夏季高温多雨，冬天严寒干旱，且冬季持续时间长，春秋两季气温相比南方城市更低；西部地区海拔较高，春秋昼夜温差较大，在进行长距离、长时间的马拉松赛时易出现身体不适的状况。2021年在中国甘肃省白银市景泰县黄河石林景区举办的黄河石林山地马拉松百公里越野赛遇到了极端恶劣天气，共造成十六人死亡，因为比赛当天赛程长、海拔变化剧烈，极端天气危害严重，局地发生了冰雹、冻雨、狂风等自然灾害性天气，导致地面气温暴跌，比赛的工作人员也发生了全身不适、失温等状况，部分参赛者因此失联遇难。

南部山区则以副热带、亚热带大陆性季风气候居多，夏季高温多雨，冬天则温暖少雨。春秋两季气温比较适宜，但南方地区春秋空气中湿度较大且南方雨水较多，进行长时间高强度的耐力运动很容易出现中暑、缺水、晕厥等情况。由于马拉松赛程较长，因此所伴随的天气变化大，这也是近年来影响马拉松比赛的重要自然风险之一。在2018年四月份举办的上海马拉松，就由于当天气温过高导致多名参赛选手中暑送医；同天举办的扬州半马，也是天气原因，参赛选手不得不进行"桑拿跑"，由此也出现了几名选手晕倒的状况，虽然最终被救回，但存在风险导致的结果仍令人心有余悸。在南方，四月份时候气温就已经很高了，在赛前就应该对天气实时监测，做好保障工作，如果不做好赛前天气的检测并制订备选方案，就极易因极端天气变化而造成无法挽回的后果，如2017年天津全运会马拉松因为躲避高温而将赛事提早至四月底进行，而在赛事当天的温度仍超过了33℃，有一千六百余人次因此出现中暑症状；银川马拉松在猝死事件发生时，赛事当天的温度就超过了32℃；在2016年长乐市第三届半程马拉松赛上，由于天气炎热，在离终点处还剩一千米左右时一名参赛者突然摔倒，送入医院抢救后医治无效身亡。医生表示，该男子是因中暑导致多器官衰竭最终身亡。马拉松比赛无论是全马还是半马都有比较大的运动强度，时间长且运动量大，参赛选手在做长时间耐力运动时，会由于外在环境中气温较高，人体的热能无法散失，体温调控能力也持续减弱，再加之长期的体育锻炼流汗量过多，身体容易缺乏大量的微量元素和电解质，更容易导致参赛者身体发生各项功能失调乃至更严重的结果。因此，举行马拉松比赛的时间通常在春秋两季，气温比较适宜，但自然风险是不能完全

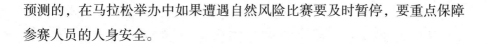

预测的，在马拉松举办中如果遭遇自然风险比赛要及时暂停，要重点保障参赛人员的人身安全。

二、政治外交风险

政治外交风险是一国或地区发生的政治事件或一国与其他国家的政治关系发生变化时对体育赛事造成不利影响的可能性[①]。在各种赛事风险中，由于马拉松是一个全球性的赛事活动，大型的马拉松赛事往往都会吸引不同国家、不同民族的高水平马拉松运动员前来参加比赛，因此在赛事中的政治问题上应认真对待，应充分考虑各国、各民族文化差异。不同民族拥有不同的语言、信仰和生活习惯，这些都很可能引发政治问题，其主要表现形式有以下几类。

（一）大型赛事上宗教、民族问题的风险

近年来随着马拉松赛事逐渐成为世界热潮，在我国各地举行的国际大型马拉松赛事上，埃塞俄比亚、肯尼亚、南非、爱沙尼亚和日本等国的选手均有参赛，多冠以国际之名，但一旦出现问题或者矛盾时，因为国际大型马拉松赛事的广泛知名度，极有可能损害地方利益或者国际形象。全球各民族的信仰、思想、民族习性、文化习俗、生活方式等都有所不同，一旦赛事组织者因对外籍选手或外宾因误解其意图或不熟悉其习惯等触碰了他们的政治禁忌和敏感问题，将可能导致两个国家或者多国间的矛盾冲突，产生重大政治风波，使赛事甚至本国国际形象产生巨大损失。而如果涉及中、日两国运动员的国际赛事，由于历史原因，观众通常具有一些比赛以外的民族情绪。由于华人的国际地位越来越高，在国际舞台上也产生了日益巨大的影响，全球性的重大马拉松比赛中也吸纳了越来越多的海外运动员参赛，如在2018年的第二十三届广州国际马拉松中，共有来自85个国家和地区的92 330名运动员参加，而2019年厦门国际马拉松则共有来自

① 朱华桂，吴超.大型体育赛事风险评估研究——以南京青奥会为例［J］.体育与科学，2013，34（5）：22-26；30.

38个国家和地区的36 000名运动员参加，当中还有来自肯尼亚、埃塞俄比亚、日本及国际业余田径联合会的世界排名前二百和亚洲区排名前一百名的运动员。这种影响力巨大的大规模国际马拉松往往都会吸引来自全球各地的杰出选手来参加，而各国的参赛选手，由于双方语言不通、宗教信仰不同、政治环境也不同，因此很容易产生政治外交风险，这就要求主办方在办比赛的时候，从多个角度思考，预防政治问题。

（二）政治抵制、阻挠、破坏等行为的风险

随着全球政治局势的波澜与动荡，体育也难免被政事所左右，最明显的体现，便是政治对抗。较为有代表性的便是1980年莫斯科奥运会与1984年洛杉矶奥运会，当时东方国家和西方国家两大阵营相互阻挠参加，几乎使得整个奥运会暂停，且不管作为赛事的东道主国还是参加国，都受到影响。尽管当今全球局势正处在整体稳定之中，但由于局部性的战乱、动荡与紧张加剧不安，恐怖活动、国际战争可能直接对重大体育赛事造成冲击，引发互相对抗，甚至比赛的停办。更有甚者，将数以万计参赛者的生命当做达成不良目的的筹码。在2013年4月15日的波士顿马拉松上，恐怖分子在临近终点处制造了两起爆炸，致使多人伤亡，影响极其恶劣。因此，有效控制类似风险是马拉松赛事举办的关键。由于大型体育盛事有着广受重视、影响巨大的特性，部分团体和个人也会将重大体育赛事当成游行示威的一个媒介，借此来表现自身的需求，要挟政府等相关部门进行处理。因此，影响力较大的国际马拉松赛事在举办时要注意政治外交风险。

三、商业经营风险

商业经营风险指在比赛组委会内、为筹措比赛资金而开展的商业经营活动过程中，可能由于内部表现或外界客观因素的影响，而发生损失的可能性风险[①]。商业经营风险一般包括金融市场开拓、财务管理经营、与赞助商的失约关系等经营风险。市场开拓是发展大型马拉松赛事产业的重要

---

① 徐卫华，谢军. 厦门国际马拉松赛风险管理研究 [J]. 北京体育大学学报，2010，33（2）：38-41.

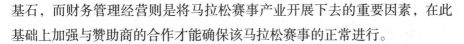

基石，而财务管理经营则是将马拉松赛事产业开展下去的重要因素，在此基础上加强与赞助商的合作才能确保该马拉松赛事的正常进行。

（一）市场开发

2015年体育市场开放，中国田径协会正式停止对马拉松赛事的审查之后，马拉松办赛主体日益多元化，除运动机构外，公司、高校、运动俱乐部等社会组织也参与到了办赛的行列之中，各种商业性活动如雨后春笋，遍及大江南北，马拉松赛活动蓬勃发展，参加人员不断增加。马拉松经济产业链已开始逐步建立，以国际马拉松赛事为核心，辐射拉动旅游观光、交通运输、体育器材及设备、餐饮业等各领域的融合开发，构成"马拉松经济"全新的价值链[①]，并获得了大批创业者、企业等的重视与投入。随着马拉松赛事商业化，各类商业风险也层出不穷。由于各国政府部门的支持，国际社会资金投入的需要及中国人民大众对马拉松体育活动的喜爱，各国马拉松赛事正逐渐形成了体育运动事业中的一股新生势力，也正由于各界办赛能力的逐渐增强，商界社会资本与民俗社会资金也竞相进入各国马拉松市场，结果泥沙俱下、鱼龙混杂。北京马拉松"一票难求"致使互联网上产生了许多天价转卖比赛入场券的现象，更让人吃惊的是转让价格已经高达原价的十几倍乃至几十倍；而马拉松比赛的高昂的奖金也吸引越来越多的人加入，其中更有甚者为了奖励违背竞技比赛中公平的原则，如在2016年深圳全程马拉松中就有"替跑"事情发生，而且这并非偶然事件，在2019年的上海国际马拉松有人为了奖金在比赛途中使用共享单车作弊，最后取消比赛成绩并且禁赛2年，2020年的兰州国际半程马拉松赛中也出现了四人轮流替跑的情况。人们举行马拉松比赛原来是为了宣扬体育运动精神，但也有些因为自身权益而有违赛事的公正，虽然马拉松赛事的商务意义很重要，但过多的趋利化目的，有违赛事的公正也导致了马拉松经济意义大打折扣。这一连串的现象破坏了正常的社会秩序，结果有好有坏的同时也暴露了马拉松在经济上的风险。

---

① 许余有.论火热马拉松赛事下的冷思考[J].广州体育学院学报，2021，41（4）：41-45.

（二）赞助商

每一次马拉松赛事的开展都需要各方面的大力支持，而一般马拉松的主要资金来源渠道为政府财政补贴、社会市场支援及参赛选手注册费。近年来，我国市场支持的总股本增多，但同时对政策研究机构的大力支持逐步减少，注册费总量虽然也增多，但总股本不大①。如今的马拉松经营方都有着很大的市场发展压力。我们可以看出，近年来，商业赞助虽然仍是马拉松收益的主要来源，但近年来中国经济增速明显减缓，许多地方实体经济社会陷入了发展困难，公司所希望供给的资助也变得更低，导致马拉松商务资助的工作压力陡增，而商务资助工作方面的投入也比以往更加困难。比如，2016年的山东临沂马拉松，就因为本地赞助商资金链断裂，从而选手参赛的奖品推迟六个月颁发。整个马拉松赛事的办赛融资也极大程度依靠了当地政府和赞助商，如果赞助商因为自身企业的原因对赛事停止供应，一场马拉松很有可能面临取消或者延期比赛的困境。在2020年新型冠状病毒肺炎疫情得到控制之后，很多地区的马拉松比赛也相继开赛，但一部分地区因为新型冠状病毒肺炎疫情对赞助商的经济造成了影响，不能继续对马拉松赛事进行赞助，造成了马拉松赛事的取消或者延期。目前，我们境内的其他马拉松赛事，如果没有了当地政府部门的财力支撑，可以说90%以上的赛事都无法自负盈亏。就马拉松项目的运营方式来说，如果实现了盈利，就要求参赛总收入的多样化，除去申报费外，还有电视版权、承办商、参赛纪念品售卖等总收入。在艾国永看来，"国内马拉松项目总体来说申报费还是较低的，而承办商这一面也不是很活跃，所以项目举办前期主要还是有赖于政府的支持"②。从国际马拉松的发展历史上来看，人们能够发现影响力巨大的国际马拉松项目中通常都不缺赞助商，

---

① 穆彤，史国生. 产业链视角下马拉松赛事盈利能力提升路径研究［J］. 辽宁体育科技，2021，43（5）：45-50.

② 21世纪经济报道. 马拉松赛背后的经济账：多数赛事需政府"输血"，行业井喷凸显粗放运营隐忧［EO/OL］.（2021-05-24）［2021-12-26］. https://www.21jingji.com/article/20210524/herald/a692307677fdc89daf182eJ/452d20de.html.

也不缺最优秀的参赛者，当然这些项目的投资回报也都是相当巨大的，根据对国外的体育赛事研究调查表明，在1995年，中国体育产业就拥有了约152亿元产出和259亿元的投资产值，成了全球当时的第十一大行业。在中国国内2017年的北京马拉松，华夏幸福公司将冠名赞助提升到了2 000多万元，再加上大大小小的品牌赞助，使得2017年北京马拉松的赞助比赛总收入超过了5 500万元，报名经费也达到了600万元，再加上衍生收入，综合比赛总收入超过了6 150万元。随着近年来国内大都市马拉松竞赛"井喷式"的兴起，更多的区域举行了大都市马拉松的竞赛，但小型影响力较低的马拉松比赛往往比赛奖金较少，参赛的选手也比较少，这都影响马拉松赛事的商业运营发展。

四、环境保护风险

近年来，关于举办马拉松比赛造成的交通拥堵、大气污染、噪声污染已成为人们对这项运动的负面印象，马拉松活动屡屡被指破坏环境，全因马拉松比赛制造了大量垃圾，在"马拉松热"的背景下应该更加注重环境保护，避免对环境的污染。

（一）赛后垃圾污染风险

马拉松是一个规模庞大的运动项目，尽管各种马拉松项目对参加人员规定了相应的限额，但一次马拉松参赛人员少则几千人，多则数万人。据美国纽约卫生局的估算，若45 000人参加纽约马拉松，将产生114.29万吨废物；每次马拉松均需要超过230万个纸杯，并加入了胶带和其他废弃物，可填满七座奥运标准泳池。而根据中国田径协会发布的《2019中国马拉松大数据分析报告》显示，2019年中国马拉松的总比赛数量为330.36万，马拉松赛事数量为249场，而平均每场赛事的参与规模则为13 267人；全国半程马拉松比赛数量为233.81万人次，半程马拉松赛事数量为467场，平均一场赛事的参赛规模为5 006人[①]。如果每人在一次比赛中消耗五个一

---

① 搜狐网. 2019中国马拉松大数据分析报告［EO/OL］.（2020-05-06）［2021-12-26］. https://www.sohu.com/a/393488473-120683027.

次性纸杯，消耗的纸杯总量就可达到一千六百万个，其中还不包括矿泉水瓶、纸巾、毛巾等消耗品的使用，一场比赛所产生的垃圾体量无法估量。2016年大连国际马拉松赛后垃圾满城，不少居民对其怨声载道，因为城市马拉松赛道的选择往往是一个城市的主干路线，一场马拉松所留下的垃圾严重影响了当地的环境安全；同年所举办的广东清远马拉松，在其赛事完结三日后，虽然各大干道和人流旺地都已经将"赛事垃圾"清理干净，但大学城魔鬼坡却还是垃圾横飞，一路上都是各种食品、蕉皮、纸杯，没有人及时处理①。从以上案例可以看出，马拉松赛后的废物管理已经有了专门的环境保护主管部门及其相应设备在进行，但是因为马拉松参赛人员众多且赛程较长，其形成的"赛事垃圾"无法及时进行全面清理，造成空气污染。再如2019年的太原国际马拉松，当天参赛人员达到了三万多人，根据当时报道，当天比赛结束之后赛道上数不完的一次性纸杯，运垃圾的运输车根本不能一次性承担，导致很多垃圾在比赛结束之后还滞留在赛道。这并非马拉松赛事的个性问题，而是马拉松比赛举办所产生的共性问题。2020年西安马拉松比赛结束后跑道内满是垃圾引发热议，现场视频中地面上有废弃的口罩及用过的雨衣，其中还包括一些网友拍下的参赛选手随手将摘下的口罩扔在路边的画面②。马拉松赛事之后遍布的垃圾仅依靠人力根本无法清理干净，这些垃圾造成的环境污染是不可估量的，在针对马拉松比赛所产生的赛后垃圾处理上，城市有专门的工作人员及配套的设施进行清理，可近年来除城市马拉松外，为了宣扬生态和平，越来越多乡村马拉松崛地而起，而乡村的配套设施较差，关于赛后垃圾处理的设施也不够完善，且乡村赛道不像城市赛道宽广，很多垃圾在一些小角落没有被发现而造成对自然的污染。

马拉松作为一项长时间的耐力运动，其成功举办需要各个方面的配

---

① 凤凰资讯. 不止发肥皂! 清远马拉松赛后垃圾成堆［EO/OL］. （2016-03-25）［2021-12-26］. http://inews.ifeng.com/yidian/48211198/news.shtml.

② 知乎. 2020西安马拉松赛后垃圾遍地引热议，马拉松赛道污染难题该如何解决? ［EO/OL］. （2020-11-12）［2021-12-26］. https://www.zhihu.com/question/429609693.

合，其中水站、能量站等相关补给站尤为重要，而这些为了比赛顺利举办所保障的资源却在赛后变成难以回收的垃圾。马拉松活动的基本宗旨是绿色生态、环境保护、提倡节约，但面对着环境的巨大风险和大都市花园景观被破坏的巨大风险，都市处理垃圾的压力在短时间内上升。古城的自然环境相当脆弱，修复古建筑需要花费的成本也是相当巨大的，可能会严重影响市民的正常生活。而马拉松赛事在增加了城市旅游人口的同时，也增加了城市内游览资源的紧张，更容易导致城市设施的严重损毁，从而导致"人与自然"之间的不平等，经济社会失序现象也继而出现，各种资源耗费和经济社会失序的表现形式，大大降低了马拉松赛事的经济社会功效，使城市社会体系内部的不安定因素增多[①]。

（二）噪声污染风险

除了注意在马拉松比赛中产生的垃圾所造成的环境污染，还要注意马拉松比赛所产生的噪声污染及空气污染等问题。噪声污染给居民的生活和健康造成很大的影响。如果噪声过大可能还会影响居民的身体健康，比如在2020年举行的曼谷马拉松就因为噪声过大被当地居民以扰民投诉，并且当天因燃放烟花爆竹更加重了空气污染[②]；同年举办的重庆马拉松早上六点就有广播在播报马拉松相关事宜，对当地居民造成一定的困扰。除了马拉松举办时所产生的噪声，因举办马拉松封路，造成的城市交通压力大所产生的噪声都是存在的。

五、基建赛道风险

路线是一个马拉松赛事的设计中心，是城市宣传中最重要的方案，也是一个马拉松赛事最主要的组成部分。对赛会本身而言，一条合适的马拉松路线能提高赛会的积极性，也能更好地迎合品牌，同时可以传播城市文

---

① 张苏, 张静, 邹国忠. 论马拉松赛事风险形成机理与控制——基于社会燃烧理论视角 [J]. 南京体育学院学报, 2021, 20 (7): 1-7; 87.

② 中国新闻网. 泰国大型马拉松活动被投诉扰民旅游局长道歉 [EO/OL]. (2020-02-04) [2021-12-26]. https://www.chinanews.com.cn/gj/2020/02-04/9078213.shtml.

化，树立城市良好形象。从另一个视角而言，挑选一个适合的马拉松途径对赛会筹办管理工作也会产生深远影响[①]。

（一）赛道路线选择

在赛道路线选择方面，马拉松的全程总距离为42.195公里，而在马拉松锦标赛中还包括半程马拉松、十公里、五公里、迷你马拉松等竞赛，因此对赛道路线的选择、赛道的设计都影响着参赛选手的成绩。例如：在2017年无锡马拉松中因为终点前的道路设计不合理，造成领先的两位参赛选手在最后冲刺时走错方向，反被后面的运动员逆转；又如通过对2019年南京马拉松的满意度问卷调查中参赛选手的反馈发现，部分跑者认为15~18公里处的环紫金山赛道难度过大，坡道起伏很大，且接近于半程马拉松终点，存在安全隐患[②]。马拉松的赛事往往参赛人员较多，规模较大，如果在赛道的选择和设计上不合理，极易发生踩踏等事件。在2019年西安马拉松中，赛道30公里左右处不是特别平整，虽然大多选手都安全完赛，但对大众选手来说是巨大的挑战，尤其大型马拉松参赛人员多且选手水平差距大，如果坡度较高，会造成选手速度缓慢，人员堵塞等现象的发生，此次事件虽没有出现重大风险事故，却也给今后的道路设计敲响了警钟。在2016年上海国际马拉松中，赛段进入了滨江地区之后，沿江赛段道路非常狭小且将周边路面完全封锁，医疗等紧急救援力量的介入困难，由此错失最好救援时机而造成悲剧的出现。马拉松比赛由于其特殊性，在对赛道路线的选择和设计上不仅是为了保障比赛的顺利进行，更多的是为了防止因赛道选择不恰当而造成的人员伤亡的风险。

一个好的路线选择不仅可以保障参赛人员的安全，更大程度上可以通过马拉松比赛宣传城市文化，成为一个城市标志。例如：北京马拉松的起点在天安门广场，终点位于北京奥林匹克公园景观大道，沿线经过原军事博物馆、昆玉河、学院路等京城的代表性地区，特别是起点位于京城地标

①　闫俊涛. 国内"马拉松热"背景下马拉松赛道设计的研究 [J]. 田径, 2021（11）：38-41；44.

②　尹钰潼，姜翀. 城市马拉松赛参赛选手满意度的研究——以南京马拉松赛为例 [J]. 四川体育科学, 2021, 40（5）：53-56；94.

性地点——北京天安门广场，成了北京马拉松独具的特色，使其在全球也享誉美名；再有新县国际马拉松赛道的起点就位于新县公园，经过不少景区，其中就包括鄂豫皖中央苏区首都革命斗争博物院、香山国际湖，最后终点站在大别山地区露营公园，而新县所属地区则位于河南省信阳市，是河南省南端的经济欠发达地区，由于新县马拉松赛道选择大多在当地的旅游景区和历史古迹所在的地方，通过举办马拉松赛事能够带动当地旅游业的发展，促进当地的经济发展。

（二）赛道标识设置与分布

在跑道标识设置和布局上，跑道标识设置和分布对选手的前进道路起着关键性的导向作用。标志不清晰、不醒目、数量不够等都会造成选手走错误的路线，尤其是有些项目设置较多而起终点又在同一个地点的比赛中，这就必须在一些拐弯处、折返处、分流处等地方特别注意赛道标志位置和分布情况，不然将严重影响比赛的顺利完成。2018年济南马拉松在比赛前一天主办方将赛道临时改为6公里的郊区环湖赛道，绕湖跑6圈之多，凑成一个全马赛道，据报道当时有很多外籍选手也曾因为中英文标识不符，导致跑步时跑错圈数，甚至询问志愿者自己的圈数，从而影响成绩[①]。另外，在起、终点附近均应设有清晰的标志，指引参赛选手安检、存物、取物、如厕等，维护赛事场地的正常秩序。在2020年3月1日举行的第七届国际宝藏海岸马拉松赛事上，大约有1 300名跑者跑错路线。由于领跑者误入了一条弯路，在所有占据领先地位的参赛者都沿着错误道路走了将近两英里以后，才有参赛者发现比赛道路有误。据工作人员表示，比赛路线在弯道的路口缺了一条道路，而且比赛场地还缺乏人员做出准确的指导，由于本次赛事为波士顿马拉松的预选赛，因此想要取得波士顿马拉松比赛资格的参赛者们需要返回比赛起点，再次完成赛事[②]。因为标识不清

① 申江服务导报. 中途递国旗、拽停运动员、集体抄近道…意外事件连曝，国内的马拉松怎么了？[EO/OL].（2018-12-05）[2021-12-26]. https://www.sohu.com/a/279723546_391464.

② 门派体育. 乌龙! 波马资格赛近1300名跑者跑错路，需要回到起点重新跑[EO/OL].（2020-03-05）[2021-12-26]. https://zhuanlan.zhihu.com/p/111010561.

楚跟着领跑人员跑错路线早已不是个案，早在2013年在英国举行的"北方马拉松赛"上，也出现过类似事件，且荒唐程度堪称空前绝后，将近5 000名参赛选手被告知由于少走了264米路程所以没有完成比赛。在这场马拉松赛当中，只有一个参赛者完成了比赛，获得完赛奖金。在赛道终点主办方道歉，表示在终点赛道的标识设置不清楚，导致近5 000名参赛选手因少跑而未完成比赛。无独有偶，在2015年曼谷马拉松赛事中，一场半马硬生生地被拉长了6公里。此次事故是在策划时错误地估计了地图上的弯道，从而增加了赛道距离，这场乌龙马拉松在举办方的真诚道歉之下得到了平息。马拉松的参赛选手通常为了一场比赛需要长时间训练，赛道设置的失误导致选手失去成绩，不仅会损害参赛选手的权益，更会让某些马拉松赛事的声誉受损，尤其是影响力较大的比赛更要注意这些问题，因为往往影响力较大的马拉松比赛参赛人员也较多。因此，要合理选择和设计赛道，这不仅可以带来可观的经济效益，更可以提高其赛事影响力。

六、活动本身风险

马拉松赛事作为一项长时间高强度的耐力项目，除了不可抗力的外界因素，还有体育比赛项目本身含有的相应风险，这可能导致人体损伤、赛事中断推迟甚至导致赛事的取消。随着马拉松赛事在全国的火热程度持续上升，且参赛门槛和运动技术水平要求不高，大部分人在认知马拉松运动只是简单跑步的基础上，怀揣着各种目的盲目报名，却恰恰忽略了马拉松是一项极限运动的特性。根据国家田径运动总会数据统计，2019年全年全国马拉松赛事规模持续扩大，全国范围内共组织了1828场次大规模马拉松类比赛（含800人以上路跑、300人以上越野及徒步活动），覆盖了全国31个省级区域，参加人次达712万[①]，全程的马拉松赛道长度达到了42.195公里，其活动量巨大，对体能要求也较高，如果缺乏相应的体育运动知识和

---

① 中国田径协会发布《2019中国马拉松年度报告》[EB/OL]．（2020-05-20）[2021-12-16]．http：//www. athletics. org. cn/news/marathon/2020/0520/346440. html.

身体基础，在跑步过程中出现受伤的可能性也会相当大。目前，我国马拉松选手猝死发生率为每10万人中有0.8人，根据已有的马拉松猝死案例分析，大多数猝死以半程马拉松为主，且多发生在终点前5公里内。其中，男女比例约为7.3∶1，平均年龄为（33±16.53）岁，多数猝死选手没有训练基础和马拉松经历①。在2019年的沈阳第二届丁香湖十公里马拉松中，就在赛程最后十公里处，一位参赛选手突发昏迷，在经过现场医务人员的救治之后，他却不顾医生和工作人员的劝说，执意要跑完剩下的路程，尽管最后没有产生无法挽回的结果，但这也是一种潜在的危险行为。这并非一个赛场中的特殊状况，近年来不少参赛者在晕倒经抢救过后还是坚持继续跑步，这种运动精神值得赞扬，但不是所有人都是幸运的。例如，在2017年的北京通州半程马拉松赛事上，一位业余运动员出现日射病的急性病症，但其拒绝由120急救志愿者为其呼叫救护车，这位参赛者心情暴躁，只想完成比赛。在抢救车抵达后，他坚持要在最后完赛得到奖牌，但最终还是在结束前无力晕倒被送入医院，最后确诊为中暑和严重功能紊乱，肝肾功能枯竭，生命垂危。很多没有训练经历的人对马拉松的认知还停留在"只要会跑就行"，忽略了马拉松比赛本身所具有的极高风险性。

第二节 按照赛事管理要素风险类型划分

按照现代管理学的基本原理，人、财、物、时间、信息这五个要素为其基本要素，而管理过程就是对这五大因素的合理配置，项目的管理过程实质上就是对这五大因素进行分析管理的过程。据此，可认为国际马拉松赛事的风险主要包括人员风险、财政风险、场馆设备风险、比赛时间风险及信息网络风险等。

---

① 王平格, 何执渝, 文静, 等.马拉松选手赛场猝死预防的保障体系研究［J］.当代体育科技, 2019, 9（14）：235-237.

一、人员风险

人既是体育比赛的管理者，也是体育比赛的筹备者和实践者，同时更是参赛者。所以，运动比赛人员风险要素既是体育赛事构成要素的最基本要素，也是第一基本要素。

人员是比赛能否顺利举办的决定性因素。大规模马拉松赛事的运作，要求一套严谨的、具有较高执行性的机构体系，涉及不同层面的各个部门，而他们的协同配合是整个马拉松比赛运作的最有力保证。各个部门之间分工协作、互相衔接、通力协同，将比赛从准备阶段到最后竞赛阶段，再到赛后的善后阶段科学合理、秩序地连接需要大量人力资源。一场完整的体育比赛需要发挥各个部门的职能才可能顺利举办比赛，获得相应的回报。一场马拉松比赛的组织者承担着管理控制的职责，对整个马拉松比赛起着决定作用，志愿者等工作人员的安排也掌控在其手中。以组织者为首的比赛涉及人员形成了一个体系，一旦其中一环出现了问题，都有可能影响整个马拉松比赛的发展进程，导致风险的发生。马拉松运动是一项对参与人员要求相对较小的运动，马拉松参与人员具有广泛性和复杂性的特点，因此人员风险一旦发生，会带来广泛深刻的负面影响。以下将马拉松赛事相关人员风险分为组织者、参赛者、裁判员、志愿者（工作人员）、观赛者等风险。

（一）组织者风险

马拉松比赛的组织者是多元化的，可以是政府部门，也可以是社会组织，其组织者承担着计划、组织、协调、控制、反馈的功能与职责，包括体育赛事常职人员和志愿者，这部分人员负责体育赛事的各项组织和管理工作，确保体育赛事的正常进行。组织者是否能做出客观准确的判断直接决定着比赛的结果。马拉松赛事内部管理者中的常职人员往往只有10人左右，通常利用WBS（工作 work、分解 breakdown、结构 structure）进行工作项目分解。因此，在赛事筹备阶段，常职人员的工作负荷非常大，一人通常身兼数职，这也是我国赛事运营机构中存在的非常普遍的问题。

一些组织者合理规划比赛的能力非常欠缺，对赛事风险的防范与重视程度也不够，进而导致马拉松赛事风险的产生。2018年11月18日在苏州（太湖）马拉松比赛的末尾冲刺阶段，正当我国选手何引丽与非洲选手角逐最后的冠亚军时，一名志愿者突然闯入赛道试图将手里的国旗递给何引丽，但并没有成功。在比赛2时29分16秒时，何引丽前方的跑道上又出现了一名志愿者，终于成功将国旗递给何引丽，但国旗未能展开，滑落到地面。这也使得何引丽跑步的节奏被打乱，遗憾获得亚军。此事引起舆论热议，有网友质疑何引丽将国旗扔在地上是不尊重国旗的表现，有网友则质疑志愿者的行为干扰了比赛。随后，苏州国际（太湖）马拉松运营方回应，在靠近终点站二百米左右时给运动员递国旗，只是"奔跑中国"系列赛事中的一项环节，而此前进行的二十余场比赛中均无意外发生，并将此事归结于天气原因[①]。

此事就属于典型的组织者风险。第一，运营方疏于对赛道的管理，并且安排了不合时宜的递国旗环节，致使其他人出现在比赛赛道上，导致了后续意外发生。第二，从其回应可见，运营方仅仅主观靠以往递国旗成功的经验来判断风险发生的可能性，而并未对当天的自然条件、志愿者等进行一个全面客观地评估，所以无法准确地识别风险，也就无法进行风险评估和控制，最终导致风险的发生。第三，在风险发生后，也没有采取适当的措施降低风险的损失，反而在回应态度上消极、逃避、推卸责任，存在企图蒙混过关的现象，使其陷入更深的舆论漩涡中。

2021年5月22日，白银市景泰县黄河石林大景区马拉松赛事发生事故，在竞赛途中的突然极端气候使参赛者遭遇严重失温，最后造成21名参赛者遇难，8人重伤。据参赛者反映，事发山地路段未设有保障区，缺乏衣物食品补给，救援车辆很难到达。这显示出赛事组织者的监管失控，在没有准确探测天气状况的情况下开展比赛，且未按要求设置休息站点，在风险发生后还推诿责任。作为专业程度要求极高的极限运动比赛，从赛

---

① 马拉松"递国旗"事件引热议 [J]. 作文与考试，2019（5）：22-23.

事招投标、赛前预案救援方案，到城市行政监督、协会技术标准服务，以及对比赛的具体实施、跑者的科学评价等，都理应做到方方面面的万无一失，一旦出现事故，一定要有万全之策保障人员安全。而此次白银越野赛事故是这一行业的"至暗时刻"，这也理应成为推动国内相关赛事走向更专业、更安全的一个反思起点，并为引导越野跑等赛事有序发展，实现赛事活力与专业、安全双赢，给出制度性解答①。

通常来说，大型马拉松赛事的组织者工作风险都是真实出现于各部门各阶段中的，不光是比赛的组织工作和物品保存等工作，还涉及人才团队工作、企业文化推广工作、保险监控和财务等，都必须由特定的部门协调监控，正确谋划，科学有效分派，认真监测与检查，形成有效应急防范措施，将经营风险概率减至最小，并将人员经营费用减至最小。

（二）参赛选手风险

马拉松赛这样的重大体育活动，其复杂性是多种多样和复杂的，它是一个业余选手可以和世界锦标赛参赛选手、高级运动员、运动达人同场比拼的项目，是一项参加人员不限、年龄段不限、性别不限的田联路跑项目。马拉松赛道42.195公里的长跑，不管是对于专业选手还是业余参赛选手及广大中长跑体育兴趣爱好者来说，都是一次对体能、心理、耐力的大考核。我国马拉松从1981年开始吸收业余选手参赛，规模迅速扩大，约90%以上都是大众选手，而当中不少选手都是初次接触马拉松比赛，有的甚至初次参与体育比赛，对其赛事的流程、注意事项及参赛的风险等都没有充分地认识；又或者有的人并不具有长跑马拉松的身体素质，而仅凭着一种个人热爱及一时冲动的报名，这就会给参赛者带来很大的身体意外风险。运动量很小的人，在急性跑步中心搏骤停的风险和运动量很大的人相比要大5～6倍。这也表明，没有锻炼的业余选手或无跑步训练者，只靠一时冲动、热爱运动而参加马拉松的跑者，遇到运动损伤的风险远比运动员要大。

---

① 崔晓丽. 马拉松事故21人遇难：安全问题容不得一丝马虎[N]. 检察日报, 2021-05-24（4）.

但对于参赛选手而言，在比赛流程中人身意外受伤仍然是最重大的风险因素，从海外的数据分析和新闻报道来看，在国际马拉松赛中也经常会有一些受伤事故出现，大多是牵涉选手的身心外伤和病症，包含扭伤、撞伤、中暑、哮喘、虚脱、胃出血及意外事故引起的身体伤害，如拥挤、踩踏、起火、骚乱等。

马拉松参赛选手中有相当一部分的普通民众是为了增强体质、丰富业余生活而参赛，他们中不乏初次尝试马拉松锻炼者，但是他们对赛事的过程、注意事项、比赛危险等都不甚了解[①]。在这样的前提条件下参赛，会使得参赛者人身安全风险加大。另外，少部分参赛人员很少参加体育运动，身体机能和素质相较于专业运动员有很大差距，如果突然进行高强负荷的运动极易造成运动损伤，其中也不排除有些参赛者存在先天性疾病，如心脏病、气胸等，身体状况不适合进行马拉松比赛。由此可见，在马拉松比赛前进行一个全面的体检是非常有必要的。最后，参赛选手的心理状态也很重要，参赛选手在比赛前应当进行有针对性的心理训练，避免过于焦虑紧张的状况出现。心理素质的提高对于良好成绩的取得有极大帮助，反之焦虑可能会对参赛者身体造成损伤。这就要求竞赛参与者必须从赛前的记录、保存参赛材料、安全竞赛提醒，到赛时的保存材料、安检等方面做出详细的计划和细心的准备，而对于动辄上万人的重大体育活动，如果任何一个环节发生了纰漏，都会影响竞赛的正常进行，甚至可能造成严重骚乱或死伤事件的发生。

马拉松竞赛时出现的猝死事故已并非新鲜事，2019年10月国内总计数十场马拉松赛事在周日开跑，结果不断传出噩耗：山东省烟台市2019年龙口国际马拉松，半程马拉松运动员张某心搏骤停猝死，抢救无效身亡；中国湖北省荆州市2019国际马拉松，在半程马拉松的赛道上最后一百米左右多人摔倒，其中公安长跑协会五十多岁的干部张某因抢救无效而不幸去世。同样的事在每年各地马拉松比赛也时有发生，马拉松死亡现象也绝非

---

① 石磊, 时广彬. 马拉松赛事竞赛组织风险与评估研究［J］. 体育文化导刊, 2017,（12）: 22-26.

中国独有[①]。

除了马拉松赛事因选手身体原因产生的风险，在马拉松赛事中选手不遵循比赛规则而为赛事增加危险性的现象也仍然存在，如中国深圳半马"抄近道"事件，以及2018年11月25日开跑的中国深圳半程马拉松，被曝出现了集体抄近道作弊、大面积套牌问题等。比赛结束后，赛事组委会发出了对违规参赛选手依法处理的通知，并通过计时芯片数据、赛会视频、现场拍照等资料证实，累计违法参赛选手数量为258人，包括伪造号码布的18人，代跑者3人，以及有其他违规行为的236人[②]。此事直接显示出马拉松参赛人员的参差性，其无视规则的行为造成了比赛的无序，甚至会出现人身安全的威胁，可见给参赛选手普及规则是非常必要的。当然，造成此次事件的原因也包括组织者未能合理规划路线，给参赛者提供了作弊的机会。

（三）裁判员风险

大规模的国际马拉松赛事裁判员数量通常在二百人以下，裁判员的失职、服务能力太差、判罚不公等，都会直接影响国际马拉松赛事的顺利进行。在世界各地的马拉松赛事中，虽然马拉松赛事受裁判员影响的概率较小，但比赛过程中其一旦出现失误，将会造成较大影响，如线路的安排、器材的使用及判罚的正确与否等，这些环节一旦出现问题，会对比赛产生很大的负面影响。

例如，在2005年第十届全运会马拉松淘汰赛中，就因为引导车裁判员在赛前未能及时掌握准确路线，导致已稳获第一的男运动员未能及时按照正确路线进行比赛，而检查员同样也未能仔细履行裁决员职责，没有及时对走了错误道路的运动员做出有效控制，给该场马拉松比赛造成了不可收回的经济损失。2021年5月落幕的青岛马拉松上发生的"冠亚军风波"同样属于裁判判罚有误所导致，由于裁判在检录环节中对精英领跑人员的检

---

① 董博. 沈阳马拉松赛事项目风险识别及对策研究[D]. 大连：大连海事大学，2020.

② 肖十一狼. 抄近道跑马拉松的那群人不配叫跑者[EB/OL].（2018-11-28）[2021-12-25]. https://baijiahao. baidu. com/s?id=1618364688727094228&wfr=spider&for=pc.

测并不是很仔细，加之气候因素造成了雨衣等的遮蔽，未能及时发现号码布在穿戴上的缺陷，最终取消赵长虹的冠军成绩和名次，这个结果与裁判员的疏忽是分不开的，而青岛马拉松比赛之所以发生"冠亚军风波"，既要归咎于当值裁判的疏漏，没有及时发现错误佩带号码布的情况，又因为选手自己也没有注意规范正确佩戴号码布。等到事件出现后，裁判员和组委会的处置也较为匆忙和草率，造成了纠纷不断①。

除了上述风险，裁判员违背裁判准则同样值得关注。2019年1月进行的厦门市国际马拉松竞赛中，裁判鞠某某私下收集了部分比赛物品，其言行与裁判的身份与形象严重不符，触犯了厦门市国际马拉松裁判员的管理办法，并引起了极恶劣影响。经组委会竞赛部研究，决定撤销鞠某某厦门市马拉松裁判资质，并收回其私人收藏的比赛物品，同时今后将不再调用鞠某某从事裁判工作。望所有裁判吸取教训，并以此为戒，共同保护马拉松最优秀的比赛形象②。

（四）志愿者（工作人员）风险

马拉松赛事作为大型体育运动项目，参赛人员少则几百，多则上万，而马拉松工作人员与参赛人员的数量难成正比，为了弥补比赛举办中人力的不足会召集志愿者（工作人员）参与到比赛中来，强大的志愿者队伍也已成为国际马拉松赛事体系中不可或缺的一部分，是体育赛事工作团队的重要构成，是任何一场马拉松比赛中相当关键的一环。随着大型体育赛事的项目不断丰富，规模不断扩大，影响力不断提升，志愿者也受到了越来越多的关注。志愿者是比赛组织者委员会和大赛组委会之间最直观的形象代言人，是体育赛事顺利举行不可或缺的重要因素，因此大型体育赛事志愿者的工作总量，通常都能够超过整个比赛组织者委员会所有工作人员总量的百倍或者更多，一场成功的马拉松比赛，不仅仅需要组织者的计划，

① 马拉松跑步.青岛马拉松风波愈演愈烈! 被迫取消其他精英领跑员成绩! [EB/OL].（2021-05-13）
　 [2021-12-25].https://baijiahao.baidu.com/s?id=1699646861545289804&wfr=spider&for=pc.
② 中国新闻网.厦门马拉松赛—裁判员私藏竞赛物资被取消裁判员资格[EB/OL].（2019-01-08）
　 [2021-12-26].https://baijiahao.baidu.com/s?id=1622054034376536531136&wfr=spider&for=pc.

更需要志愿者的具体实施，否则一切计划只能是停留在理论层面。所以，对于比赛志愿者合理高效的组织和管理，避免其潜在风险将直接关乎比赛的胜利与否。

当然，志愿者能否恰当地完成任务，将每一处细节落实，直接关系到比赛能否顺利举办，能否取得预期的效果。各种类型的志愿者遍及比赛的各个角落，为比赛奉献了自己的能量[①]。所以，志愿者的专业知识水平和职业素养是选拔志愿者的必要条件。一般组委会在赛前1~2个月会招募十名左右的长期志愿者，在组委会协助常职人员完成赛事筹备工作，但志愿者大多为在校学生，开学之后赛事筹备最紧张的阶段是志愿者的流动与空缺，一部分志愿者刚刚熟悉了工作流程，掌握了工作技巧就离开，而新的志愿者又要从头学起，在这个过程中不仅会降低其志愿者岗位的工作效率，也会在一定程度上影响其负责人的工作效率。

同样以2018年苏州（太湖）马拉松"递送国旗"事件为例，马拉松志愿者没有遵守马拉松比赛规则秩序，随意出现在赛道上，扰乱秩序，影响了比赛的进程和结果。显然，在比赛前他们没有经过系统全面的培训，虽然他们为马拉松比赛带来的贡献是不可否认的，但是其不分时间场合的行为给比赛带来了无法改变的结果，引起了强烈的舆论反应，对马拉松的发展乃至社会体育的发展都是一个警示。

无独有偶，在2018年12月2日的南宁国际马拉松赛事中，埃塞俄比亚运动员在冲线夺冠后，被最后点处的一名工作人员紧急拽停，这位选手瞬间坐在地上，随后很快被拉到"奔跑中国"的旗帜前拍照留念[②]。虽然没有造成什么不可挽回的后果，但是，按照生理学的知识，当人体在奔跑时血流大部分都聚集于下肢，一旦抵达身体末端就立即停滞会导致下肢血管突然丧失肌肉的挤压功能，血流很容易淤滞于下肢，从而造成回心血容量

① 人民网. 冬奥志愿者 | 张家口赛区赛会志愿者和城市志愿者除夕坚守中奉献青春力量 [EB/OL].（2022-02-01）http：//he. people. com. cn/n2/2022/0201/c192235-35121070. html.

② 赵博文. 选手冲线被拽停拍照，马拉松闹剧何时收场？[EB/OL].（2018-12-05）[2021-12-26]. https：//baijiahao. baidu. com/s?id=1619022895490015745&wfr=spider&for=pc.

不够大，产生重力性休克而发生昏迷，严重则有生命危险。马拉松是一种高强度的长跑运动，马拉松选手在跑完全程后不能马上停止，应该慢慢减速，前后行走，以免出现身体不适。

随着国际化大型体育赛事的发展尤其是马拉松赛事的不断发展，参与到赛事中的官员、裁判员、运动员、观众通常来自不同的国家和地区，这给志愿者的工作带来巨大挑战，也正是如此，使马拉松赛事志愿者的选拔要求越来越高，对志愿者的工作要求也越来越高，这同时也要求赛事运营者对志愿者团队进行更加高效、科学和系统的管理。

（五）观赛者风险

除上述马拉松比赛涉及人员外，观赛者也是影响比赛过程和结果的重要人员，在马拉松比赛中由于观赛者人数多且复杂，倘若不加强管理则极易给比赛带来风险。体育赛事现场观众的风险首先包括环境风险，如恶劣天气、传染疾病等，因为人具有流动性所以带来的影响范围巨大；其次是社会风险，如政治安全因素风险、交通因素风险、观众的集群行为等风险，一旦这种风险发生，就将影响到现场来观看比赛的全部观众；媒体信息传递的风险传播范围一般都在现场观众之中；最后是人为因素，比如竞赛时间安排不妥当，对赛事造成全面影响，还可能发生火灾与爆炸、恐怖袭击等造成人员伤亡的风险。

同样，也会出现围观赛事者给他人造成风险的情形，如在2019年12月深圳国际全程马拉松赛事结束处，中国国内男子冠军铁亮冲线后，一位身穿参赛服的男士突然闯进完赛管制区，强势地扯停了铁亮，并手举国旗进行了合影，这一举动引发广大跑友的激烈争论。事件爆出后，据深圳市全球马拉松组织委员会的通报，涉事者李某某是马拉松爱好者并常年身披中国国旗参赛，此次他也参与了深圳国际全程马拉松赛事，在十多公里因伤退赛后，他乘坐地铁线路抵达了终点，在现场看见中国选手冲线后，心情兴奋导致行为失控。

二、财务风险

顺利举办一场马拉松比赛可以获得巨大的经济利益，对赛事组织者来说，不仅仅有广告赞助收益，还有门票、电视转播权等经营收入。对整个城市来说，一场好的马拉松比赛可以为整个城市带来活力，增加旅游收入，现如今越来越多的城市支持开办马拉松赛事最主要目的就是促进当地经济文化发展。但是体育赛事是复杂的，如果管理不慎，极其有可能产生财务风险，带来财务损失。马拉松比赛的主办方既有政府部门也有社会组织，还有政府社会联合举办，其中涉及的资金比较复杂，一旦处理不好资金投入与收益的关系，会给比赛带来财务风险，达不到理想的效果。所以马拉松赛事的经营也是必须考虑的重要内容，而马拉松赛事大致可分成以下四类：（投入经营）筹资风险、资金回收风险、收益分配风险和财务损失风险。

（一）筹资风险

一场马拉松比赛想要顺利开展并获得相应的经济文化利益，和前期的资金投入是分不开的。目前，马拉松比赛既有政府为了城市发展，为人民提供公共体育服务而投资开展的，也有社会组织为了盈利而筹办的，还有政府和社会合办的。无论是哪一种筹办方式，都需要提供一定的资金，只有达到一定标准的马拉松比赛才是符合社会和人民要求的，才是具备一定规避风险能力的比赛。筹资标准要确保大型体育赛事从开始到结束能够正常进行，并且符合预算的要求。目前，体育赛事中的融资途径主要包括广告赞助权运营、门票运营、电视转播权经营、特许经营权经营等。电视转播权是我国体育比赛减少宣传成本、提高利益的最佳手段，所以商业性体育赛事是否有完善、健全的筹资机制以使自己能便捷、迅速地获得资金成为赛事组织者首要解决的难题。越野赛作为马拉松赛事的分支，其成本问题越来越成为其是否能成功举办的重要因素，因为目前承办越野赛的经营企业多是亏损的。与马拉松赛事一般在公路上进行不同，都市越野赛由于缺乏严格规范，各个赛区差别巨大，因此成本比较高昂，收入资金少。而农村越野赛因为受众范围较小、多位于农村边沿的地方，因此得到的政府资助数额也相对较小，又因为投入的资本少，农村越野赛的收益也微乎其微。目前，多数公司做越野赛的收入少于成本，公司只能长期运营越野赛所带来的文旅产品和体育赛事等赚钱①。例如，甘肃白银黄河石林百公里越野赛事故与越野赛主办方节省成本是分不开的。近些年一些没有专业知识的商业比赛非常火热，一些非体育专业运作或执行机构也纷纷进入。为保证基本盈利情况，众多赛事的保证措施都无法贯彻落实，此做法背后的风险不得而知。

政府财务能力欠缺也可能为马拉松项目带来挑战。从供给角度看，政府的第一成本要素是财务的预算支出，由政府财务承担马拉松服务所耗费的资金与物力等有关费用。如果政府财务能力欠缺，其预期的社会经营利润将会遭受负面冲击。具体来看，马拉松赛事这项高水准公共服务项目会因为地方政府部门的财务管理不力而遭遇财务成本和政府财政预算的严重制约，从而导致政府供给服务的成本变相降低，造成政府提供的服务水准不足而导致马拉松参与者的强烈不满，也可能因此形成管理风险，如2015年12月的深圳马拉松、清远马拉松赛和临沂马拉松赛中就发生过赛后拖欠奖励的事件②。其中，临沂马拉松队拖欠了另外十二名外籍马拉松选手五十一万美金的比赛奖金，直接原因是赞助商的资金投入并没有落实，但实际上也体现了当地政府有效管理财务问题的力量不足③。到"十四五"阶段，由于各级政府的财政支出有很大压力，未来若干年内体育发展财力的不足，也将变成一种普遍问题④。

（二）资金回收风险

资本回收问题产生在赞助商及媒体和大赛组委会之间的资本结算时间不确定性上，当这些问题出现时会导致其他部分资金的使用出现断裂情

---

① 刘婷，欧阳甜怡.办一场马拉松越野赛能挣多少钱？业内人士爆料行业规则［EB/OL］.（2021-05-25）［2021-12-26］. https://baijiahao. baidu. com/s?id=1700702963213823040&wfr=spider&for=pc.

② 陈虎.赛事审批权取消后对我国马拉松及相关运动举办的影响研究［D］.北京：首都体育学院, 2016.

③ 覃雪芹. 中国城市马拉松热的冷思考——基于城市马拉松赛事组织价值实现［J］.南京体育学院学报（社会科学版）, 2017, 31（1）：35-41.

④ 鲍明晓. "十四五"时期我国体育发展内外部环境分析与应对［J］.体育科学, 2020, 40（6）：3-8; 15.

况；赞助企业的信用度、资金的结算方式、赛事组织者的信用政策和赞助公司的还款能力也影响了重大体育赛事的资金收回风险。体育赛事的主办方为了提高自身的资金回报率，应当采取有效措施，防范和管理资金回报问题。目前，我国城市马拉松赛事的主要收入来源大致由以下三个部分构成：政府财政补贴、注册费和企业支持费用等。而城市马拉松的盈利情形则视具体城市情形而定，一般的城市马拉松赛事初期运营利润在一百万以内，而一线城市的金牌比赛利润可以达到五百万以上。但总体来说，主办商收入仍是城市马拉松赛事总收入的主要组成部分。在国家级城市马拉松赛事中，主办商总收入基本可以覆盖50％～60％的赛事成本。2020年，特步成为资助中国全球级马拉松最大的品牌。特步年报显示，2020年马拉松赛事面临的新型冠状病毒肺炎疫情巨大冲击并不会减弱特步主持国际大型马拉松和跑步比赛的信心，其全年在中国一共主持了十二场线下马拉松和九场线上比赛，共吸引了超过一百五十万参赛者。而2020年，特步的网络广告和传播费用约人民币917.1百万元，占总收入的11.2％[①]。北京马拉松是由国家田径运动项目总会与北京体育运动局共同主办的，在全国覆盖范围内是为数不多的马拉松金标比赛，而北京中奥路跑有限公司的重要任务则是对本次比赛的所有产品和无形资产拓展和研发，如冠名承办商、与主要承办商及供应商合作、视频授权、媒介合作、广告活动等项目，以及所有随比赛诞生的产品，诸如比赛徽章、会标、周年纪念品、吉祥物及相关商品等的研发。而由于上述商品都包括了价格和市场销售量这两种影响因素，所以还面临着价格和市场售价的巨大风险。

（三）收益分配风险

收益分配风险主要是指对赛事举办后所产生的收益进行分配时有可能产生矛盾的风险。筹资风险、资金回收风险、收益分配风险对赛事的筹办到赛事的顺利结束都有着重要影响，适量的资金是马拉松赛事顺利开展

---

① 生态体育. 你知道马拉松怎么赚钱吗，办一场能够赚多少, 2个亿? ［EB/OL］.（2017-09-19）
　［2021-12-26］. https://www.sohu.com/a/192934496_505583.

的前提，完善的资金分配回收体系是马拉松赛事顺利开展的基础，合理的收益分配是确保下次合作的基石。目前，我们国内城市马拉松运营市场的经营状况也更为特别，组织者通常是中国田径协会或是地方人民政府，而比赛产权则归当地政府。体育赛事转播的著作权则归中央电视台。也就是说，目前我们境内马拉松赛事可以利用广告收入和商业赞助获取利润，所以收益分配就更为重要。

（四）财产损失风险

除了上述风险外，比较重要的还包括财产损失风险。例如：在比赛举办前夕及过程中，比赛场地因一些原因出现损坏而不能用以比赛的情况，这里不涉及自然损坏，主要涉及由组委会负责的比赛场地、体育场馆、新闻中心及与赛事相关建筑的严重损毁；组委会在成立及撤销时候各种自用财产的损失状况（不含有天然损失），如因爆破、失火、故意破坏等，装置及系统破坏和运转停止；因技术问题、质量问题所引起的组委会比赛系统、体育器械、医疗器械、通信设备等基础设施的损坏及交通事故损失；由于汽车不当行驶、技术故障或者其他意外，组委会购买或租赁的交通工具产生损失及各类汽车运输过程中的运输经济损失等。

财产损失风险还包含了与赛事相关的人员伤亡、医药花费、护理和遣返费用等。除以上所列风险外，大型体育赛事的风险还包括因转播设备、卫星设备故障或损毁造成的赛事转播违约赔偿；运动员、新闻媒体工作者等人员因为道路交通故障而不能到达赛事场地，致使赛事本身无法正常进行；电视转播没有及时完成、因不良气候导致的赛事暂停或改期引起的索赔；因其他不可抗力原因导致的赛事撤销、推迟或易地举办所引起的一切索赔等①。

三、场地器材风险

对于一场体育比赛来说，场地和使用的器材是开展比赛的物质载体，

---

① 体育法律师网. 大型体育赛事的主要风险类型. ［EB/OL］.（2021-01-16）［2022-01-07］. http://www.lvshi126.com/news/?34.html.

如果没有选择合适的场地器材，一场体育比赛就难以进行，会对过程造成极大的影响，甚至还会产生不可估量的风险。虽然马拉松多数是在户外进行，更多地依赖城市基础设施及山地自然景观，但这往往也是主办方容易忽略风险的地方，许多比赛正是赛道选择不当导致意外的发生。另外，由于马拉松比赛在户外展开，受天气状况影响较大，其对于食品降暑保温等物资补给的要求比一般赛事更高。马拉松比赛持续时间长且强度高，特别是山地越野马拉松，过程中如果出现难以避免的极端天气，倘若没有衣物、食品的补给极易出现意外导致生命安全受到威胁。一般来说，马拉松场地设施风险主要包括两个方面，首先是赛道设计风险，其次是器材设施风险。

（一）赛道设计风险

马拉松赛道是国际马拉松赛事中很重要的一部分，是整个马拉松赛事的重要资源，也是国际比赛的主要资产。首先赛道路况要符合马拉松比赛要求，道路一般需要平整，材质均匀，可以是坚硬的柏油、沥青马路，但不能是大草坪和沙滩，也不得有减速带，并且还必须避免有缝隙、小碎石、积水、坑洞等，防止运动员外伤、绊倒、踢飞石子伤人、扭脚、落坑等风险。跑道的起止点高度不能大于原跑道宽度的千分之一，所以现在的国际马拉松赛事多为环赛道或折回跑，通过这样的设计，将起点和终点放在一起也将会降低危险。例如，西昌邛海湿地马拉松赛以邛海为环形跑道，所以全程赛道起伏不大，而且质地也比较平整，跑道宽广开阔，以公路居多，但必须注意的是有部分跑步赛道场所设计为河道走廊，木质结构，沿邛海建设，虽然风景优美但也伴随着风险，要提醒运动员谨慎通过。另外，设置一条合适的马拉松赛道可以提升比赛的整体形象，以便更好地推广举办城市，增强参与者的感受。以北京市马拉松比赛为例，它的起点就设在老北京城核心的天安门，途经包括钓鱼台国家宾馆、知春路、学院路、北京金融街控股集团公司、上昆羽合、北京奥林匹克森林公园，终点为国家奥林匹克体育中心。这段道路总长为42.195千米，与具有老北京特点的主要建筑联系在一起，充分体现了北京现代化的首都精神和老首都的特点[①]。如果赛道出现问题，不但会影响到运动员的正常比赛状况，更无法展现大都市良好形象，甚至会破坏大都市环境并影响城市居民的生存，进而直接影响今后马拉松赛事的举办。一次马拉松赛事如同都市大迁移，几万人从四面八方来到同一个城市，城市交通将受到极大的考核。2015年，国内出现"一次马拉松瘫痪一座城"的声音。如果赛道设计考虑得不全面，你会发现一边是轰轰烈烈地进行竞赛，另一边却不可避免出现交通拥堵，给民众的日常生活造成麻烦。而如果马拉松竞赛影响了医疗、消防等急救部门，所造成的结果将不堪设想。

此外，赛道功能区划分也较为重要，起跑区、人员出入口和安检线路等功能区域如果没有合理安排，会导致马拉松比赛无法正常进行。同时，在跑道上设置的指示牌、标志牌、供水点等设施如果存在不合理，可能会对比赛的工作人员造成误导，进而影响比赛的正常进行。2021年5月22日，在白银市景泰县黄河石林大景区马拉松比赛中，由于主办方在选择赛道时没有考虑到山上的天气环境变化，使选手在未准备的情况下遭遇恶劣天气，并且没有在赛道上设置供应点，使选手无法获得衣物和食品供给，最终一些选手因失温丧失了生命，这显示出了主办方在赛道选择及赛道功能区划分的不合理。

（二）器材设施风险

对于国际马拉松赛事而言，其所存在的器材设备风险主要有以下两个方面：一是器材设备自身安全风险，所有与马拉松相关的运动机械、仪器等设备，在经过媒体采访完毕后，安装、维修或是在实际运用中遇到交通事故、天灾或人为损坏而导致设备损毁、流失等；二是因为现场场地器材设施的设计、使用等不当而给别人带来危害。如果器材的质量有缺陷、使用技术错误、设置不合理等，如计时芯片走时不准确，对选手的分数判定干扰很大，选手和主办方极易产生矛盾；A字板、围栏、隔离带的材质不过关，周围人心情激动会出现压塌、压断、坍塌的现象，甚至造成群众

---

① 姜宇.北京马拉松赛风险管理研究[D].北京：北京体育大学，2017.

伤亡，在人潮拥挤的地方也会出现踩踏情况，足以干扰赛事的顺利开展；相应的安全保护措施，如灭火器摆放不明显，当出现火情后无法在第一时间扑救，人身和财物安全将面临无法估量的危险。西昌邛海湿地马拉松赛是官方倡导的马拉松赛事，在器材品质方面比较有保证，质量隐患降低不少，但器材隐患更大的还是来自设备的配置与应用方面[①]。比赛组织委员会在制订比赛计划之前，通常会制订出详尽的保障计划，如应急、健康管理、救助车工作、各医护点基础设施、所要提供的保障工作设备及最关键的应急措施。同时将选择在比赛道路沿途的医院为组委会的正式医院，并将会明确治疗地址，为比赛者提供绿色备用道路。按照比赛现场状况，配置相应的医院抢救车、移动医药抢救设备（包括AED）、治疗站及医务人员，同时在路段沿途也会设置相应的医护志愿者开展工作，确保及时发现及时援救。

比赛组委会在供应上要充分注意：根据比赛时间及天气情况，在饮料站供应矿泉水、健身饮品及能量补给品；在赛道沿线大约每五千米确保设有一个饮水用水供应站点，且保证饮用水的充分供给；在条件许可的情况下，按照比赛限制、天气情况、工作人员的数量，将饮水用水站间距减少；在第一批运动员到达之前，需倒好三层水以保证及时供应；能量补给品可在饮料、饮用水桌之后进行，在能量补给品后仍需保证有矿泉水供应；若气温变化较大或有较多的健康风险时，可酌情添加喷淋设施、冰块、冰水为运动员降温。不论马拉松赛事的规模大小，在举办进行时都要做到百密而无一疏，尽可能地去规避风险。所有组委会均应本着以人为本的理念，在保障比赛能够顺利进行时，也确保每一名参赛选手能够安全抵达终点[②]。

---

① 新华网. 打造高品质马拉松赛，年轻的西马底气何在？[EB/OL].（2020-11-10）[2021-12-26]. https://run. huanqiu. com/article/40diDAlq3Hj.

② ASICS亚瑟士. 一项正规的马拉松赛事应该包含哪些安全保障和补给设置？[EB/OL].（2020-10-28）[2021-12-26]. https://www. zhihu. com/question/23912539/answer/1546484289.

四、时间风险

马拉松赛的比赛时间风险，主要分为以下两个部分：一是比赛进行时间的问题，由于马拉松赛事非常容易遭受气候的影响，一旦时间选择错误，又或者尽管按计划完成了竞赛，却受到气候天气因素的制约，导致比赛的精彩性大大降低，进而削弱参赛者的积极性；二是比赛中各环节的时间安排，对比赛中各个运动阶段的时间安排和设计一旦错误，或者各个部门时间安排不确定，就可能造成整个比赛的各个环节出现紊乱。

（一）赛事开展的时间

风险客观存在且具有普遍性。体育比赛的时间选择是比赛能否按计划举行的关键因素，如果没有经过考虑而决定的比赛时间极有可能因为时间冲突或者天气变化而更改，使得比赛涉及人员因此受到损失，比赛达不到理想效果。举办一次大型国际马拉松赛事的准备期通常在6~9个月，比赛赛前要多做赛道排查，如果发现某些道路的山体石块可能要坠落，一定要及时解决。每一场比赛都面对着自然环境的考验，而天气情况也是其中非常关键的影响因素，特别是越野马拉松这一类基本在露天完成的赛事，过于酷热和严寒的气候、狂风暴雨的气候都不适宜于开展赛事，轻则影响选手的整体感受及比赛成绩，重则危及人身安全。而国际马拉松赛事的特殊性之一就是赛事时间跨度一般较长，从迷你马拉松到全程马拉松，全部的赛事持续时间都从九十分钟至六个小时不等，但也有个别完全不设关门时刻的超级马拉松赛事（百公里），所以赛事的持续时间越长在赛事开展过程中所面临的无法预见的风险也就更多，突发的灾荒（地震、暴雨、泥石流等）、人祸（暴恐、反动、邪教组织等）都会让赛事不得不中断。

马拉松赛事极易遭受气候的影响，一旦比赛时间选择错误，又或者尽管按计划完成了竞赛任务，却受到气候原因的影响，都会导致比赛的精彩程度降低，进而削弱参赛者的积极性，因此城市间马拉松赛事的开展，对自然条件有着很高的要求。尽管不同城市都会根据历年的天气数据为马拉松赛事的正常开展提出必要的依据，但是由于短期内的自然条件仍有很大的不确定性，举办马拉松赛事当天的自然条件也不可控，如果在不具备安全开展马拉松赛事的自然条件下进行赛事，极有可能将客观的自然风险转化为较为重大的人员受伤等风险。

2014年北京国际马拉松在重度大雾的特别环境下进行，造成大量比赛者肺部出现问题；2014北京鸟巢马拉松在35℃的高热下进行，导致多人出现窒息等情况。虽然2014年的北京马拉松在十月进行，但赛事当天，北京气象局已经发布空气重污染蓝色预警信号。尽管选手几乎都坚持参加了赛事，却也大多戴上了口罩，人们对组委会在如此严峻的雾霾天气下还组织赛事表示非常不解，认为这样的气候环境完全达不到在比赛中强身健体的目的，反而有可能对比赛选手的身心带来严重伤害，同时影响选手能力的发展。雾霾天气不但影响了比赛选手的水平发挥，也大大降低了赛事的观赏性。而目前北京国际马拉松赛事组委会在自然风险管理中，主要面临的困难就是在赛事当天不能形成完整的气象播报机制[①]。再以西昌马拉松为例，目前参与者并不能形成较为完善的危险性监管规定和管理体系，只有根据一般或较严重的跑步受伤状况设立急救医护；管理治安的武装巡警力量的配置，没有分模块、分项目、划分性别，缺乏比较全面的、针对性的风险预警机制。另外，像我国的春节、巴西的狂欢节、欧美的圣诞节等重大民族传统节日举办之时，在节庆和比赛两者中间也必然会起矛盾，因此比赛的开展、节庆的组织及社会的治安，都可能会遇到巨大风险和挑战。尤其是在每年农历六月二十四的西昌彝族火把节及中国汉族的春节，在比赛进行时一般都要尽可能避开。另外，马拉松的比赛时间通常都应安排在周末，可以最大限度地吸引比赛运动员，如果安排在节假日，可能会和社会生产、交通、社区生活等发生严重矛盾，从而造成马拉松比赛无法正常进行。

2021年，新型冠状病毒肺炎疫情给马拉松比赛带来的影响还在持续，

---

① 搜狐网. 奥运赛场气象预报精确 困难重重要在短时期攻坚. [EB/OL]. （2007-03-24）. http://2008. sohu. com/20070324/n248942596. shtml.

多场比赛被迫延期和取消。2021年10月，根据临沂市国际马拉松组委会公告，原定在10月24日举行的2021临沂市马拉松将推迟举行，具体的赛事日期另行通知。这个消息引发了跑友的讨论，部分跑友表示为了参加此次马拉松，已经推迟了许多重要事情，一部分已经买了票，此次比赛延期将给跑友带来经济、心理上的损失。实际上，在疫情防控期间，各种延期、取消情况屡见不鲜，甚至比赛前一天突然取消的情况都时有发生。例如，在2020年最后一天，2021厦门马拉松被紧急叫停。适逢元旦假期，不少跑友都是在去往厦门的飞机上看到通知，这无疑给马拉松跑友带来极大的损失。除此之外，比赛延期也给赛事公司带来了巨大的经济损失。但是疫情当下，比赛延期或者取消是最正确的选择，规避了疫情可能带来的风险。

（二）赛事各环节的时间安排

从比赛各个环节的日期安排上，筹办一个马拉松赛事往往要花费不少财力、物力和时间，而且在各个环节上也需要经过多次打磨后才确定，所以无论大规模还是小规模的马拉松比赛从筹划到实施往往都要一年多的时间，而如果在比赛日期安排上出现了意外反而得不偿失。比如，2021年东京奥运会女子马拉松比赛原定于日本时间8月7日早上7点进行，但是日本官方在比赛前一天晚上8点突然宣布把赛事的比赛日期再提早一个小时，改为早6点举行①。像马拉松这样需要选手耗费巨大体能的运动，突然通知提前，对即将参赛的运动员来说是猝不及防的，因为时间调整而影响成绩的运动员也是无可奈何的。再如，2019年10月的最后一个周末全国共有四十多场马拉松比赛同时举办，在这种情况下很多马拉松比赛都会面临"撞车"的情况：2014年浙江马拉松基本确定了在11月的第一周举行，尽管与2014年的上海马拉松、北京马拉松分别"撞车"，但浙江马拉松也没有修改日期，与这种影响力较大的马拉松"撞车"对想要参加马拉松比赛的运动员是一种损失，对马拉松举办方也是一种损失，因此要合理安排马

---

① 网易新闻.女子马拉松比赛突然提前一小时 日网吐槽：官方无脑[EB/OL].（2021-08-07）[2021-12-26].https://www.163.com/sports/article/GGPL0T1L00059BF9.html.

拉松各个环节的时间，将马拉松比赛带来的利益最大化。

五、信息风险

信息系统的经营风险是指在信息的传递与交换的时候，由于各种因素对组织传达的不正确或者不能使信息接收者及时地掌握这些问题，管理者的投资决策出现误差所产生的经营风险。马拉松赛事在筹办过程中，对各个环节的信息获取极为重要，马拉松赛事的举办需协调多部门共同进行，应充分了解各部门信息，以确保赛事的顺利开展。此外，比赛资讯的及时交流与更新也变得十分关键，如比赛的进展、风险提醒、比赛信息的临时变更与调整等，直接影响到比赛的顺利进行[①]。

马拉松比赛与在一般运动场馆里进行的比赛不同，起、终点站附近一般不是使用的永久性场地，马拉松的越野跑比赛大多在交通和通信不便利的山区开展，再加上越野跑赛事的距离较长，这就给赛事各个环节之间的沟通带来不可避免的障碍，但是风险管理又离不开信息的畅通，赛前应仔细规划可移动能源、通信、网络等的供电，以便确保芯片计时、医疗保障、赛会管理工作和体育展示工作的顺利进行。比赛组委会在赛前需要仔细衡量各种后勤保障环节的要求，确保比赛各部分的顺利运行，避免发生意外情况。

2021年，国内某马拉松正是因为赛前未能与无线电管制机关协调，造成赛事当天对讲机信息被屏蔽，比赛中裁判各点位都没有联系，幸好赛事中并未发生什么差错，不然将造成无法挽回的结果。2018年，在全国八百里流沙越野跑比赛的中途，一位跑者突然晕倒，在这个紧急关头，组织者良好的赛事监测体系起到了效果。组织者对这名运动员快速展开抢救，挽救了这名运动员的生命，规避了更大风险的产生。由于信息传达不通畅，在2018年4月的红河哈尼越野跑比赛中，暴雨导致了路面的严重堵塞，组

---

① 张芳霞，王岩. 高校马拉松赛事风险与对策研究［J］. 青少年体育，2020，（2）：56-57；7.

委会的比赛用大巴晚点，影响了很多选手比赛物品的领取①。除了上述信息风险，还要注意马拉松比赛前相关的信息通知，包括赛前注意事项、赛中出现问题的预防与处理方式及赛后的相关注意事项。比如：竞赛组织委员会需要按照项目赛程、天气、补给站设置状况等要求确定限制使用的服装目录，对参赛选手提出限制服装要求；在赛会进行之前，将严格检查参赛运动员的着装，对着装不合格的运动员撤销其竞赛资质。如果提前做好信息的通知可以预防很多危机的出现，反之信息通知不及时、不准确将酿成无法挽回的后果，如在2021年举行的甘肃白银马拉松事件，虽然此事和极端环境的因素有关，但由于比赛组委会并不能及时地把天气警报信号传递给所有选手，而马拉松的组织者又不能取消甚至延缓马拉松的进行，因此产生了无法挽回的后果，这些都是由于消息传播不准确所造成的。况且马拉松是一种低门槛的大众运动，所以开展这样的比赛原本就是惠民的好事，但由于信息传递不及时造成的影响反而得不偿失。马拉松举办本就属于大型体育赛事，需要各个部门的调配完成，当地没有将信息及时传递造成的交通瘫痪不仅使居民产生损失，也会因为这种事情导致人们对马拉松的误解。反观，北京国际马拉松参赛者数量更多，参赛者规模巨大，但也不会因为马拉松赛事而导致北京城市交通瘫痪，所以除了各个马拉松赛部门的积极配合，也不能忽视及时告知市民马拉松大赛进行的具体日期，以及由于马拉松比赛而暂时封锁的路面位置和时间，这样在保证了比赛正常进行的同时，又不会影响市民的正常外出和生活。

---

① 许永乾. 云南省越野跑赛事的风险管理研究［D］. 昆明: 云南师范大学, 2019.

第四章　马拉松赛事风险致因分析

开展高质量的体育赛事对于城市的飞跃性发展有着重要意义，它不但可以促进该城市全民运动及体育产业的发展与建设，改善旅游环境，同时在促进城市经济社会协调发展、推动城市体育文化发展等方面也有强大的影响力。城市马拉松提高了城市品位，扩大了城市的影响力，逐渐成为各城市向外宣传的亮丽的名片。但是高回报往往带来的是高风险，马拉松运动参与人数多、参与国家多、场地大、运动量大，由此就会导致一系列风险。本章节将从内部因素与外部因素两个方面，把体育赛事风险和马拉松赛事整合为内部因素类型风险与外部因素类型风险，内部因素类型风险涵盖活动举办机构类型风险、国际比赛项目类型风险；外部因素类型风险涵盖了政策类型风险、商业经营类型风险、自然与环境类型风险。内部因素类型的风险是指赛事从准备期到最后时期所能利用的方式和措施，能够积极防止、解决、转移的风险；外部因素类型的风险，是具有突发性的、随机性的，这一类风险出现后一般以主动处置、防止二次出现和并发、减轻或者降低经济损失等为导向。

第一节　竞赛项目风险致因分析

马拉松赛事的竞赛项目风险，是指在马拉松赛事举办过程中，由于马拉松项目的特点而产生的具有马拉松特色的危险发生的可能性。马拉松赛事全程是42.195公里，一般马拉松赛事均设置有半程马拉松和全程马拉松两种，部分地区还设置有5公里或10公里等短距离跑。由于马拉松赛事需要全程在室外，并且耗时比较长，因此马拉松赛事具有其独特的项目风险，如运动员的中暑、跑步中低血糖导致的晕倒、肌肉或韧带损伤、肌肉痉挛、脚底磨伤、擦伤等，此外还有部分地区出现过运动员在参加马拉松赛事过程中因自身的身体状况因素猝死。竞赛项目风险是内部因素类型风险，具有随机性和不确定性，很可能会发生不能事先所预知的风险，同时所造成的后果也是较为严重的，可能会影响运动员生命安全。竞技体育运动的高重复性、高强度、高开放性和高标准都决定着赛事的高危险性，尤其是在一些竞争力较大、国际竞争比较剧烈的赛事中，选手出现危险性的可能性也比较高。因此，在竞赛项目风险上，应当主动筛查隐患、检查运动员身体、防止兴奋剂渗入，由此才能缓解风险所带来的伤害，从根源上消除隐患。

一、猝死风险

猝死，是指出人意料、非自然出现的死亡。世界卫生组织将猝死界定为：人在事件发生后的六小时内死亡[①]。运动员的猝死不仅是个人的悲剧，同时也对医学界及其他有关领域都形成了巨大震动。随着近些年参与马拉松人数的不断增多，比赛中的猝死现象频发。中国的首起马拉松选手猝死事故发生于2004年的北京马拉松上，死者包括约20名大学生和1名64岁长跑爱好者。此后在厦门和香港等地马拉松比赛中也出现几例相似事件，这不得不让人们对马拉松猝死投入更高的关注度。马拉松运动在国内外都受到了公众欢迎，各个年龄段、各种阶层，乃至不同健康状况的运动爱好者都加入了马拉松运动的行列当中，从而让赛事变得更加与众不同。而也恰恰由于马拉松跑参赛人员众多、覆盖面广等因素，使马拉松选手进行心血管疾病的赛前筛查工作受到极大的影响。由于长期进行系统锻炼的选手往往都被看作是社会最健康的群体，因此选手在猝死时给群众所造成

---

① 沈七襄. 马拉松与健康 [M]. 厦门: 厦门大学出版社, 2013.

的社会性和情感性的影响非常重大。猝死多出现在运动场上，主要是在下午晚些时候和傍晚时段，而运动员也处于体育锻炼的最高峰，特别是有组织的集体项目风险最大。但有关资料也指出，在缺乏严重器质性心血管疾病的状况下，过度体育锻炼是在运动场上猝死的导火索和最主要的危险原因。

此外，人们通过调查发现半程马拉松中发生意外的概率远比全程马拉松中更高，而许多马拉松意外，包括抢救成功的例子，均与运动型心搏骤停相关，许多运动员患有先天性的心脏疾病，如心肌病、心瓣膜病等，并在赛前一段时间发生了异常反应，因此马拉松比赛虽然相对来说是一个面向公众的运动项目，其门槛也相对较小，不过对于参赛者来说也是有相应的要求的。通常拥有良好长跑习惯、有一定训练量的人都可以适应马拉松的训练强度，降低了风险发生的可能性。每年在各地出现的那些猝死意外，主要在于参与者对自我的越界，或许是因为潜在疾病，特别是心脏方面的问题而被引发，也或许是试图超过自我却造成身体负荷超量。哪怕是十千米甚至更短一段距离的"迷你马拉松"比赛，对人体也有一些需求，为实现目标而硬撑着进行比赛，给人体所造成的损伤往往是不可逆的。因此，运动员在赛前应当去条件较好的医院对心脑血管方面进行全方位检查，测试时出现心血管机能失常的选手一定要慎重参加，避免意外的发生，切忌在比赛中过于追求目标而忽略身体状况，在身体不适的情况下不要硬撑，必要时放弃比赛才可避免悲剧的发生。尽管现在马拉松组织者也采取措施来降低猝死风险发生，如强制要求参赛者上交体检报告、安排更多的救护车和医护跑者、设置更多的除颤仪器等。但是这些措施只是起到补救的作用，要想真正避免猝死风险，还需参赛者提高防范风险的观念。

二、运动性疾病风险

高强度的运动量远远超出运动员机体的耐受能力，甚至会引起心血管功能衰竭，进而带来某些不好的影响，如失温、严重运动性水与电解质紊乱、严重脱水、运动性低血糖、运动性横纹肌溶解等运动性疾病，这些疾病都有可能引发严重的运动意外。这些疾病在马拉松运动中是经常存在的，属于不可预知但可控的，具有随机性。我们需要通过了解这些运动性疾病的发生原因，从而找出相对应的政策，以此来预防该类风险的发生，降低该类风险的伤害。

（一）失温

失温即指体内的热能散失超过了热量供应，由此导致机体核心区温度的下降，从而形成了一系列寒战、意志失常、心肺功能衰竭等，最后导致死亡。这里所说的身体核心区，主要是指在大脑中和躯干内的心脏、肺部、腹腔脏器等维系生命的主要脏器，这一定义是相对于身体四肢和表面肌肤来说的。

众所周知，体内通过不停地产热和散失来维持与自体内温的相应均匀，尤其是在体内的脑部和内脏等重要核心部分的体温也是基本维持恒定。但是人类的体温调控系统能量毕竟有限，一旦机体温度散失得过快，就保证不了核心体温，容易导致失温现象的出现。

当处于代偿期时，核心体温虽然还在35℃以上，但身体的精神状态已经正常，只是主观感受为寒冷，这种情况在冬季尤为常见。机体会收缩体表的毛细血管，减少热量从皮肤的散失，在荷尔蒙的作用下使肌肉、心脏等产生热量。在代偿已不能保证正常机体功能下，核心体温会逐步下降到35℃以内，机体也会产生某些反常症状，包括判断力减退，言语不明白、行为不协调等。如果核心体温降到28℃～32℃就是中度失温。此时人的意识逐渐丢失，身体各种反应也越来越迟缓，而肌体寒战产热就不再进行了；同时心跳加快，逐渐就会变成心率暴增，原来不断收缩的周围毛细血管收缩扩大，使得大量鲜血再次流入周围毛细血管循环，由此形成了身体短暂热起来的错觉现象，甚至使病人不规律地脱衣。最后就是难以拯救的重度失温，核心温度降到28℃以下，患者失去意识，心跳减慢直到停止[①]。

在运动时，温度是一项非常重要的环境因素，在不同温度情况下，

---

① 丁有红. 失温是怎么一回事［J］. 江苏卫生保健, 2021（07）: 53.

运动员各方面的身体机能会受到不同程度的影响。温度较高时，血管舒张，同时，血流量加大，汗液分泌增多，热量随着汗液的蒸发被带走，使散热量增加。长时间暴露在低温环境下会对运动过程中骨骼肌的能量代谢产生影响。在物质代谢的过程中，仅有约30%的能量被用于完成各种机械功，70%则转化为热能，这就是热产生的源头。体温特指机体深部（心、肺、脑和腹腔脏器等）的平均温度，机体深部的温度通常比较稳定，但由于体内各器官的代谢水平不同，在温度上有不超过1℃的差异。机体在运动时，骨骼肌的代谢速度最快，温度也最高，依赖三大能源物质的代谢产生热量达到维持体温的目的[①]。处于低温环境时，人体通过非自主战栗的方式产热来维持体温的恒定。肌肉收缩需要大量的能源物质，由于骨骼中ATP、CP储量较少，因此糖作为三大能源物质之一，在低温运动的能量供应中发挥重要作用，肌糖原、血糖等很快参与供能，同时耗氧量迅速增加，血乳酸浓度较常温环境时高。随着低温环境中机体运动强度的增加，非自主战栗反应消失，常温和低温环境下血乳酸浓度没有显著差异。如果战栗持续，那么蛋白质、脂肪都会按照比例和一定的顺序参与供能。失温初始阶段新陈代谢增加，脂肪成为机体能量的重要来源。冷环境下的运动进一步加强对机体代谢的刺激，导致脂肪酸氧化量显著增加[②]，冷环境中脂肪的最大氧化强度与最大氧化率均有所增加[③]。同时，棕色脂肪变得活跃，迅速将白色脂肪转化成二氧化碳、水和热量，增加产热以对抗寒冷[④]。研究表明，在-10℃～20℃范围内，随着温度降低，脂肪的氧化速

---

① 翁锡全，王朝格，林宝璇. 冷环境与运动能力的生化分析 [J]. 中国体育教练员，2019，27（2）：31-33.

② SHEPHARD R J. Adaptation to exercise in the cold [J]. Sports M edicine, 1985, 2（1）：59—71.

③ GAGNON D, PERRIER L, DORMAN S, et al. Ambienttemperature in uences metabolic substrate oxidation curvesduring running and cycling in healthy men [J]. European Journal of Sport Science, 2019（5）：11.

④ SAITO M, OKAMATSU-OGURA Y, MATSUSHITA M, et al. High incidence of metabolically active brow n adipose tissue in healthy adult humans: Effects of cold exposure and adi-posity [J]. Diabetes, 2009, 58：1526—1531.

率逐渐减慢，而糖的氧化速率越快，这可能是低温环境下呼吸商高于常温环境的重要原因。随着运动员对冷环境的适应，主要供能物质也会发生变化，所以运动员在冷环境中训练的供能方式，需要结合具体的环境温度、运动强度及运动员利用各种能源物质的能力等综合判断哪种能源占主导地位。人体处于失温状态时，三大能源物质被迅速动员，加强代谢速率，补充体温①。

剧烈运动后出汗很多，贴身衣物会湿透，湿衣物传导热量的速度是干衣物的五倍，这会加剧体温散失，从而失温。再加上大风、冻雨等极端天气，进一步导致失温的发生。2021年5月甘肃白银山地马拉松就是由于天气突变，气温骤降，且主办方没有及时提供衣物食物补给，导致参赛者出现严重失温现象，最终酿成悲剧。低温环境暴露是运动训练和比赛中不可避免的情况，不同温度对机体产生的影响不同。适当的低温环境训练不仅能提高运动员脂代谢能力，还能增强免疫力，提高耐力水平。失温是低温环境暴露时间过长的一种病症，甚至危及生命。运动员一定要加强专项体能训练和冷适应练习，同时注意高能量营养的补充。低温天气户外运动或比赛前要做好充分的准备工作，避免出现失温现象，一旦发生要及时、有效地处理和救治，避免伤亡事故的出现②。

（二）严重运动性水与电解质紊乱

水是人体最大的组成成分，约占人体重的60%，偏瘦型人体内水的比重更高。水的转化率相当高——一个在热环境中训练或者比赛的运动员每天要消耗掉身体总水分的25%。出汗是体内液体损失的主要原因，可能每小时大于2升。在凉爽环境下进行的马拉松运动，运动员损失的总水量一般占体重的1%~6%，在温暖环境中比赛时可能达到体重的8%，这会对马拉松运动员产生很大的影响，因为人体内水分即使减少2%都会影响运动效果，而当体内水分缺乏达到约10%时将会丧失运动能力。如果不能及时

---

① LAYDEN J D, PATTERSON M J, NIMMO M A. Effects of reduced ambient temperature on fat utilization during sub-maximal exercise [J]. M ed Sci Sports Exerc, 2002, 34 (5): 774—779.

② 李颖, 林文弢. 失温影响运动员运动能力的生化分析 [J]. 中国体育教练员, 2021, 29 (2): 13-15.

纠正，这种缺水状态将导致热疾病、昏迷甚至死亡。因此，体内液体平衡和紧密调控具有非常重要的意义。

影响体液和电解质平衡的因素很多，在高热环境中运动是对内环境稳定能力的巨大挑战。即使在温暖的环境下进行运动也有可能会发生致命性热疾病，尤其在脱水时，这种危险更大。在热环境中，排汗可以降低运动导致的体温升高，但是大量的汗液流失又会导致体内水分减少和电解质损耗等严重后果。同时，严重的水电解质紊乱会导致一系列相关疾病，如低钠血症、肌肉痉挛等。

（三）肌肉痉挛

肌肉痉挛（spasticity）通俗来讲就是"抽筋"，是一种由于肌肉紧张、过度疲劳或情绪激动及受寒等诱因而引发的肌肉抽搐。其原理是牵张反射兴奋性增高，从而导致肌张力增加[①]，是一种不自主的肌肉强直收缩。

运动性肌肉痉挛是运动员及普通人经常会遇到的问题。对于运动员而言，运动性肌肉痉挛严重影响正常的训练、比赛，还可能造成运动员其他方面的损伤，在运动过程中，若运动员出现肌痉挛要立即进行处理治疗，否则久而久之就会形成习惯性痉挛，一旦运动员产生习惯性痉挛，那么运动员的训练效果与运动成绩将会大打折扣，甚至缩短运动寿命。

运动性肌肉痉挛（exercise-associated muscle cramps，EAMC）是指在运动中或运动后出现的骨骼肌疼痛、痉挛和不自主收缩[②]。

EAMC经常发生在各类体育活动中，普通爱好者以游泳、足球、篮球居多[③]，而运动员以铁人三项、马拉松等长时间、高强度运动为主。不论是运动员还是普通爱好者，大多有运动性肌肉痉挛史。在EAMC发生的部位中以小腿腓肠肌居多，其次是足底的屈拇肌和屈趾肌，其他的还有股二

---

① 孟兆祥，高云秋. 痉挛［J］. 国外医学.（物理医学与康复学分册）2003, 23（2）:49-53.

② Mbbch MPS, MSc（Med）, FACSM, et al. Muscle Cramping in Athletes-Risk Factors, Clinical Assessment, and Management［J］. Clinics in Sports Medicine, 2008, 27（1）: 183-194

③ 史晓琳. 高中学生运动性肌肉痉挛136例分析［J］. 中国学校卫生, 2004（1）: 14.

头肌、腰背肌等[①]。当EAMC发生时，局部肌肉坚硬或隆起，疼痛剧烈，而且不处理不易缓解，通常情况下，缓解症状只需要采用常规处理，痉挛所涉及的关节暂时屈伸功能受限，待缓解后局部仍有酸痛不适感[②]。

在运动中，运动性肌肉痉挛经常发生，因此一定要了解痉挛具体的产生原因及紧急处理办法。肌肉痉挛缓解后应暂停运动，及时干预，适当摄入盐分与水分，注意保暖并按摩痉挛处。运动中当刺激小于耐受限度时，机体对刺激做出适应性反应，继续收缩；而当刺激超出耐受限度时，机体则对刺激出保护性反应，发生痉挛。正是在这样的矛盾中机体可能不断适应，不断提高阈限，不断提高能力；同时也正是在这样的矛盾中才有可能使机体在适应中免受超限刺激之害[③]。

（四）严重脱水

马拉松运动是一项距离为42.195公里的长跑项目，运动员在训练或比赛中水分的补充是至关重要的。马拉松运动可能造成运动员机体热应激和脱水，热应激和脱水导致的各种影响会使运动员运动能力得不到正常的表现，严重者甚至会引发疾病。

水平衡对于保证运动能力的稳定发挥，以及在运动中预防疾病发生非常重要，只要发生脱水的现象，不管程度如何，都表示机体内环境失去稳定。脱水指在高温环境中运动时，机体为了维持核心体温的恒定，通过大量排汗带走体内多余的热量，由于体液的输出超过摄入，造成脱水的发生。机体脱水导致水盐代谢失衡，血脑屏障的通透性也因此发生改变，最终结果使大脑某些区域的血流量减少。通过CT进一步发现，口渴或脱水时，大脑皮层的血流量重新分布，使初级躯体感觉皮层、运动皮层、脑额叶前部皮层（执行功能，包括规划和抑制性控制）、前扣带皮层（情绪和决策）、颞上回（听觉处理）发生变化。脱水会影响单胺类神经递质的分泌（如多巴胺、去甲肾上腺素激素等分泌减少），破坏胆碱影响神经—肌

---

① 陈立新. 谈谈运动中肌肉痉挛的原因以及处理与预防 [J]. 科技信息, 2012（36）: 666-667.

② 沈坚. 中医综合疗法治疗运动性肌肉痉挛的临床研究 [D]. 杭州: 浙江中医药大学, 2015.

③ 王长宏. 运动性痉挛与消除方法 [J]. 体育世界（学术版）, 2007（4）: 54-56.

肉接点的传递。另外，脱水会激活下丘脑—垂体—肾上腺皮质轴，使其产生应激激素（如皮质醇上、抗利尿激素升高）。这些反应均对运动机体产生负面影响。

（五）运动诱发严重低血糖

"高血糖"对于大家来说都不陌生，最常见的就是糖尿病控制不佳的患者，既然有高血糖，那就肯定会有低血糖。实际上，严重的低血糖带来的伤害要比高血糖大得多，甚至还会增加心血管风险及死亡风险。

运动性低血糖是指在运动中或运动后由于血糖降低导致头晕、呕吐等不适的现象，严重时会产生休克或死亡。运动性低血糖常见于长距离的路跑或长距离冰雪项目、自行车等项目当中。

运动性低血糖会影响心脏功能，是心律失常、心绞痛或急性心肌梗死等疾病的一种诱因，低血糖持续时间超过一定程度，可能导致脑组织产生不可逆的损伤，痴呆、惊厥、昏迷甚至死亡。因此，了解运动性低血糖的发生机理、采取有效的治疗和预防措施都是十分重要和必要的[①]。

血液中的葡萄糖即为血糖，血糖的产生和利用在正常的情况下始终处于动态平衡的状态，维持在3.9～6.1 mmol/L的水平（成年人），当血糖浓度低于2.8 mmol/L就可以判定为低血糖，运动性低血糖就是因为运动过量导致的血糖偏低。

马拉松运动是高消耗的运动，因此也是最容易引发运动性低血糖的运动。在马拉松运动中，运动员只靠现成的血糖储备已经远远不够，还需要氧化分解一部分脂肪变成脂肪酸，结合转化成葡萄糖之后再利用。但是脂肪分解需要在有氧的条件下进行，而且速度也慢，而高强度运动到最后都接近于"无氧运动"，如马拉松，此时若不能及时补给糖分的话，就很可能导致低血糖[②]。

因此，在马拉松运动中，要警惕运动性低血糖的发生，以及做好运动

---

① 朱静华，丛林.运动性低血糖的防治［J］.田径，2019（3）：64.

② 汪芳.运动性低血糖危害大，却最容易被忽略！［J］.保健医苑，2019（9）：24-25.

前后、运动中的糖分补充且避免空腹运动。在日常训练或日常生活中加强脂肪代谢能力和糖原储备能力。特别是马拉松爱好者，不能一时兴起就参加马拉松，而在平时不能坚持运动，那样很难提高自身的耐力及对身体的糖原供给。

（六）运动性横纹肌溶解

运动性横纹肌溶解症（exercise-induce rhabdomyolysis，EIR）是指大量运动后肌纤维崩解断裂导致肌细胞内容物（肌酸激酶、肌红蛋白等）释放入血引起的临床综合征，其临床表现主要为肌肉疼痛肿胀、尿色深，严重时可致肾功能衰竭，非外伤性横纹肌溶解伴急性肾功能衰竭患者大多预后良好。

运动性横纹肌溶解在马拉松运动员中并不罕见，同时也好发于平素较少锻炼而突然大量剧烈运动的人和参加高负荷军事训练的青壮年，患者多数在运动过程中或运动结束后出现肌肉疼痛、肌痉挛、无力[1]。

运动性横纹肌溶解发病机制主要包括以下几点：① 剧烈运动时肌肉处于过度收缩状态，肌肉温度上升，若此时正好处于炎热环境中，肌肉散热更加困难，此时代谢率明显提高，ATP 消耗显著，降解酶不断提高活力，致使横纹肌损伤、溶解[2]，此外各种化学因子（如白三烯、血小板活化因子等）的释放也可以进一步加重损伤[3]，最终可导致细胞溶解，肌球蛋白、肌红蛋白等细胞内分子进入血液；② 肌肉在长时间反复高强度地收缩时，肌肉纤维处于过度牵拉状态，肌肉处于缺血缺氧状态，此时极易导致肌肉组织受损，当血液再灌注时，肌肉磷酸肌酸水平下降，细胞内Na^+和Ca^{2+}超载，细胞呼吸受抑制，肌细胞进一步受损，严重时可导致细胞死

---

① MILNE CJ. Rhabdomyolysis, myoglobinuria and exercise [J]. Sports Med, 1988, 6 (2): 93—106.

② LINH, CHIEW, LIENHC. Epidemiological a-nalysis of factors influencing an episode of exertional rhabdomyolys-is in high school students [J]. Am J Sports Med, 2006, 34 (3): 481—486.

③ BOYD JF. Fatal rhabdomyolysis in marathon runner [J]. Lancet, 1987, 1 (8541): 1089.

亡[①]；③当大量肌红蛋白进入血液循环后，肾小球超负荷滤过，肾小管内肌红蛋白浓度升高，可严重损害肾组织，最终导致急性肾功能衰竭[②]；④筋膜紧张限制了肌肉的扩张，使血管和神经受压、毛细血管减少，因此可以并发筋膜间室综合征。运动性横纹肌溶解症会严重影响到运动者的身体健康甚至是生命安全。因此，对于该运动伤病应当采取"预防为主"的措施，通过各种预防的手段，尽可能地降低发生概率[③]。

三、运动损伤风险

除了以上在马拉松运动中运动员会出现的运动疾病，跑步中的运动损伤也是马拉松运动中常见的运动风险。以前公众对运动员跑步中的过劳性损伤发生率和发生原因知之甚少，直到20世纪70年代，《跑步者》杂志所做的回顾性调查研究表明，大约超过20％的运动者患膝盖痛、18％患跟腱肌腱炎、10％患胫骨劳损、7％患有足弓部的伤痛。

在马拉松运动中，过劳性损伤、扭伤、拉伤这三种损伤占马拉松运动损伤的75.7％。运动损伤在马拉松运动中属于重要性和不可预知性风险。它主要发生在运动中及运动后，是参加马拉松运动的运动员不可避免的风险，我们需要分析其发生原因，从而减轻或避免该类风险的发生。

（一）过劳性损伤

过劳性损伤是指由于机体处于超负荷工作状态时间过长，得不到必要的恢复、过度劳累、运动过度导致的机体上的磨损伤害，症状是肌肉运动时疼痛、肿胀、压痛并伴有关节活动受限，运动员常见的过劳性损伤都与弓形腿有关系。有相关学者推测，在碰撞和与功能性过度内旋有关的损伤之间存在生物力学联系。例如，在髌骨疼痛综合征中，股骨过分的旋内和

---

① 谢院生, 刘晓峦, 陈香美. 运动性横纹肌溶解症的诊治 [J]. 军医进修学院学报, 2008, 29 (6)：449-452.

② ZOROVA LD, PEVZNER IB, CHUPYRKINAAA, et al. The role of myoglo-bin degradation in nephrotoxicity after rhabdomyolysis [J]. Chem Biol Interact, 2016, (256)：64-70.

③ 丛林, 朱静华, 张兆臣. 运动性横纹肌溶解症的防治 [J]. 田径, 2020 (12)：84;73.

与其相关的胫骨的旋转被认为是引起髌骨相对于股骨踝轻微移位的原因，由此导致髌骨关节的作用力增加，出现疼痛症状。在一些极端的例子里，极高的压力还可引起软骨和软骨下骨的退化。

（二）关节损伤

关节损伤是由于关节发生异常扭转，使关节囊周围或附近其他组织受损，其症状表现为伤部疼痛、肿胀及关节活动障碍。在进行马拉松运动时，膝关节和踝关节是最容易损伤的关节。

膝关节受损：跑步时涉及的关节包括踝关节、膝关节、髋关节三个关节，这三个关节中，膝关节是最容易受伤的，膝关节的严重受损非常有可能终结一个人的跑步生涯。膝关节是人体内最大、结构最复杂的关节。膝关节内有前后十字韧带、内侧韧带、外侧韧带，保持膝关节的稳定而不会脱位。膝关节由关节囊所包覆，囊内有分泌滑膜液和吸收关节液的功能，关节囊内还有本体感受器，在黑暗或无意识状态中仍能感知肢体位置与活动方向。跑步中伴有突然开始、停止、起跳、落地、旋转等动作时，易发生膝关节受损。关节中间内外侧各有一块月牙状纤维软骨称为半月板。膝关节在突然膝内翻或膝外翻时易发生半月板撕裂。半月板因血供很少，撕裂后很难愈合。受伤后膝关节接触面有压痛，事后膝关节会渐渐肿起来。防止膝关节受伤主要的是在跑步前充分做好准备活动，一般需5～10分钟，最好做些全身性、柔韧性伸展运动。人过中年膝关节开始老化，肌腱韧带老化、松弛，关节更容易受损，老年更甚。慢跑可增加关节韧带弹性，跑步时用前脚掌先着地以缓冲对膝关节的震动。跑步结束后需再步行放松一段时间。

踝关节扭伤是跑步中常见的关节损伤，预防踝关节扭伤的主要办法为充分地做准备活动，特别对踝关节的活动；赛中精神要集中，注意跑道上有无不平或石块等物质；选择一双好的跑鞋，避免穿硬底鞋或高跟鞋，也不应穿宽大不跟脚的鞋，否则还会引起足跟疼痛。

（三）拉伤

肌肉拉伤是指肌肉主动强烈地收缩或被动过度的拉长所造成的肌肉微

细损伤、肌肉部分撕裂或完全断裂。大多数拉伤集中在大腿后部和腹股沟部位，表现为局部疼痛、肿胀、肌肉紧张、功能障碍等。

跑步中肌肉拉伤时有发生，通常会出现在大腿后肌群和大腿内收肌。在运动前活动不充分，或在跑步中用力过猛，大腿前、后肌群力量不均衡可造成大腿后肌群的拉伤；在摔倒或突然维持身体平衡中可造成大腿内收肌的拉伤。预防大腿后肌群拉伤的方法主要是加强后群肌牵拉和力量锻炼。牵拉方法：正直站立，双膝微屈，身体前倾，用手触地，保持最大伸展姿势，或躺在地上，坐起来以双手摸脚尖，保持最大伸展姿势。预防大腿内收肌在特殊情况下拉伤的方法是用"蝴蝶式"牵拉方法：跑步结束后背靠着墙坐下，大腿外展，脚掌相对，鞋跟尽量靠近腹股沟，用双手握住脚踝，前臂下压大腿内侧，将膝关节向地面方向推，保持这种姿势1分钟。急性拉伤多是由于准备活动不足、训练水平低、天气温度太低及空气湿度太大等。慢性拉伤多是过度负荷或由于客观条件的不足，如场地、器械等条件导致的。

四、兴奋剂风险

兴奋剂的英文为"dope"，原意为"供赛马使用的一种鸦片麻醉混合剂"。由于最早被禁用的一批药物大多属于兴奋剂，所以，尽管后来出现了并不具有兴奋作用的其他类型的禁用药物，国际上还是习惯将体育界所有违禁药物统称为"兴奋剂"[1]。1968年禁用兴奋剂至今，兴奋剂的种类在短短的几十年里由8种增加到现在的140多种，除传统兴奋剂外，还出现"激光兴奋剂""基因兴奋剂"等新型兴奋剂[2]。

众所周知，兴奋剂的产生伴随着竞技体育的诞生，对于竞技体育影响重大，对于比赛的公平等也有巨大影响。在竞技体育中，运动员使用兴奋剂是一种屡禁不止的现象，每次国际重大比赛中，由于种种原因，均会出

---

① 邹晓颖, 刘楠. 2008北京奥运会反兴奋剂监管工作回眸 [J]. 中国药物滥用防治杂志, 2009, 15 (1): 1-4.

② 谭涛. 兴奋剂的危害分析 [J]. 当代体育科技, 2014, 4 (16): 143-144.

现兴奋剂的身影。尽管国际奥委会一直在进行反兴奋剂的斗争，并且已取得一定效果，但总有部分人心存侥幸，知法犯法，为了胜利和成绩不择手段。反兴奋剂使用问题主要涉及运动员"健康"和竞赛的"公平"问题，但在反兴奋剂工作中，对于兴奋剂的检测长期处于被动状态，总有新的兴奋剂被研发。因此，不能只是制定和出台法律法规、禁赛等措施，除通过法律法规约束运动员、教练员的行为外，还需要从伦理学角度进行审视，通过解决兴奋剂使用带来的健康问题与公平问题，从源头治理兴奋剂，才能真正地给运动员提供一个干净的体育竞赛环境，促进奥运精神、体育精神及体育本源的回归[①]。

兴奋剂一直以来都受到赛事组织者严格把关，马拉松赛事也不例外，这不止关乎赛事的公平、公正，也关乎每个运动员的生命健康安全。经科学验证，兴奋剂会导致人的身心健康受到严重的伤害。特别令人担心的是：使用兴奋剂大部分的危害当下并不会显示出来，医生对于危险期的辨别很难。因此，加强兴奋剂检测，确保赛事的干净与公平[②]，自觉拒绝兴奋剂，杜绝坏风气才是兴奋剂问题的最优解。

第二节　政治风险致因分析

政治风险是外部因素类型风险之一，特指涉及外事问题处理不当给比赛带来的损失。有专家学者认为，随着国际马拉松赛事在国内外影响力的提升，海内外人士也热衷于参与该赛事的活动，他们或直接参加马拉松跑，或借助赛事旅游观光，或观看比赛和学习比赛组织经验等[③]。政治风险可能会发生，且后果特别严重，属于世界级的矛盾冲突，是相当重要的

①　孟春雷,曹景川.竞技体育中兴奋剂使用的伦理危害及其化解[J].广州体育学院学报,2018,38
　　(4)：60-63.

②　徐俊.马拉松赛事风险管理研究[D].厦门：集美大学,2017.

③　徐卫华,谢军.厦门国际马拉松赛风险管理研究[J].北京体育大学学报,2010,33(2)：38-41.

风险，需要多加小心，多加防范。以2018年北京国际马拉松赛事为例，据统计，本届赛事有来自43个国家和地区的3万余名参赛选手参加本次赛事。不同国家和地区有各自的文化风俗、意识形态和宗教信仰，因此对于外事接待的工作人员的要求变得极高，如果因不了解他们的忌讳，或当遇到敏感问题时采取不当的处理办法，就可能导致政治风波。

如今的国际马拉松赛事，因为有非洲等国及日韩国家的运动员参赛，如果发生矛盾和冲突，凭借国际马拉松赛事的这一头衔和其广泛影响力，极有可能产生经济损失，甚至当地政府与国家形象都有可能受到损害。波士顿马拉松赛事恐怖袭击事件的发生引起了全世界的关注，恐怖主义在该次马拉松中造成了难以估量的损害，恐怖袭击、聚众闹事等事件已经深入到体育赛事领域，并且不断扩张。这提醒正在火热升温的马拉松赛事主办方，体育赛事会给恐怖主义者和政治扰乱者带来可乘之机，对于马拉松赛事的安保力量有了更高的要求。另外值得一提的是，马拉松赛事的质量同时受当地民众的态度影响。

体育赛事的政治风险指由于政治因素，如政局变化、政权更迭、领导人的变换、战争、动乱、种族或宗教冲突、恐怖主义等因素而引发或造成的体育赛事组织与管理的风险[1]。体育赛事政治风险是大型体育赛事风险发生频率较高的一种。1972年慕尼黑奥运会上，11名以色列运动员遇害，血雨腥风玷污了五环旗；1976年加拿大蒙特利尔奥运会成了蒙特利尔纳税人的噩梦；1980年莫斯科奥运会，由于当时苏军入侵阿富汗，140多个国家奥委会中超过2/5的国家奥委会拒绝参加本次奥运会，这是奥运史上最大的一次抵制行动[2]。

2004年雅典奥运会的马拉松比赛本该是庆祝1896年以来奥运首次回归雅典的盛典，正是1896年在雅典举行了有史以来第一次马拉松赛跑。在2004年雅典奥运会马拉松比赛中，出生于1969年的巴西马拉松运动员范德

---

[1] 凌平，王清. 论体育运动的风险与体育保险 [J]. 北京体育大学学报，2003（5）：596-597；609.

[2] 徐成立，杨柳成，王健. 浅谈体育赛事风险及其预防与规避 [J]. 哈尔滨体育学院学报，2005（5）：22-24.

莱·科代罗·德·利马（Vanderlei Cordeiro de Lima）当时已经35岁，此前他已经先后参加了1996年的亚特兰大奥运会和2000年悉尼奥运会，成绩分别是47名和75名。但在雅典，利马发挥相当出色，距离比赛最后7公里的时候，利马已经领先了身后的其他选手有47秒的优势，距离他人生中唯一的一次奥运金牌近在咫尺，而就在此时，一位57岁，被解除教职的爱尔兰牧师突然横冲过街道把处于领先的利马撞到了人群中。来自巴西的利马花了15秒才摆脱纠缠回到赛道上，但是已经晚了，负面影响已经发生了。"突如其来的袭击吓了我一跳。"他后来说道。"他并没伤到我，但是打乱了我的节奏，让我无法集中精力比赛。"利马在最后几英里被后来夺冠的意大利选手斯特凡诺·巴尔迪尼（Stefano Baldini）和美国选手梅布·凯夫莱齐吉（Meb Keflezighi）超越。利马再也没参加过其他世界级马拉松比赛。袭击他的康奈利·霍兰（Cornelius Horan）被判12个月监禁的缓刑，并处以2000英镑的罚金。我们最终无从判定这起事故是由于"政治操弄"还是个人原因，但是这位巴西选手在异国参加奥运比赛最终没有得到应有的"公平"和"保障"确实是主办方的一大失误。

再如，美国时间2013年4月15日发生在波士顿马拉松赛终点的两起爆炸事件。据统计，该爆炸案造成包括一位中国人在内的至少3人死亡，260人受伤，其中多人伤势严重。除终点线处的两枚炸弹爆炸外，警方在不远处发现并拆除了第三颗尚未引爆的炸弹，不仅如此，马拉松路线沿途也发现了多枚疑似爆炸物。波士顿马拉松赛创办于1897年，是历史非常悠久的赛事，也是世界五大马拉松之一，举办日期为美国爱国者日，在波士顿市举行。据悉，当天来自世界各国的参赛者多达上千人，其中包含了来自中国万科集团的15名选手。时任美国总统奥巴马就爆炸事件发表讲话，表示联邦调查局将其按照"恐怖主义行径"来处理。此次事件轰动全球，是继2001年"9.11"恐怖袭击案之后又一起发生在美国本土的恐怖袭击事件，同时也是体育界当中的一大事件。

第三节 经济风险致因分析

马拉松相关赛事的举办，使得举办城市能够直接获得运动员的报名费收益及各级赞助商的赞助等，而且可以间接刺激该城市的交通、旅游、餐饮、住宿等行业，为当地带来了巨大的经济效益。马拉松赛事的经济属性吸引着越来越多的城市参与其中，然而，经济属性背后的商业风险也随之而来。马拉松赛事的经济风险指主办方为了筹措资金用于各项经济活动的过程中，可能由于各种不确定事件和活动而导致经济财产发生损失[①]，本研究将从财务风险和商业风险两个方面对经济风险进行分析。根据赛事财务的具体内容，可以将马拉松赛事的财务风险分为筹资风险、资金回收风险、外汇风险和商业赞助风险。经济风险是外部因素类型风险，具有可预防性和可控性，但是如果预防不当、控制不合理也会造成非常严重的后果。

一、筹资风险

在马拉松赛事中，影响筹资风险的内部因素包括：负债的期限结构安排不合理、负债利息率的变化、决策失误、汇率变动等，均会由于筹资风险对马拉松赛事造成影响。筹资风险外部影响因素包括：由于资产的流动性和现金流入量导致资金链出现不连贯，作为资金融通场所的金融市场出现较大的波动，赛事筹办和举办过程中的经营风险等。

第一是借入资金风险，在马拉松赛事中表现为：赛事组委会通过向银行一类的金融行业借贷等筹集资金。马拉松赛事的组委会筹集资金后，如果不能及时得到预期的回报，造成无法按照合约偿付银行或金融行业借贷机构的本息，则会承担更高的经济代价和社会代价。不仅会导致赛事严重

---

① 李丽. 浅谈体育赛事的风险与管理 [J]. 网络财富, 2008, (4): 23-24.

亏损，也会使其信誉度下降，导致下次筹集资金困难。

第二是自有资金风险，具体指马拉松赛事组委会自身所有的资金。相对于其他筹资风险来说，自有资金不存在还本付息的问题，但也不是完全没有风险。若自有资金使用不当，对马拉松赛事的开展产生负面影响，易导致投资者对其投资期望值的降低。

第三是资金的结构风险，马拉松赛事组委会借入资金与自有资金的比例不同，筹资风险亦会存在差异。首先，比例过低的自有资金会增加马拉松赛事组委会的借入资金，这样就会使得偿还借贷款额度较多，从而让借入资金的风险增加。其次，借入资金额度不会依照赛事运营的情况而变动，如当借入资金增加时，赛事组委会依然按照低标准、低回报的预期来策划、运行马拉松赛事，不通过增加赛事的观赏性或提高赛事质量的方法来提高赛事回报。因此，筹资结构的不同将给马拉松赛事组委会带来不同的筹资风险，要从各方面考虑各种情况的筹资结构，不同的结构导致不一样的风险，依据比赛自有资金与赛事所需资金的情况，筹资比例需合理安排，削减筹资结构导致的筹资风险。

二、资金回收风险

赛事资金向货币转化过程中存在的风险称为资金回收风险，不确定的金额与时间，导致应收账款难以全部回收，从而造成赛事的经济损失，主要由两部分构成资金回收风险：其一是超过规定期限造成的拖欠风险，其二是无法收回应收账款而产生的坏账风险。

马拉松赛事的收入大部分来自企业的赞助广告收入，同时企业随着赛事的进程采用分期付款方式，一部分在签赞助合同时支付，大部分的赞助金额是在赛事举办落实赞助权益支付，目的是充分落实赛事主办方能够保证赞助权益，在赛事成功举办后再支付另一部分的尾款。所以在马拉松赛事资金回收风险中客户（赞助企业）的原因主要可分为三类：赞助企业的财务状况；赞助企业的资信情况；赞助企业对赛事组织方的依赖性。

对于赞助企业来说，如果其财务状况良好，支付能力强，则马拉松赛事主办方如期全额收回应收账款的难度并不大，资金回收的风险损失较小甚至为零，同时也会给马拉松赛事主办方带来较高的风险增益。但如果赞助企业的财务状况不佳，赛事组织方很可能无法按期收回应收账款，甚至出现更严重的财政亏损。例如，某个广告品牌赞助了一次马拉松比赛，但由于其经营不善，无法短时间内完成支付赞助费，那么这个资金回收的风险就只能由此次马拉松赛事主办方来承担。资信状况是指一个企业在经济交往中，能否足额及时支付货款，恪守规则的程度。如果某一客户一向信守诺言，按期清偿债务，则资信状况良好，具有较小的资金回收风险损失，与其相对应的是客户信用资质情况差就较大可能造成马拉松赛事整体运作出现资金回收风险的损失。对企业的依赖性简单来说是指某一赞助企业如果跟某一马拉松赛事组委会的关系十分密切，那么其大概率会按时交付应收款账。但是如果这个赞助企业与这次马拉松赛事组委会的关系不密切，那么在其资金紧张或在偿付欠款时拥有其他盈利机会时，就可能暂不付款或寻找到更适合自己的投资对象，从而给赊销企业带来机会成本等风险损失。

追账是国内较多企业管理应收账款的重点，而追账的效果并不理想。若交易前与交易中的管理被忽视，把"事后"作为重点，就极易导致不能合理控制应收账款，并且导致花费比平常高出数倍，从而造成更大的财产损失，所以必须在比赛前和比赛中增加管理成本。在组织赛事时，主办方很少对客户的信用进行评估和预测，决策办法缺乏科学性，凭借主观判断做决策的情况不少见，在出现问题时往往自食苦果。

对于马拉松赛事主办方来说，应当做好赛前、赛中、赛后的资金管理工作。在赛前做好客户信用信息的调查，正确地评价客户的信用状况；在比赛中由马拉松赛事主办方的销售部门或相关业务管理部门设置好投资方交款的期限，并提高比赛的观赏性，通过媒体宣传、新闻报道、增加赛事奖金数额等方法来提高赛事的知名度和影响力。在保证投资方能按时交付的情况下，增强马拉松赛事自身的吸引力，把门票和周边消费收益达到最大化。在赛后及时做好账目清点和赛事的结尾工作，对于仍未交付相应尾款的客户做好信用记录，并做好追账工作。

三、外汇风险

外汇风险是指汇率不同造成的风险，由于业务的需求会产生本币与外币或外币与外币之间的结算，从而带来外汇风险。马拉松赛事的举办涉及与众多国外运动员、赞助商、供应商、媒体与观众之间存在各种形式的业务结算。在各国由于使用不同币种，货币政策存在差异，在进行清偿债权债务时对货币需要进行换算，外汇就作为业务结算的支付手段。在按汇率进行本币与外币的兑换时，清偿债务债权就会受到汇率诸多因素的影响，其中包括国际利差和收支平衡、通货膨胀率、汇率预期、政府干预和国家宏观经济政策等因素，具有很大的不确定性，因此举办马拉松赛事将面临一定程度的外汇风险。1999年1月1日，国内在银行之间建立了外汇交易市场，双轨汇率制度被废除，统一管理的浮动汇率制度基于市场的供求关系。人民币汇率取消美元固定汇率制后逐步趋于稳定地走向交易市场，在此前提下，组织国际性的商业性体育赛事时，赛事主办方不得不面临更多的汇率方面的风险，如此一来，重视汇率风险，降低其对企业财务的不利就成为必要。

四、商业赞助风险

商业赞助是指赞助商在各种体育活动中除了提供资金，还提供体育设施用品等多方面的赞助，来塑造企业或企业产品的公共形象，使得赞助商企业或产品的社会知名度得到提高。同时赞助商通过体育组织、团体、比赛等对企业的品牌、产品、服务来进行推销，拓展新销售渠道与途径，使赞助商原有的销售网络得到扩大，使企业的产品销售量得以提高。在国内，体育赛事赞助形式主要为购买赛事冠名权与称号使用权、获取赛事广告牌等。在马拉松赛事的商业化运营中，商业赞助是赛事重要的收入来源，赛事主办方与赞助商签订相关的赞助协议，赞助商通过财力和物力的投入，达到在马拉松中宣传自己、扩大自己品牌影响力的目的。赞助商为马拉松赛事组织方提供资金、物资等资源，以此来获得赛事的称号使用权、转播权等权益，利用赛事进行企业推广，促进赞助商实现经济利益。马拉松赛事吸引了各行各业的企业进行赞助，主要分布在金融、房地产、通信、汽车、餐饮、体育等行业，覆盖广泛，具有大众性、多元化、受众广的特点。马拉松的赞助层级通常分为四级：冠名、官方合作伙伴、官方赞助商、官方支持商。这四级在比赛中收到的效益也是不同的，官方赞助商可以获得赛事的冠名使用权，官方支持商向赛事组织方提供物资来获得推广效益，层级越高的赞助商赞助投入越多，所获得的赞助权益越多。

我国体育赛事发展起步晚，马拉松赛事更是比国外发展得落后不少，体育赛事赞助尚不规范，当前我国很多体育赛事赞助监督管理体系不健全，还未形成一个有序、规则的监督管理体系。这就导致赛事主办方与赞助商之间经常会出现权责不清的问题，不管是在城市马拉松赛事还是国际级别的马拉松赛事，都曾出现过类似的情况。同时，如果赛事主办方无法保障各层级赞助商的公平权益，使得赞助过程中发生不平等、不公平的赞助行为，那不管是哪个层级的赞助商都会认为自己的权益受到了侵害。这样一来，不仅会导致部分赞助商毁约撤资，也会使得此次马拉松赛事主办方失去公信力，在未来承办其他体育赛事或是下一届的马拉松赛事时出现信用危机，甚至影响到一个城市、一个国家的形象和发展。对于赞助商来说，其赛事商业赞助的经验不同，赞助的目的不同，在具体实施过程中也存在差异。

随着近几年体育行业在我国受到的关注度越来越高及大型体育赛事和各地马拉松赛事的积极举办，体育赞助之风愈演愈烈，随之也出现了许多潜在的和已经发生的风险。例如，企业跟风现象、赛场缺乏赞助商企业工作人员、赞助落地实施与赞助方案存在出入、赞助LOGO被遮挡、未赞助的企业由于比赛场地开放误入直播画面等现象，如此之多的商业赞助风险使得赞助商的赞助效益难以得到保障。

（一）赞助商分散且不稳定

尽管近些年我国城市马拉松赛事的举办城市数量可谓是飞速增长，但部分地区的城市马拉松赛事并不出名，因而关于赞助的相关状况并不是很好，部分地区的赞助商单一且极其不稳定，并且会面临着临时撤销等情况。总体来看，我国城市马拉松的经济效益呈正增长，但这不代表全部的地区都会有较多的赞助商并且拥有稳定的赞助。此外，赞助商分散也是我国马拉松赛事举办过程中常常出现的情况，对于经济不发达或马拉松赛事不出名的地区来说，不能良好地带动该地区的企业参与进来，部分赞助商是其他地区的企业，进而无法促进该地区的经济发展。

（二）赞助补给不足

我国城市马拉松赛事知名度不足、赛事品牌价值不高，会导致赞助商赞助金额不足的现象出现，如在2018年的吉林市国际马拉松赛事实际开展情况中，赞助补给方面与长春国际马拉松相比稍逊一筹。此外，马拉松赛事的举办仅仅只靠着参赛运动员的报名费是远远不够的，聘请的人员、场地的费用、物资的费用等，若出现赞助补给不足，可能会导致城市马拉松赛事无法正常进行等现象的发生。

（三）非赞助商品牌侵害赞助商合法权益

在我国马拉松赛事的举办过程中，许多当地商家都会充分利用此次机会将自己的品牌加入马拉松赛事中，大多数的商家采用的方式是以给举办方赞助的形式，将自己的品牌在城市马拉松赛事中直接体现，如运动装的品牌会直接赞助一定数量的外套、鞋子或志愿者服装等宣传自己的品牌；运动饮品品牌则是赞助比赛过程中的饮品，用以提高自己品牌的影响力；还有部分其他与运动不相关的产业则是以赞助资金、竞赛奖品、补给站的帐篷等以此来宣传自身。赞助商通过赞助马拉松赛事获得品牌曝光，从而吸引大量消费用户、提升品牌知名度。然而，一些非赛事合作商家违规在马拉松赛道沿途设置摊位进行品牌宣传，严重侵害了赛事赞助商的合法权益，如在2018年长春国际马拉松中，参赛服由中国特步赞助提供，然而有一些参赛选手以公司名义组团参赛，借以参赛服装等形式宣传公司品牌等，导致赞助商没有体现其赞助价值的唯一性，这也使得一些赛事赞助商产生不满，从而增加商业风险发生的可能性。

第四节　组织管理风险致因分析

马拉松作为我国大型的体育赛事之一，在赛事组织上必然受到内部环境和外部环境的制约，对城市的政治、经济、文化都会产生一定的影响。因此，大型体育赛事需要多方面的调节，既需要内部环境的统筹力量又需要外部环境的统筹发展，只有内外协调运作，同时运用主观能动性进行合理分配调动，才会有利于经济效益的提高及赛事的协调发展[①]。通过赛事的组织者发挥决策性，有利于赛事取得正面的影响，更好地创造赛事效益。

一、参赛人员管理风险

马拉松赛事的人员构成中不仅包括运动员，还有志愿者、裁判员、后勤工作人员、媒体、观众等。由于马拉松比赛所需要大面积场地、参赛人员多且复杂、比赛的规模大，其中所包含的会导致风险发生的因素较多，且难以控制。马拉松比赛的参赛限制较少，所以有许多参赛者都是业余爱好者，并不是专业选手，其中不乏第一次接触马拉松运动的参赛者，有的还是第一次参加体育比赛，因此他们不熟悉比赛的流程、注意事项、参赛风险。在比赛中，需要组织者进行特别关注，因为这样涉及因素多的大型体育活动，每个环节都不能出现纰漏，否则比赛进度和结果都会被影响。所以需要赛事组织者从开始的准备、报名，到过程中的领取安全参赛提示、存取物品、安检等都做出详细的规划和准备，避免可能发生的骚乱或伤亡事故。首先，应当对参赛人员进行参赛资格的审查，这主要包括参赛者年龄、身体健康情况、参赛经历等进行审查，对于未达到要求的运动员

---

① 周三多, 陈佳明, 鲁明泓. 管理学原理与方法 [M]. 上海:复旦大学出版社, 2009.

禁止参赛。虽然一直以来国内各级别马拉松赛事都要求参赛者进行体检，但是提交体检报告并非硬性要求，即使有硬性规定，组委会也可能不会对体检报告进行严格审核，而且对于参赛者的参赛经验和训练过程的要求也非常低，审核不严格，马拉松风险由此增加。

近些年我国马拉松参赛人数井喷式增长，普通民众参赛热情很高，这是个好的现象，但是第一次参加马拉松比赛的选手不在少数，也不乏盲目跟风者。在比赛前，对马拉松不够了解，对风险的认知度不够。平时也不经常参加身体锻炼，突然参加高负荷的马拉松比赛，极易出现伤亡事故，近阶段猝死事故的接连发生引起社会各界更高的关注度。例如，2011年11月负有盛名的美国费城马拉松比赛中有两万多名选手参与其中，就在比赛快要接近尾声时刻发生了意想不到的事情，两名年龄不同、种族不同的参赛者在最后冲刺阶段倒地，在比赛最后时刻发生意外。虽然两人立即被送往医院进行抢救，但还是没有挽回他们的生命，结果显示两人因心脏病猝死。除此之外，当地警方表示，在该次比赛中，至少还有10人被送往医院救治。2019年5月26日长春国际马拉松，一名25岁的小伙在出发后不久，因心脏问题猝死，虽然急救人员第一时间赶到现场，但是很遗憾没有抢救过来。根据近几年各级别马拉松赛事调查数据得知，男性在猝死事件中占比较大，且通常都小于三十五岁，而且半程马拉松项目比赛过程中发生意外的较多，尤其是赛程中间到终点这段时间。这也许是因为青年或中年男子身体素质较好，在他们的观念中，半程马拉松相比全程马拉松简单，不必在赛前进行大量训练，认为自己可以在自身素质的基础上完成比赛，对自己身体素质盲目自信，最终导致悲剧的发生。

客观来说，大多数意外事件的发生是因为组织者对参赛者赛前、赛中、赛后的控制不足。总结先前的分析内容可以发现马拉松比赛中的风险控制相对来说比较完善，但是缺乏对细节部分的处理。例如，在比赛前的呼吁宣传期间，应该对不具备参赛条件的选手进行剔除，因为参赛选手一般对自己身体素质很自信，他们认为比赛中猝死这件事不会发生在自己身上，只是凭借着盲目热爱而报名参赛。所以，主办方在赛前就应该进行合理剔除，不应为了比赛效益忽略此情况。另外，在比赛前和赛中应该对选手进行知识的普及，虽然马拉松带来的经济利益很大，但是不应过度追求经济效益而忽视社会影响从而刻意放低报名门槛，减少体检项目，这是主办方不成熟的表现。相反地，更应该加强对参赛者的严格把控，完善赛道、救援系统等，避免各方风险的出现。在赛后，积极分析比赛，积累经验，给参赛者全面的保障，让群众感受到马拉松赛事的魅力，受益于城市。猝死事件一旦发生，不仅给死者家属带来无限的悲痛，同时也给赛事主办方和举办国家、城市造成了长期的负面影响。

对于志愿者的组织管理来说，在招募、培训和任用过程中存在一系列的风险。在众多风险中，社会支持的关注度相对较高。我国的志愿者服务还处于起步阶段，只是近几年才开始发展起来，人们对志愿者工作的工作内容和工作性质还不够了解，直接导致了志愿者人数的减少和志愿者的流失。例如，在一次与马拉松赛事志愿者的谈话了解到，他的一名同学刚开始的时候，是和他们一起报名参加志愿活动，经历了严格的考核后被选为志愿者，但家人的不支持让他最终放弃，最后被迫退出了志愿者团队[①]。另外，在面对规模大小不同的马拉松赛事和各种各样的突发状况时，志愿者也会有实践经验不足、团队管理不善的风险等。对此，组织者应该在前期的志愿者招募过程中，加强对志愿者身心素质的检测控制，可以加以心理测试作为辅助。由于马拉松比赛较为复杂，很有可能混入不法分子，发生突发事件而引起骚动，所以比赛入口处的志愿者工作非常重要。加强对志愿者的选拔，能够有效降低这种风险发生的概率。2013年美国波士顿马拉松就发生过爆炸事件导致伤亡严重。这起爆炸事件给百年波士顿马拉松蒙上阴影，也给之后的马拉松赛事的举办敲响了警钟。马拉松比赛常出现替跑、蹭跑情况，入口处志愿者必须严格甄别这种情况，志愿者承担着避免占用正式选手资源和降低意外的任务。近年来不少替跑、蹭跑的参赛者在比赛中猝死，如2014年张家口马拉松和2016年厦门海沧马拉松的猝死者

---

① 苗苗.大学生志愿者体育赛事服务风险管理研究 [D]. 太原: 山西大学, 2012.

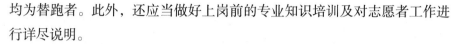

均为替跑者。此外，还应当做好上岗前的专业知识培训及对志愿者工作进行详尽说明。

张德胜教授在《大型赛事媒体运行研究》一书中提到媒体运行路线这一概念，是指媒体人员在场馆现场转播、采访报道期间所专用的工作路线和行动路线，这一路线与其他在现场的非媒体工作人员的活动路线不产生交叉，以便提高媒体的工作效率，真正体现媒体优先的原则。所以在马拉松赛事的人员管理中，应当考虑到媒体与其他非媒体人员的优先级，并提前规划好媒体的工作路线和行动路线，避免出现因为赛事组委会安排不妥当导致拖延、阻碍媒体工作的风险事件发生。马拉松赛事的组织绝不是一项简单的工作，而是一项规模庞大、涉及人数多、范围广的系统全面的管理工作，参赛者、裁判员、观众、志愿者为表面可以观察到的，实际上还有许多工作需要后勤、交通、安保等部门来负责。在这个复杂的管理体系中，一个环节的疏忽就会导致风险的产生，某个部门的行为疏忽、操作不当等可能引起连锁反应。比如，某马拉松赛事工作人员误将终点位置的饮用水投放在了比赛途中，致使运动员跑至终点时没有水源可以用，给赛事带来了不好的影响。

裁判员也是其中重要的一环，大型的马拉松赛事一般有200名左右的裁判员，并且随着赛事举办得越来越多，裁判数量也在不断增加。裁判员的工作不仅是正确判罚，还应该在比赛当天完成检查场地设施、布置场地、核对选手名牌等任务，给比赛提供一个好的环境，跟选手和志愿者沟通挂名牌的相关事宜，确认出发信号和终点带的完好。赛前协助兴奋剂检测、名次牌发放，赛中进行名次唱报、计时，赛后完成名次纪录，工作复杂且繁忙，对于裁判员的考验很大，需要准确地把握每个环节，否则牵一发而动全身，酿成大祸。

二、比赛设施管理风险

赛道是城市马拉松参赛运动员参与比赛的场地，由于每个地区的特点不同，因此赛事主办方会根据各个地区的特点，如天气、海拔、公路长度、公路两侧障碍物等方面寻找出适合马拉松赛事举办的赛道。而所谓的城市马拉松的设施赛道风险是指在举办城市马拉松时，马拉松设施赛道没能考虑完善或赛道设置影响了正常交通等现象发生的可能性。城市马拉松不仅仅需要选择好地点，并且在赛事开始前需要举办方准备大量的器材，如指向标、起点处道具、终点处道具等，因为在我国城市马拉松的参赛者中有相当一部分人群来自外国，需要使其能够认清道路。马拉松赛事的赛道设置在城市繁华的街道，有别于其他大型体育赛事，因此对比赛设施的管理就成为比赛当天最重要的管理项目之一。比赛设施风险具有随机性和不确定性，所以造成的后果也是较为重大的，不仅会影响到选手的成绩，严重的可能还会伤害到观众及参赛人员的生命安全和身体健康。

（一）观众闯入赛道事件的发生

在我国城市马拉松赛事的举办过程中，参与的人群比较复杂，有运动员、裁判员、主办方、志愿者和观众等，人员之间相互作用，其中的观众却不在可控范围内。在我国城市马拉松赛事中，不止一次出现观众或行人等非工作人员闯入赛道，影响了运动员的比赛成绩，如2018年11月18日，中国选手何引丽在苏州马拉松比赛过程中发挥出色，全程基本处于领跑位置。在最后冲刺阶段，与非洲选手竞争，夺冠希望很大。然而在接近终点的时候，突然一名手拿国旗的志愿者冲入赛道，强行将国旗塞给何引丽，打断其冲刺的节奏。虽然何引丽也因为手拿国旗阻力太大，在跑了一段位置以后，将手中国旗丢到一边，最终还是受到干扰，与冠军失之交臂。2019年12月16日深圳马拉松举办过程中，国内男子冠军争夺尤为激烈，铁亮与吴向东两名选手终点前你争我赶，最终铁亮以2小时21分夺冠。但在铁亮冲线后，赛场上却出现了争议一幕，一名白色短袖男子上前拉着铁亮与国旗合影，随后又不断拉拽铁亮，差点使其摔倒。

（二）举办过程中交通协调不畅带来的城市交通拥堵的风险

在我国城市马拉松赛事的举办需要占用公路，这对公路的选择非常重要，既不能影响正常的交通，也要有足够长的距离供城市马拉松赛事的进行，但从目前我国城市马拉松赛事的举办案例来看，部分城市举办的马拉松赛事造成了交通拥堵，使得大众无法正常生活，如在2015年1月11日富力海口马拉松上，马拉松赛举行期间对城市的主干道实行封路政策，这直接导致了交通严重拥堵，引起了民众的一片抱怨；在2019年深圳光明小镇国际半程马拉松上，在赛事有序进行时，有市民称，去往光明医院的路因比赛被封了，只好步行前往。此类事件时常在我国城市马拉松赛事中遇到，因马拉松赛事而导致的交通拥堵也被人们广泛关注。

（三）赛道设计不合理导致风险发生

赛道的设计是一门学问，赛道设计不仅仅要凸显举办城市的历史文化、景观风貌，还应该考虑到比赛的安全性，这其中就包括赛道的平整度、赛道面积是否充足、赛道是不是能够提供阴凉的遮挡、对城市交通有无影响等。由于赛道的设计不严谨而造成风险事故的发生是常见的，主要包含以下三个方面：第一方面是设计者对赛道的细节考虑不周；第二方面是过多考虑城市的宣传而忽视了每一名选手的利益，如有一些马拉松比赛为了宣传城市获得效益，而将新建的城区作为场地，这些地方缺乏一些基础设施，绿化也不足，不能够为参赛者提供良好的体验感，甚至还有可能因为阳光直射导致中暑等事件；第三个方面是为了获得效益，举办者不断扩大比赛的规模，但赛道选取不能满足当下的要求，在这种情况下容易发生人员踩踏、流行病传染等事件，如国内某马拉松在参赛人数扩容后，未考虑到赛道宽度的限制，导致比赛过程中参赛者速度放缓，影响进程，虽未发生风险事件，但为今后各个级别马拉松赛事的路线设计敲响了警钟。另外，赛事路标指引不明确，赛道的保护封闭工作没有做好，导致周围的人和事物干扰了运动员，影响正常比赛进行的案例也常出现。在2017年郑开国际马拉松赛中，全、半程马拉松比赛都安排在一个单行直道上，这样的安排使得半程折返与全程分离不够清晰，半程折返点标识很难被发现，直接导致一部分运动员错过折返标志，耽误了比赛进程，影响比赛的成绩。另外，还存在其他问题，虽然其人员安排相对合理，但是赛道选取在郊区，路段的封闭性不够，后期的封闭措施不强，致使许多无关人员进入赛道伴随着运动员一同前行，这是相当危险的行为。骑行者、行人、参赛者一同出现在赛道上会造成赛道拥堵、互相冲撞，这给比赛带来很多不确定因素，提高风险发生的可能。

赛道标识设置的重要性不容置疑，对运动员的路线起着重要的指引作用，如果路途中标识不清晰、不明显、数量不够等，运动员可能会选择错误的路线。这对于一些项目设置较多的比赛类型至关重要，不仅限于半程马拉松、全程马拉松等。更有一些赛事起点和终点设在同一位置，这对于标识的需求就更为紧迫。赛道的转弯处、折返处、分流处等位置需要进行显著的标识，以此确保赛事的顺利进行。前些年在我国的一场马拉松赛事中，由于没有检查标识，导致中英文标识不符，直接造成外籍选手跑错路线。此外，在起、终点附近都应设置清晰的标识，指引参赛选手安检、存物、取物、如厕等，保证比赛现场的良好秩序。补给站对于一场马拉松比赛非常重要，由于比赛时间较长，一场比赛最少需要几个小时，在此期间如果缺乏对水分和能量的补给，会造成脱水甚至危及生命安全。田径竞赛规则规定马拉松赛事的起点、终点及沿途间隔五公里应设置饮用水、饮料及能量补充品。一些不严格、办赛经验不足的主办方，在补给物品的供应上缺乏规划和思考，分配不足或分配过剩导致每个补给站的分配不均匀，阻碍了参赛者的能量补给，特别对于速度较慢的选手来说，到达补给站的时候，所剩用品寥寥无几。

（四）场地器材设施使用不当带来极大风险

场地器材设施在下面两种情况下一般会发生危险：其一是由于意外事件或自然因素在搭建、安装及使用期间场地器材设施发生毁坏、坍塌导致人员受伤；其二是由于其搭建、安装、使用不合理导致的意外。所以赛事组委会应该在场地器材设施的搭建、安装期间由专门负责人进行监督和监管，并严格监督场地设施器材承包方的材料质量，严格监管设施器材施工人员的日常工作，尽量做到万无一失。在裁判员、运动员或其他工作人员使用场地器材设施之前，应该由赛事组委会安排相关行业的专家进行提前使用并检查各个场地器材设施的质量。在专家给予使用说明和操作建议之后，再由工作人员、裁判员和运动员亲身使用。

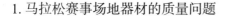

1. 马拉松赛事场地器材的质量问题

马拉松赛事伴随着大量的赞助商的赞助及运动员的报名，为了节约成本赢取更大的利益，部分地区的马拉松赛事举办方不会翻新曾经的器材或质量不过关、不恰当的器材装备，如部分地区在举办马拉松赛事时，赛道的防护栏与隔离带出现损坏，这会直接使部分观众能够进入赛道，影响运动员的比赛，使运动员不能发挥正常的水平，影响比赛成绩。此外，赛场旁边的防护栏与隔离带的质量不好还可能造成观众产生意外损伤。灭火器同样是马拉松赛事举办的必备防护工具，但部分地区的赛事举办方准备的灭火器是陈旧的，没有事先了解过灭火器是否完善。

2. 器材损坏而未准备备用器材

马拉松赛事在运行过程中出现器材的损坏在所难免，但为了不影响比赛的进行或为了保证运动员、观众等的安全，马拉松赛事的举办方应该准备备用的器材，以免发生器材无法使用的事件出现。就我国目前的相关案例来看，备用器材准备相对较为充足，极少出现因器材损坏未能及时换新导致赛事出现问题的现象发生，但仍有部分地区器材准备不足。

3. 器材使用失误事件发生

器材的使用失误与人员的管理密不可分，2018年11月25日，在深圳南山举办的半程马拉松比赛中，发生了群体性违规事件。因为人数较多，加上举办方管理不力，赛事出现了一些混乱，在一些折返路段，出现了一批运动员直接穿越隔离带抄近道的违规现象。马拉松作为一项体育比赛项目，公平是最基本的原则，出现这种情况是对那些正常比赛运动员的不公与不尊重。据统计，总共有258名运动员出现了抄近道的违规情况。如若正确地将隔离带等器材正确使用及管理，不会出现此类事件的发生。此外，2016年3月15日肯尼亚选手Robert Mbithi冲过终点正庆祝胜利时，工作人员将冲刺带松开，而这时这位冠军选手并没有停下来，还在跑动中的他被冲刺带缠住，随即摔倒在地；2016南京马拉松赛上，"第一集团"的非洲兄弟集体被带错跑进了半程赛道，不得不遗憾弃赛。当得知跑错道时他们的内心是崩溃的，在过了玄武门后选择了退赛，最终站上领奖台的没有黑人选手。此类事件并不少见,因此对于我国马拉松赛事中器材使用也同样是非常重要的,它会导致运动员成绩受到影响,甚至会影响运动员或其他人员的健康。

三、饮食卫生管理风险

饮食卫生管理包含参赛相关人员酒店住宿的饮食安全与比赛现场饮食的卫生管理,它对于赛事组织方来说是可控的,但也不能忽视其出现问题后造成的负面影响。在比赛期间,赛场周围会有较大的人流量,一般会出现较多的小商贩,其次许多参赛团队在比赛沿途设有私人补给站点,缺少管理秩序,时常造成比赛通道出现混乱,如使用完的纸巾、饮水用的水杯随手丢弃,对参赛运动员的发挥与赛场环境保护产生严重负面影响。在已有的研究中发现,马拉松赛事途中并不需要太多的饮水站点,补水过多易导致低钠血症,使运动员出现呕吐、头晕等现象。在马拉松赛事中要对饮水站点位置进行合理分配,控制适当的数量,引导参赛人员合理用水。同时要加以重视住宿酒店饮食卫生的管理,其饮食服务质量涉及相关官员、嘉宾、媒体等诸多重要人员,直接关系到其对赛事质量与承办赛事国家或城市的评价,以及对赛事主办方的支持程度。

四、参赛物品管理风险

在马拉松比赛中,困扰参赛者的就是服装问题,但是这一问题相较于其他风险来说没有那么严重。一些主办方会提供统一的服饰给参赛者,以达到良好的宣传管理作用,有一些则没有具体要求,一般来说为了美观或者是抱着跟风心理,参赛者都会穿着统一的服饰进行比赛。根据调查有近70%的参赛者会穿组委会提供的服装,有近30%的参赛者会选择穿自己的服装。值得注意的点是,服装的选择对参赛者比赛过程也有影响,穿着不适合马拉松项目的服装可能会使得参赛者受伤,没有穿着运动套装或没有搭配合适舒适的运动鞋,会影响参赛者的体验,可能会造成脚踝的受伤,如果严重会使足部软组织受伤从而无法进行比赛。另外,比较常见的参赛物品导致的风险还有号码布，在各个级别的马拉松赛事中，存在多名选手佩戴相同号码布参赛的情况，经调查是选手伪造号码布蹭赛，这是被明令禁止的，号码布不得转让、租借等，但还是无法完全避免。各大城市的马拉松赛，都出现过这种情况。主办方要考虑安全，大到整体，小到细节方面，如准备物品礼品等。

五、比赛时间管理风险

马拉松赛事时间管理由两个方面组成，其一是选择办赛时间，其二是安排赛事的具体时间。若时间选择时机不当，导致和其他大型社会活动或特殊节假日发生时间冲突，从而出现缺少裁判员、器材、赛事场馆等资源，获得资源的难度增大，资源经济成本提高，观众的关注度转移，甚至会出现赛事延期或取消的风险。详细编排马拉松赛事的各个工作环节时间，依据既定的时间与目标是赛事有序运作的重要保证。若不能明确赛事时间安排，过于紧张、紧凑，弹性缺乏，可能会造成整体赛事活动运作混乱无序。针对马拉松整个赛事运行的安排，赛事组委会应当制订赛事安全保障方案和风险应急预案，注重实战演练，提高相关工作人员的执行能力。

六、比赛信息管理风险

信息风险主要是指交流与传递赛事信息的过程，当赛事交流或传递中系统、环节或个体等方面出现故障与障碍时，赛事信息传达不及时、不准确或不完整等问题使参与工作人员的行动或决策出现失误。赛事组织方在赛前阶段首先应完善赛事组织管理体系设计，设置风险应急措施、完成赛事预演、合理制定赛事规章制度、对赛事工作人员进行适当奖惩，其次在提前预告方面做好准备，如比赛时间、比赛流程等重要的信息，需要及时通知有关人员。通过各部门会议将赛事流程有关的时间和信息通知到参与赛事流程中的各部门负责人。

第五节　自然风险致因分析

自然风险是城市马拉松赛事风险中最难把握和评估的风险之一，是指人类无法控制自然环境条件的影响而导致马拉松比赛产生中断、延迟或取消及影响参赛运动员比赛成绩的情况。马拉松赛事的成功举办对自然条件有着较高的要求。人类无法控制自然环境条件，如天气、气候、自然灾害、传染疾病等，自然条件的风险变化大，对参赛人员的影响也比较大。自然风险主要包括气候条件、地形地势条件两方面。而对于马拉松这种全程都是在露天环境下进行的项目，气候和地形地势不仅对赛事本身具有影响，对于运动员的比赛成绩来说也都是至关重要的因素。

一、温度对马拉松赛事的影响

我国南北两端跨度较大，因此南北两端的天气也相差较大，马拉松赛事是全程户外进行的体育赛事，天气是直接影响参赛人员运动成绩的重要因素，不管是高温还是低温都会给马拉松赛事带来不小的影响。气温是决定马拉松赛事举办日期及时间的关键因素，《国际田径联合会路跑赛事组织指南》指出，5℃～15℃是举办马拉松赛事的最理想气温。在马拉松赛事的举办上要根据不同地区的气温条件因地制宜，倘若当地气温一直处于较高的温度，在举办马拉松赛事的时间选择上就要尽量选择温度较低的季节，以及一日之内气温较为凉爽的时间段进行比赛。纵观我国马拉松赛事的时间安排，赛事举办的时间集中在4~9月份，这是由于中国地域辽阔，南北跨纬度广，气候复杂多样，夏季各地气温普遍偏高，这并不利于马拉松赛事的举行。气温过高，会使参赛者体内热量不易散发，体温调节能力不断下降，再加之参赛者出汗过多，容易丧失大量的微量元素和电解质，易造成参赛者出现多种功能紊乱、中暑、晕厥，更有甚者会导致猝死等更严重的后果。2017年，天津全运会马拉松为了躲避高温将比赛提前至四月底进行，但比赛当天的最高气温仍达到了33℃，导致1 600余人次接受救治。

2021年5月22日举办的甘肃白银山地马拉松百公里越野赛中的127位参赛选手中有21位选手在比赛中死亡，死因全部是气温骤降导致的失温。此次比赛中，参赛选手都经验丰富，而且参加这项比赛还要提供近一年50公里以上完赛成绩证书。所以这172位选手聚集了国内跑圈的精英，这其中还包括中国超马纪录保持者，跑友圈里称之为"梁神"的梁晶、残运会冠军黄关军等。但赛事跑道整体在海拔2 000米上下，而且出了景区后绝大部分处于无人区。比赛9点开始后，就已起风。10点半前后，开始下雨。CP1（自动补给点1）还在景区内，跑道过CP2（自动补给点2）后，风力已经加大到七八级。从CP2到CP3，8公里距离，爬升1 000米，且只有爬升没有下降。气温骤降，而且当时路况糟糕，石头沙土混合，非常陡峭，甚至CP3周围不提供任何补给，这意味着即便到达山顶，也没有可补充的食物、饮水，热水更是妄想，暴露的山体，更无处可休息，且无法在此处退赛，还要坚持到CP4。越往上爬，风越大、雨越大、温度越低，体感温度更低。有些选手的保温毯直接被大风给撕碎，大家不得不挤在一起取暖，但还是有些人没能坚持下去，最终酿成惨剧。在这次事故中，有三个点应该被关注，第一点是天气预报当天已经提示预警，但主办方忽视。5月21日，赛事官方曾发布天气预报，22日比赛当天天气正常，白天阴天，最高温19℃，西北风3—4级，湿度62%，但在比赛开始前夜的22时16分，当地气象局发布了大风蓝色预警及阵性降水预报："预计未来24小时内，大部分地方平均风力将达5—6级，阵风7级以上，并伴有扬沙或浮尘天气，请注意防范。"虽然赛前选手看过天气预报后都知道会降温，但是降温具体多大面积、多大量、强度是多少，他们并没有太在意。主办方也并没有特意强调。这样看来，赛事组织方对天气预报的管控有些脱节，对自然灾害的风险预警也并没有做好。第二点是选手装备设施准备不充分，且沿途保障不足。五月底，白银已经入夏，基于前几届的经验，冲锋衣并没有被列入强制装备，而是作为建议装备写进了赛事手册。另外，主办方在CP3这个站点的设置上存在极大问题，CP3设置在山脊上且没有任何补给。一般来说，越野赛事的站点不光是提供一个计时功能，更要具备救援和服务的功能。既然设置了这个站点，那就要做好相应的服务支撑，没有任何救援力量的站点造成了极大隐患。第三点是由于参赛选手过分信任主办方，潜意识里认为如果有风险主办方肯定会取消比赛，再者参加这种比赛的人身体素质较好，个性要强，过分相信自己的能力，最终酿成惨祸。

二、湿度对城市马拉松赛事的影响

相对湿度越高，耗时越长。当气温适宜时，湿度的变化对人体产生的影响相对较小，在温度较高的时候则会对人体产生较大的影响。人在高湿的环境里，吸入氧气的同时也吸入了大量的水分，水汽填塞了肺部极细小支气管，导致人体降低了肺泡内气体交换量，从而造成氧气不能正常地进入循环系统，致使运动员吸氧能力降低。此外在高湿环境中，机体汗液的蒸发速度与散热能力都会降低，从而引起运动员机体的运动能力下降，严重的会导致人体出现昏迷现象[①]。非南方沿海地区及部分南方地区举办城市马拉松赛事会受到这方面的影响，沿海地区的湿度普遍偏高，湿度过高导致运动员出现意外事故。当高温和高湿叠加时，人的出汗量将会大幅度增加，但体表汗液蒸发相对困难，相应的比赛成绩也会受到影响。南方部分沿海地区就属于高温和高湿相叠加的地区，该地区举办城市马拉松赛事也会受到湿度的影响，如2007年大阪国际马拉松赛。早上7点男子马拉松赛鸣枪之时，当地气温就已经高达28℃，而湿度则更是达到了81%；直到比赛结束，湿度才有所下降，但也还是高达67%，温度则上升到33℃。如此天气情况下，选手的成绩普遍偏低。然而，湿度也不能太低，当环境过于干燥时，机体排汗量将会大幅度增加，极易出现脱水现象，也会直接影响参赛选手的比赛成绩。马拉松比赛适宜的湿度范围应是在30%~60%[②]。

---

① 张书余. 医疗气象预报基础［M］. 北京: 气象出版社, 1999.

② 王丽莉. 要素禀赋视角下我国城市马拉松赛事的现状研究［D］. 厦门: 集美大学, 2014.

由此可以看出，湿度对马拉松赛事参赛运动员的健康及取得的成绩均有着较大的影响，在城市马拉松赛事举办的过程中，湿度同样是重要的风险因素指标。

三、风速对城市马拉松赛事的影响

风会直接影响人的呼吸系统、能量消耗、临场状态及新陈代谢等，进而影响参赛者的发挥。当温度在合适的范围内时，适当的风将会促进热的散发，能够有效提高参赛者的散热速度[①]。风对参赛者的影响主要在以下两个方面：一是风会对运动员产生一定的助力或阻力，二是风会对参赛者的散热能力产生影响[②]。部分地区的风速或高或低，均对马拉松赛事的参赛运动员成绩有所影响，会导致运动员的实际成绩比理想成绩低，可见，风速是影响运动员在马拉松赛事中取得优异成绩的一个重要因素。

四、地势对城市马拉松赛事的影响

从医学上来说，"高原"是指人在高于三千米以上地区运动的时候，将会产生明显的生物学变化[③]，从运动学来说，1 200 m为低高度高原，1 200 m～2 500 m为中高度高原，3 000 m以上为高高度高原[④]。我国学者胡亦海根据海拔将高原分为三种：一是亚高原，海拔在1 800 m～2 000 m之间；二是准高原，海拔在2 000 m～2300 m之间；三是超高原，海拔在2 400 m～3 000 m之间[⑤]。1 500 m是高原训练中的高度阈，也就是说当训练者在超过此高度的地区训练时，最大摄氧量会随高度的升高而下降，即

① 孙长征，高慧君，黄燕玲，等.气象要素对体育项目的综合影响[J].2011, 31（2）: 23-26.

② 叶殿秀，宋艳玲，张强.气象条件与北京国际马拉松比赛成绩的关系[J].气象科技, 2005, 12（6）: 589-593.

③ 普拉托诺夫.运动训练的理论与方法[M].北京: 基辅高等教育出版联合会总出版社, 1984.

④ 田麦久.运动训练科学化探索[M].北京: 人民体育出版社, 1998..

⑤ 田麦久.运动训练学[M].北京: 人民体育出版社, 2000.

人在1 500 m以上的地区训练将会对机体产生较大的刺激[①]。因此，马拉松赛事一般会选取海拔不到1 500 m的地区举办。而海拔高的地区举办马拉松赛事则为高原马拉松赛，参赛运动员需要有较好的身体素质，参赛前一般需要体检后才能报名，而且部分地区全境均是高海拔地区，因此部分地区的马拉松赛事举办必须要严格要求运动员身体素质，以免带来危险。例如，我国吉林省长白山地区，地势起伏明显，2018年"讷殷古城"长白山天池南天空马拉松赛，全程42.195公里，累计上升超2 000 m。此次天空马拉松路程较远、时间较长、难度较大，对运动员来说是体力和耐力的双重考验。

五、空气质量对马拉松赛事的影响

由于马拉松是一项有氧耐力项目，参赛者在比赛中对氧的需求量极大，因此对比赛当天的空气质量要求较高。纵观全国，在城市马拉松比赛时间选择上，都要根据每个地区不同的气候进行调整。例如，每当秋冬季节我国华北地区，特别是京津冀地区进入雾霾高发季，躲避雾霾成为马拉松赛事主办方所考虑的重要内容。2014年北京马拉松在严重雾霾中开跑，而一周之后举行的天津国际马拉松同样也遭遇了重度雾霾，一场雾霾使北京马拉松、天津马拉松成了舆论攻击的焦点。为了躲避雾霾，2015年北京马拉松和天津马拉松将比赛改期至雾霾相对较少的九月。

六、疫情对马拉松赛事的影响

2020年，突如其来的新型冠状病毒肺炎疫情影响了我国大部分的行业，体育也受到较大的影响，其中马拉松赛事同样也没能幸免。2020年上半年我国没有一个城市能够举办马拉松赛事，从2020年下半年至今也同样有很多地区不止一次受到疫情的影响，导致无法举办马拉松赛事或赛事

---

① 张胜林，王东良，李小唐. 兰州亚高原国际马拉松比赛条件分析 [J]. 辽宁体育科技, 2012, 34 (2): 23-26.

延期举行。我国马拉松赛事主要汇集在3～6月和9～12月开展，而延期举行一般是推迟半年，这就会导致赛事扎堆，办赛难度增大。通常举办一场马拉松赛事需要宣传和吸引参赛者、策划赛道、寻找赞助商和媒体等[①]，而赛事的集中会导致上述的部分得利者相互之间产生矛盾或发生不正当竞争等现象，且赛事的安全难以保障。我国城市马拉松的人员组成包括：参赛运动员、裁判员、观众、志愿者等多种人群，因此在大量的人群中难以保障人员安全，尤其是受到疫情的影响，每个人都有可能是病毒的携带者。在此之前，由于受到疫情的影响，大部分参赛运动员已经停止训练，身体素质已经不如报名时那般，能否顺利地完成马拉松赛事也同样是一个难题[②]。由此可见，新型冠状病毒肺炎疫情对我国城市马拉松赛事的影响较大，不论是从赛事的举办还是从赛事的顺利进行上，都产生着不利的影响。

第六节　赛制政策风险致因分析

一场好的马拉松比赛会给整个城市的发展带来巨大的经济和文化效益。随着全民健身理念逐渐增强，越来越多的人参与到马拉松比赛当中，这不仅能让参与者感受整个城市的体育文化氛围，还能推动体育旅游业等新兴产业的发展。另外，政府对于马拉松比赛的关注度越来越高，并且近年马拉松赛事举办政策的改革，我国马拉松赛事呈爆发式发展，这也促使越来越多的人加入马拉松这项运动中来。在各类不同规模和类型的马拉松层出不穷的情况下，影响力大的马拉松往往一票难求，而对于小型马拉松比赛来说，虽然相关部门已经出台了多项政策支持和促进马拉松赛事发展，但相关政策依然不能满足赛事快速发展的需要。尤其是新型冠状病

---

① 季浏. 居家抗疫正是强化健康教育的良机 [N]. 中国教育报, 2020-04-18 (4)

② 孙晨晨, 师玲艳, 肖晶. 新冠肺炎疫情下我国马拉松赛事发展的困境及应对策略 [J]. 当代体育科技, 2021, 11 (17): 198-201; 207.

毒肺炎疫情的暴发给各行各业都带来了严重影响，对于近年来蓬勃发展的中国马拉松亦是如此。疫情防控期间，全国马拉松线下赛事全线暂停，赛事公司遭遇挫折，线上赛事批量涌现但缺乏相应指导。虽然相关部门也颁布了一些政策指导文件，一定程度上推动了马拉松比赛有序进行，但与此同时，线上马拉松赛事组织方经验不足、安全措施不到位等问题也逐渐显现，可见相关政策仍需要在不断变化的社会中不断更新。

一、马拉松赛事法规和管理制度不完善

我国马拉松赛事尚处于起步发展阶段，对于赛事认知、发展方向及行动策略等都还处在探索之中，因而重在强化宏观政策引领。其中，"策略性措施"主要是处罚性措施，体现了监管者对赛事监管的决心，同时也反映了马拉松赛事行业自律机制还有待完善。2015年中国田径协会取消赛事审批权以后，"社会力量"的引入表明政府在推动马拉松赛事运行过程中强调以市场为导向，这与当前体育赛事改革思路基本一致，但市场化并不意味着不需要政策支持，完善的政策支持有利于推动赛事市场化，尤其是金融政策对推动赛事市场化具有重要意义，需要加强监管和政策引导。

二、马拉松供给型政策内部使用不均衡

马拉松赛事的剧增使得其配套服务需求量也变得更高，作为一项涉及多部门的复杂性大型活动，除了政府政策的改革与支持，赛事举办还需要得到地方公安、交通管理、气象、医疗等职能部门的支持，但无论是审批权取消之前还是之后，如果赛事举办方（主要是社会力量）没有获得地方政府或中国田径协会协相关函件等，地方职能部门考虑安全问题，便不愿给予支持，进而办赛的手续和流程并没有得到实质上的简化，这也导致马拉松赛事虽然审批权被取消，赛事举办的程序简化，但在实际操作中并没有由繁入简。但就当前实践而言，举办马拉松赛这类大型群众性体育赛事除了对城市经济、文化等方面有促进作用，从政府治理与政府宗旨的视角看，也有助于政府为人民群众提供公共体育服务，以及通过其他政策手段

共同履行上一级政府转移的公共服务职能。

三、马拉松法律与医疗制度不完善

随着党和国家对国民体质健康的重视，相继提出"要广泛开展全民健身运动"，《马拉松运动产业发展规划》的出台及《"健康中国2030"规划纲要》的实施等相关政策的颁布，表达了党和国家对全民健康的重视，对努力推进体育产业、全民健身与全民健康的深度融合有积极作用，强调马拉松赛事对推动经济发展、完善公共服务体系、提升人民的获得感和幸福感的重要性。国家对马拉松的大力支持和推广，也使得马拉松成为时下健康运动的代名词，越来越多的群众加入其中，甚至各个地区都有专业的跑者群，在马拉松比赛中除了专业运动员，也有越来越多的业余马拉松爱好者参与到马拉松比赛中来。

但随着参赛人员组成愈加复杂，使得马拉松比赛的风险增大，尤其是在相关法律和医疗制度上面。例如在2017年的通州半马比赛中，一名业余选手中暑拒绝志愿者为其呼叫120，坚持要到终点完赛拿奖牌，最后在终点无力晕倒才被送往医院，诊断为劳力性热射病，肝肾衰竭，生命垂危。这并不是偶然事件，越来越多的业余选手，为了追赶马拉松的热度，在没有训练基础的前提下参加自己身体所不能负荷的马拉松比赛，轻者身体抱恙，重者生命垂危，最后追责阶段，难以定论。在这种情况下赛事举办方已经开始加强对法律和医疗相关制度的完善，其中包括强制要求跑者提交体检报告，以及在赛道上配备AED除颤仪，但在马拉松赛道上事故还时有发生，因此完善的医疗保障制度与法律制度尤为重要。法律部门需要制定严密的法律制度保障跑者的权益。在赛事前期，要重视医疗保障，进行救援演习，为一切可能发生的危险做好充分的保障措施[1]。

---

① 高杨，张青健.南京市"马拉松热"的动因分析与推行策略的研究［J］.内江科技，2021，42
（11）：38-40.

四、马拉松赛事赞助监督管理体系不健全

我国体育赛事起步晚，体育赛事赞助尚不规范，当前赛事赞助监督管理体系不健全，还未形成一个有序、规则的监督管理体系。从政府的角度来看，政府缺乏相关政策法规对马拉松赛事商业赞助进行规范，导致赛事主办方与赞助商之间权责利关系不清，容易出现赞助商营销漏洞。由于赛事主办方无法保障各层级赞助商的公平权益，赞助过程中的不公平现象屡屡出现而无法得到解决[①]。对于大型国际马拉松赛事而言，赛事赞助监督管理不仅影响赞助商企业品牌形象，同时牵动国际赛事的品牌效应，甚至影响到一个城市的发展。因此，政府应该加强对赛事赞助管理体系的健全，这不仅可以保障马拉松赛事的成功举办，也可以保障赞助商的利益，随着制度的完善，加强马拉松相关的利益之间的公平。

---

① 张夕璇，王艳. 我国马拉松赛事商业赞助效益及存在问题分析 [J]. 湖北体育科技，2021，40（10）：886-889；900.

第五章　马拉松赛事风险管理现状及存在问题

马拉松赛事风险管理是我国大型赛事风险管理的重要组成部分，就目前我国马拉松赛事开展状况来看，我国马拉松赛事风险发生导致各种事件层出不穷，这说明我国马拉松赛事风险管理还存在着一定的问题，而寻找出这其中的问题并找出相应的解决方案是降低马拉松赛事风险发生可能性的最关键的一环，本章节将从马拉松赛事风险管理现状和马拉松赛事风险管理存在的问题两个方面展开分析，旨寻找出我国马拉松赛事风险管理现存的问题。

第一节　马拉松赛事风险管理现状分析

一、人员风险管理现状分析

马拉松赛事参赛人员风险管理包括专业选手和非专业选手风险管理两部分。一些非专业选手通过参加各级各类马拉松赛事，积累了参赛经验、增强了身体素质、熟悉了参赛流程，认为自己可以在下一次比赛中取得更高的成绩，为达到这一成绩，不惜采用非常规手段进行训练，由此增加了运动风险。例如，非专业选手在比赛前未接受过科学的训练指导、在比赛中未能合理分配身体素质、在比赛后未进行科学的身体恢复，最终造成肌肉劳损、下肢关节损伤（髋关节、膝关节、踝关节）、骨膜炎、水泡、擦伤等运动损伤。究其原因主要在于很大一部分非专业运动员的运动安全意识不足，未制订科学的训练计划与参赛目标及未根据自身身体状况选择赛程等。因此，在马拉松赛事人员风险管理中，对非专业选手的风险管理尤为重要，如运动前要充分做好准备活动，适当按摩大腿前后肌群、小腿腓肠肌、足底肌群等易发生痉挛的肌肉，运动中要根据身体状态合理分配身体素质，运动后要进行静态的拉伸以缓解运动后的肌肉紧张。另外，参赛者未在赛前对自身身体状况进行科学评估也是马拉松赛事人员风险产生的原因之一，如参赛者有心脏病、高血压、心律不齐、心律失常、贫血等都会增加参赛人员风险，尤其是专业马拉松参赛选手，因其具有丰富的马拉松参赛经验，便会理想化自身身体状态，弱化赛前身体检查，最终导致悲剧发生。

马拉松赛事非参赛人员带来的赛事组织者风险与医护工作者风险、志愿者风险、裁判员风险和安保人员风险相比尤为重要。赛事组织者参与赛事的整体策划，包括赛道的规划与建造、志愿者的选拔与分配、选手的招募与组织等一系列与赛事相关的事情。组织者是否具有全面的综合运作能力，在一定程度上会影响马拉松赛事人员风险的管理状况。赛事组织者需要考虑到城市赛道的合理布局，在方便城市居民出行的同时，也要让参赛运动员领略到城市的最佳风貌。由于城市马拉松赛事的特殊性，赛道多为开放路段且长达数十公里，一些赛事承办方未考虑到比赛现场复杂多变的情况，未能提供充足的食物、厕所、医疗等赛道服务。另外，我国城市马拉松赛事在志愿者选拔方面仍存在问题，导致马拉松赛事中志愿者风险增多。我国城市马拉松赛事志愿者多为在校大学生，经过短期培训就可服务赛事，其专业程度与处理意外事故的能力仍需强化，有关人体的基础医疗知识与紧急医疗措施的能力也需要加强培养。赛事审核部门对参赛者的筛选较宽松，由于马拉松赛事对参赛者身体素质要求极高，而参赛人员的准入门槛较低，参赛者出现意外风险事故的可能性增加。在马拉松赛事的医疗安保人员方面，虽然赛事配备有专业医疗人员与安保人员，但人员数量不足仍是导致马拉松赛事人员风险产生的重要因素。

二、组织风险管理现状分析

首先，在比赛场地安排方面，组织者需要对举办马拉松赛事的城市基础设施、市政建设等全面把握，不仅要保证马拉松赛事的成功举办，还要充分发挥马拉松赛事的经济和社会效益以促进城市内部更新和城市空间重构。但就目前而言，我国城市马拉松赛事在场地设施方面还存在以下问题。第一，赛道封闭不到位。封闭的赛道一方面为参赛选手提供良好的跑道体验，另一方面也为观众带来良好的观赛感受，半封闭的赛道会导致非参赛人员陪跑的行为出现，干扰参赛人员的跑步节奏。第二，赛道设置不合理，一些城市本着吸引外来人员感受本地风土人情，促进城市文化与经济发展的目的举办马拉松赛事，但赛道设置不协调不科学，导致城市交通拥堵甚至瘫痪，给本市居民的出行带来不便。其次，在赛事人员指挥与调度方面。通过分析以往城市马拉松赛事案例发现，运动员起跑时出现推搡、碰撞、跌倒与踩踏等行为已屡见不鲜。为化解这一人员风险，一些赛事组织方会按照参赛运动员以往的运动成绩进行区域划分，降低业余运动员与专业运动员之间因节奏不同而产生的互相打乱跑步节奏的风险，对于未参赛运动员则另外安排专人与前两者区分开。另外，针对参赛者计时信息易出现不准确的情况也提前做了风险评估，主要采用电子设备计时，同时进行数据实时跟踪，在数据出现异常时，安排专业计时人员进行人工计时，可以保证运动员的成绩相对真实。此外，由于组织培训不到位，参与赛事的志愿者技术与专业素质参差不齐，如在赛道补给处给运动员递水行为的或早或晚都会影响运动员的节奏。工作人员的效率需要提高，在紧急情况发生时，要第一时间可以就位处理。最后，工作人员与裁判员的职业道德教育也需要加强，一些赛事的工作人员的不良作风与违规行为也会有损赛事的口碑与选手的参赛体验。

三、商业风险管理现状分析

赛事的成功举办离不开赛事的商业运作，赛事商业运作需要具备以下条件。首先，赛事组委会要具有专业的组织能力、强大的资源协调能力与强烈的服务意识。一项赛事拥有的悠久办赛历史本身就是价值与品质的体现，也是增加赛事商业价值的重要方面，在一定程度上会影响赞助商和主办方对赛事商业风险的评估和判断。其次，马拉松赛事的赛道能否串联城市地标也是品牌商评估选择赞助该项赛事的条件。赞助商的营销活动与举办地城市的地标同时出现，该赞助品牌便会和城市地标一同进入受众的视野，吸引人群关注，推动赞助商产品和服务变现，降低赞助商盲目选择赛事进行赞助的风险。我国赛事在此类商业化运作中成果良好，如2018年郑开马拉松，其冠名商君乐宝成功实现了企业品牌与马拉松赛事的共赢。最后，高质量的赛事运营与服务、官方赞助商与非赞助商之间的对抗也是马拉松赛事商业风险之一。由于城市马拉松的赛道占用城市公共道路，一些非赞助商利用一些赛事赞助商设置广告的漏洞地段进行隐秘的伏击营销活动，商业营销活动之间的斗争增加了官方赞助商的广告营销风险，削弱了广告效果。另外，也有一些非赞助公司或单位利用组团参赛的办法，在赛事活动当天，直接展示非官方赞助品牌的标识，严重冲击了官方赞助品牌效果。当前，这种小团体的营销模式在城市马拉松赛事的发展中愈加突出，严重损害了赛事官方赞助商的权益，同时也为赛事主办方的商业化运作带来了挑战。

四、自然风险管理现状分析

在自然风险管理方面，目前马拉松赛事组织者的管理意识较欠缺。首先，很多马拉松赛事在确定比赛时间时没有对举办赛事前后几天的天气情况进行科学准确的预估与评测，赛事的相关组织部门对天气防范措施的准备工作不到位，没有建立气象播报系统。参与比赛当天的气温过高或过低都会影响参赛运动员水平的发挥，天气温度过高会导致运动员体内的热量不易挥发，体温调节能力紊乱，运动员出汗较多也会使运动内体内水分蒸发较快，流失体内微量元素与电解质，造成运动员体内失衡，发生中暑、脱水、猝死等危险。例如，2017年天津马拉松赛事举行当天气温高达

33℃，使得1 600余人都出现了或大或小的身体问题。这就反映出了赛事在筹备阶段的不充分，没有提前评估天气对运动员产生的影响，提供及时的防晒措施与物理降温办法。温度过低也会对运动员的身体带来损伤，如甘肃白银马拉松遭遇极端天气造成21位参赛选手遇难，其中多为专业马拉松运动员。这场事故的发生在很大程度上是可以避免的，原因就在于赛事组织者没有提前预估这种情况发生的可能性，没有科学分析赛道所处的自然环境，提出可能会产生的风险，甘肃省景泰县的海拔较平原地区高且县内山地海拔更高，这种地理高度形成的温差会使冷暖气流交汇引发冷暖气流的对撞从而导致极端天气发生，并且意外发生时，相关的医疗人员与搜救队员没有及时到位，耽搁了救援的最佳时间。此外，传染性疾病也是自然风险之一，如新型冠状病毒肺炎疫情的暴发，对重大体育赛事的举办要求更高。参赛者安全问题是赛事的核心问题，赛事组织者在赛事筹备阶段应当树立全局观，做好每一步的规划。

五、政治风险管理现状分析

马拉松作为国际大型体育赛事之一，在不同的国家和地区都会举办，因而马拉松赛事的组织者必须意识到不同社会体制与政治条件带来的风险。举办国的社会体制与政治条件发生变化而影响体育赛事正常运作等方面的风险统称为政治风险。政治风险包括政治抵制、战争、种族冲突、宗教、恐怖活动、民众示威、国际冲突等。马拉松赛事的政治风险体现在国际和国内两个层面上。在国际层面上，代表不同政治、宗教观点的利益集团利用大型体育赛事进行的斗争，可能引起对赛事的抵制和破坏等。随着马拉松赛事在群众中的普及，我国马拉松赛事出现井喷式增长，随之而来的是越来越多的世界各地的外籍运动员来中国参赛，或借助此参赛机会在城市旅游观光，而由于这些来中国参赛的外国运动员来自不同的国家，其文化背景、意识形态、风俗习惯及宗教信仰各不相同，在赛事工作人员的培训中，缺乏对其进行文化的培训，他们对国外参赛者国家的文化传统、风俗习惯等了解不够，会出现赛事主办方对外国运动员与参赛者的接待方式不妥等问题。在这种背景下，势必会引发不必要的纠纷，使得马拉松赛事的主办方陷入政治风波。要培训他们赛事与文化等相关知识的同时更要注意相互尊重的态度以免触及敏感问题，注意加强志愿者的培训，尤其是外语的培训，在招募志愿者时可以将外语作为筛选门槛，在此前提下保证双方之间的顺利交流。同时，也要重视他们在饮食方面的差异性，提前制订好适合他们饮食习惯的食谱，避免国家政治风险的发生。在进行赛事服务时，需要加强识别危险信号的意识，防止商业间谍或与赛事无关人员破坏比赛流程，引起不必要的争斗。民众对该方面的知识较为欠缺，需要加强对赛事举办城市市民该方面的知识宣传与普及。针对国内的赛事赛区可能出现的政治风险，需要进行提前防范，在马拉松赛事举办期间，赛事组委会要安排多项工作措施，如加强对敌斗争、信息收集、重点人员加强防控、管制爆炸物品等，为参赛成员的安全保驾护航。在比赛当天也要配备安保人员来应对一些赛事突发事件，但目前较缺乏赛前的防恐演习，这不仅可以防止赛事举办过程中出现意外事件，也在一定程度上对恐怖活动有一个类似的把握，与此同时也起到了威慑恐怖分子的作用。最后，赛道沿线的封闭管理力度也需要再加强，防止出现民众在赛道周围甚至赛道上聚众滋事的行为而影响赛事秩序。

六、场地器材风险管理现状分析

场地器材风险管理主要包括两方面，一是对马拉松赛事所需要的各种器材设施进行管理，二是部分器材设施可能对他人造成威胁的风险进行管理。对于赛事所需的器材设备的管理目前较为成熟，赛事组织者会在赛前对赛事所需的仪器设备进行反复检查调试，确保其在比赛时正常运行。除此之外，还会准备一批赛事设备作为备用，以防现场设备有意外情况发生。而由于场地器材设施设计或使用得不合理会对他人造成风险方面的管理还需进一步完善。首先是起跑场地人员的安排，起点处选手过于拥挤，容易发生踩踏事故。其次是一些安全通道设计得过于狭窄，存在安全隐患，同时也会影响观众的观赛体验。另外，对于赛道沿途的环境与沿线天气的考察预估要更精确详细。移动厕所等设施的摆放布局需要更优化，可以根据赛事的不同线路特点进行定点距离投放，最大限度地为运动员提供方便。关于运动员所携带物品的寄存处需要进一步地加强安保措施，很多赛事提供的包上有号码但没有名字，人多聚集在一起就会没有秩序导致很多人物品拿错甚至丢失。

马拉松场地的设置需要对场地的路况、周围环境、所选择的跑步路线、天气情况有一定的要求。城市马拉松赛事一般要求平坦路面，质地均匀，硬质的柏油、沥青马路，且路面不能有裂缝、小碎石、积水等影响运动员跑步的风险因素。基于这一方面我国马拉松赛事的风险管理总体很到位，基本保证了跑步线路上无多余路障。环境方面，风险来源主要来自参赛运动员可能会因为赛道周围的环境不好对赛事举办地产生不良印象，但我国对于此类风险的管理也相对较好，我国城市马拉松赛事多选择最能代表当地自然风光景色或当地特色的地区作为赛道，以此来彰显该地区的美好形象，尽量避免闹市区和垃圾污染区，如西昌马拉松以邛海湿地公园为依托，加上当地得天独厚的环境与地理条件，给赛事的参赛运动员带来了美好的参赛感受与体验。在路线的选择上，我国马拉松赛基本选择在原有的城市路线上进行设计，尽可能综合考虑城市交通与居民出行安全。在天气方面，要更加完善预案措施，尽可能在赛事筹备阶段就根据以往经验和天气预报的情况确定较为稳定的举行赛事的最佳时间，举办赛事当天做好空气温度、湿度的测量，同时加强应急措施的管理，以防特殊情况的发生。

七、设施赛道风险管理现状分析

赛道是运动员参与比赛的主阵地，赛道的设计根据地形与赛事主委会考虑侧重点的选择决定，根据赛事的不同特点，组委会通常会在赛道上设置分道标志物、分流指示牌、公里指示牌、弯道指示牌等各种指示牌。因为赛事参与人员众多且有外籍选手，指示牌的设置上要尽可能的醒目、清晰、简洁，因指示牌不清造成的运动员跑错赛道的事件不在少数，同时在一些易出现问题的危险路段会设置路牌进行警告提醒。此外，一些赛事在赛道两边会设置一些激励人心的标语与文明提示牌，提示参赛选手与观赛人员要注意自身的行为举止，这在无形中也维护了城市的形象。赛道的封闭性需要重点确定，避免出现参赛观众因太激动或其他原因而牵拉运动员，干扰跑者比赛的行为。我国城市马拉松在赛道中布局各区域安保人员的情况较为合理成熟，多由地方公安、武警、特警、消防等单位联合组成，并配备装备，在赛事举办之前经过演练来确保赛道的安全。赛道两边志愿者在数量上应合理分配，且志愿者的专业素质需要加强，避免赛事基础知识的培训效果不理想或培训不到位，导致许多志愿者对赛道路线的分布不够清晰，运动员关于路线问题询问志愿者却得不到解答，对赛事的参与感不够强。赛道管理人员不够充足，提前做好风险预防，提前关闭赛事通道，且告知附近居民除工作人员及车辆外，其余行人与车辆都禁止进入赛道，以免发生行人突然闯入赛道破坏赛事进行。同时，安全通道的预留位置要足够充分，以保证救护车、警车在收到信号时有宽阔的空间可以出行。比赛完成后的阶段性赛道要及时关闭，以免更多复杂的风险产生。赛道外围区的位置，巡逻的力度要进一步增大，控制范围需扩大，外围人员的指引工作需再落实，及时引导周边群众，尽量减少因赛道的封控措施给群众带来的不便。赛道上基础设施的安全管理需要进一步加强监控，如污水管道的破裂会导致赛道地面受污，臭气熏天、天然气管道的破裂会导致火灾、输电线的漏电等，赛道上的井盖应做到提前检修，以防出现松弛不坚固导致运动员跌落受伤，要重视赛道上的通信设施，防止出现故障或准备不到位导致赛事的实时信息沟通不顺畅，影响赛事正常运行。

八、竞赛项目风险管理现状分析

我国城市马拉松的竞赛项目主要分为男女全程马拉松、半程马拉松、9 km马拉松、迷你马拉松这几种类型。目前，众多的城市马拉松赛事存在竞赛项目设置比较局限的问题，大多数赛事都注意到了普通人群的体育参与需求，忽略了特殊人群的参与。大型赛事的竞赛项目设置应体现出多样性与趣味性，应尽可能多地吸引不同类型的人群参与到马拉松项目中来，如现在能体现出对特殊人群关爱的竞赛项目较少，轮椅马拉松、轮滑马拉松等项目的开设范围较小，仅局限于个别赛事中，这种局限性在一定程度上不利于赛事的可持续发展，赛事长时间得不到新鲜血液的注入。因此，设置一些残疾人适合的竞赛项目，可以鼓励更多群体的人参与马拉松运动，可以体现出竞技体育的人性化特点，以他们顽强拼搏的精神来更好地诠释马拉松精神。

第二节 马拉松赛事风险管理存在问题分析

一、人员风险管理存在问题分析

在我国马拉松赛事举办过程中，参与的人群复杂，因此对马拉松赛事风险中的人员风险管理相对困难。尽管在马拉松赛事开始之前赛事组委会所做的工作相对较完善，但目前我国城市马拉松赛事中人员风险管理还存在一定问题，如马拉松赛事进行过程中出现志愿者干扰比赛、志愿者业务能力水平较低、参赛运动员出现意外事故或猝死、裁判员未能公平公正地裁决造成运动员或观众不满进而影响比赛、观众未能按照相关管理人员的安排有序观看比赛、发生人为火灾或盗窃、裁判员交代不到位导致参赛运动员跑错赛道、志愿者因分工不明确导致部分工作人数过多或过少、为降低成本减少志愿者的数量导致工作人员紧缺、观众递国旗导致运动员成绩受到影响、观众为了合照拉扯参赛运动员而出现损伤等一系列问题。

造成这些问题的原因有以下几个方面。志愿者方面：我国马拉松赛事志愿者大都来自当地学校、社会青年组织、相关机关的共青团员、年轻党员等，大部分志愿者对本身的工作不熟悉；志愿者数量较少，分工不明确，致使部分地段有观众进入赛道影响比赛，此外部分地段志愿者人数过多，使得部分志愿者在工作岗位上产生懈怠。参赛者方面：马拉松赛事全程长42.195公里并且全程在室外进行，可能会受到雨雪、炎热天气等影响，对运动员的身体素质和身体健康水平是极大的挑战，参赛运动员必须对自身的技能状况有所了解，并且熟知自身没有任何疾病的情况下才能进行，在马拉松赛进行的过程中运动员随时有可能产生运动损伤或突发性疾病，此外还曾出现过参赛运动员几人一组接力跑的现象，这对其他参赛运动员是不公平的，现阶段我国根据这种状况有了针对性的解决措施。观众方面：观众是最难控制的一类人群，在我国马拉松赛事开展过程中，很多地区的赛事均有大量的观众观看比赛，并且在临近终点处会有部分观众向参赛运动员递国旗，这会直接影响运动员的比赛成绩，还有部分观众在运动员冲过终点减速的过程中拉住运动员合影，这样很有可能导致运动员出现意外事故。组织者方面：对于组织者来说影响我国城市马拉松赛事的最重要的一点就是人员缺席，并且人员缺席会直接影响马拉松赛事的开展，此外组织者为了谋求个人利益在终点处肆意拉扯参赛运动员，影响运动员的比赛成绩及马拉松赛事的正常进行也同样是组织者风险的一部分，并且如若出现将直接影响比赛的走向，甚至发生打架斗殴事件。

二、组织风险管理存在问题分析

目前，我国城市马拉松赛事组织风险管理存在的问题有：赛道路线和器械设置不够完善，进而导致参赛运动员跑错赛道的事件发生；所需物资补给不足，物资补给是运动员完成马拉松赛事的关键，参与马拉松赛事的运动员需要在跑步期间进行能量补充等，因此需要提前准备好一系列的相应物品，此外运动员受伤需要有必备的医疗物资，给受伤人员进行简单处理；志愿者业务能力水平较低，志愿者是最直接接触马拉松参赛者的人，他们的工作能力越强，运动员在需要帮助时浪费的时间就越少；赛事周围环境遭到破坏，我国城市马拉松赛事的举办需要占用一定的公路，并且在跑的过程中运动员会饮用水，部分运动员会将垃圾随地乱扔导致赛道周围环境遭到破坏等问题。在我国城市马拉松赛事的举办前，举办方均会对组织风险做好一系列的准备，但仍存在或多或少的问题。

对于上述问题，其原因有以下几个方面。"物"的方面：我国城市马拉松赛事的举办需要大量的必需品，而部分城市的赛事举办为了达到利益最大化会减少必需品的数量，如移动厕所、部分药品等。"人"的方面：我国城市马拉松赛事的举办需要大量的志愿者参与，而志愿者的业务水平是保障运动员取得好成绩的关键因素，在我国城市马拉松志愿者培训中，存在时间短、人员选取随意等现象，这将大大增加了风险发生的可能。"时间"方面：我国城市马拉松赛事的举办需要占用一定长度的公路，为了保证不影响其他人员的正常生活，赛事举办时间应当提前做好准备，占用的公路时间也应提前做好计划，不能引起交通堵塞等问题。

三、商业风险管理存在问题分析

成功的马拉松赛事能够促进城市的发展，带来巨大的经济收益。而举办马拉松赛事的过程中需要投入大量的资金，这部分资金不仅仅靠着运动员的报名费，还有一大部分来自合作商的投资或赞助。有其他企业的参与必然会带来一定的风险，现如今我国城市马拉松赛事商业风险管理存在的问题有：针对不发达地区或刚刚开展马拉松赛事的地区而言存在赞助商分散且不稳定，赞助补给不足等风险；非赞助商品牌侵害赞助商合法权益的风险等。我国城市马拉松赛事的举办方针对这些问题也提出了一定的解决方案，但在某些方面仍存在不足。

造成这些问题的原因有以下几个方面。举办城市方面：随着我国城市马拉松赛事的发展，越来越多的城市开始举办城市马拉松赛事，其中就包含经济相对不发达的城市及举办马拉松赛事不出名的城市，对于这部分城市而言，赞助商、合作伙伴会出现相应上述问题。投资者方面：参与我国城市马拉松赛事的投资方、合作伙伴或赞助商均是以盈利、推销品牌等为目的，部分企业的产品在小城市无法销售或该地马拉松赛事无法达到预期目标，就会导致投资方撤资或投资金额达不到预期目标等。此外，部分企业为了达到收益最大化，还会通过其他渠道，如与参赛者合作等方式推销自己的品牌，然而这样会大大伤害赛事投资方的权益，赛事投资方会有较大的怨言。经济环境方面：影响经济环境的最大因素是全球或区域的经济危机①。对于马拉松赛事而言，经济危机影响也相对较大，如果最终结算时结算资金不能转换为使用货币会影响到举办方举办赛事的质量。

四、自然风险管理存在问题分析

我国马拉松赛事风险中的自然风险发生概率较低，但一旦发生，破坏性将会极其强大，给比赛甚至社会带来巨大灾难，因此对于我国马拉松赛事的举办方来说，一定要事先做好防范工作。现阶段，我国马拉松赛事自然风险管理存在的问题有：由于气温的影响，运动员成绩下降或运动员出现意外事故；由于湿度的影响，运动员成绩下降或运动员出现意外事故；由于海拔的问题，运动员身体受到意外伤害或致死；由于风速的影响，运动员的运动成绩下降；由于受到新型冠状病毒肺炎疫情的影响，比赛无法正常进行或运动员之间相互感染等问题。针对上述问题，我国城市马拉松赛事的举办方虽有较多的解决办法，但至今仍有缺陷。

造成这些问题的原因有以下几个方面。气温条件：我国南北跨越纬度大，气候多样，南方气温高，长期的高温容易使参赛者、志愿者等参与人员中暑，北方气温低，过低的气温不易使运动员充分地热身，也容易使路面结冰造成参赛者在跑步过程中滑倒。湿度条件：我国有很多沿海城市，部分地区的湿度较大，对城市马拉松赛事的举办会带来一定的影响，对参赛运动员的身体健康也会带来一定的影响。此外，我国还有一部分地区会存在湿度高且温度高的现象，如我国南部沿海地区，针对这种气候条件，参赛运动员发生意外事故的风险也将大幅度提升。风速条件：我国城市马拉松赛事是全程户外进行的，因此风速对我国城市马拉松赛事的影响是较大的，适当的风速会使运动员的成绩得到提升，但不当的风速会导致运动员在参赛过程中浪费一定的体力，对成绩产生消极影响。海拔条件：我国高原、盆地、丘陵、平原相互交错，对于城市马拉松赛事来说，高原和盆地对马拉松赛事的举办影响最大，尤其是高原，运动员需要克服氧气较少

---

① 于杨.马拉松赛事风险识别和评估研究［D］.杭州：杭州师范大学，2020.

等不利因素，对运动员的身体素质提出更高的要求，如若不注意就会导致运动损伤甚至死亡。雾霾天气：雾霾是马拉松赛事举办的一个阻碍，雾霾天气不能参与户外运动这是我们人尽皆知的道理，并且雾霾天气是举办城市马拉松赛事之前无法提前预知的，是城市马拉松赛事风险的重要一环。疫情方面：2020年以来，我国各个城市或多或少受到新型冠状病毒肺炎疫情的影响，对于城市马拉松赛事而言也同样如此，疫情的暴发会直接导致城市马拉松赛事的延期或停办，由此看出疫情同样是我国城市马拉松赛事举办路上的一个阻碍。

五、政治风险管理存在问题分析

目前，我国城市马拉松政治风险管理中存在的主要问题为：不同国家参赛成员之间的冲突与暴力事件，参赛期间聚众闹事、恐怖袭击、商业间谍等恶劣事件的产生，一些与赛事无关人员的出现干扰赛事的正常运行；赛事主办方在接待外籍运动员与外籍嘉宾时的方式存在不妥之处，会有触碰到他们国家禁忌的行为发生；在触碰到国家之间敏感问题时未做到妥帖处理；在外籍运动员与本国运动员发生矛盾与冲突时，解决方式的合理化有待进一步优化；在注意维护本国形象的同时也要保护他人的正当利益；存在外籍运动员及外国友人与本国赛事的志愿者之间沟通不畅的问题，外籍人员对赛事未能有一个全面地了解。另外，赛事的品牌赞助商与获奖运动员自身服装品牌赞助商之间也存在冲突问题。

造成这些问题的原因有以下几个方面。由于参赛选手来自不同国家，不同地域，各自的宗教信仰与意识形态不尽相同，所接触的政治环境、民族习惯、礼仪文化、生活习惯也都不一样，这些因素都为政治风险的管理带来不便。缺乏在赛前向广大民众进行正确舆论导向的宣传与教育。在负责接待外事人员的选拔上缺乏严格的要求，工作人员对外国运动员的国家文化与宗教信仰缺乏提前的认识与了解，尤其是对于国家与民族之间的敏感问题的了解，志愿者关于以上方面知识的培训工作不够到位。另外，在志愿者的选拔方面不够严谨，志愿者除了要掌握赛事参与者的文化传统与风俗习惯，还要有尊重他人的礼节、端正的态度与良好的服务。组委会在对于外国友人的住宿与餐饮方面考虑得不够细致，对不同人员的起居与膳食需求缺乏详细的了解与掌握。同时，在他们所住的宾馆周围缺少一定力量的警力保护，治安巡逻力量需要进一步加大，并增派周围交通疏导的人手。在赛事的举办期间，主办方与承办方在维护社会治安环境方面还需进一步加强，赛事举办前对赛事所在城市内危害社会治安的因素的排查力度不够，对黑恶势力的整治力度不强[1]。赛事组委会对于安保工作与其所需经费的投入程度不足，对整个赛道沿线区域的封锁范围与管控力度不够彻底，赛道周围的机动备勤力量也存在不足，防范与处置突发事故的人力与物力准备不充分，不能放过任何一个角落与细节，不能允许有对参赛人员产生人身伤害的危险因素的存在。关于赛事服装赞助商问题，赛事举办前未能与参赛的外国运动员和外国嘉宾有提前沟通的环节，没有预留出应对这一风险的准备方案与时间[2]。

六、场地器材风险管理存在问题分析

场地器材设施风险管理中存在的问题主要为：赛事所需的场地器材在搭建、安装与使用期间发生倒塌意外导致器材设备出现问题不能正常使用，场地器材设施的搭建、摆放与安置不合理给赛事有关人员带来不便与危险；运动员在参赛场地上有滑倒、扭伤、碰到路障、道路塌陷的现象，存在赛场的起点与终点设计起伏过大的情况；在选用比赛场地的环境方面，偶尔会出现选取不合理区域的情况，进而造成参赛运动员对该城市产生不良印象，在选择赛事路线时，会出现因路线选择的不合理影响附近居民的正常出行与生活。此外，天气虽不属于场地器材所归属的范畴，但天气的变换对赛事选择的场地有一定的影响，天气变化对赛事场地所带来的影响缺乏事前的评估与详细的应急措施，对于天气的预测方面缺乏进一步

---

① 康树昆. 郑开国际马拉松赛事风险管理研究 [D]. 郑州：郑州大学，2018.

② 高月. 2018年杭州马拉松赛事风险识别研究 [D]. 杭州：杭州师范大学，2019.

的完善，从以往的赛事经验来看，缺乏更专业的预估与处理突发情况的能力。赛事所需要的器材存在着部分质量不过关、不恰当地使用器材装备、设施设计得不合理等方面问题，如赛场旁边的防护栏与隔离带的质量不好，从而引发对观众造成伤害的后患。灭火器等消防安全保障设施的数量有待提升，存在着一些标识牌道具上关于外文的不正规翻译造成的外籍运动员搞不懂赛道中标识的含义的问题，导致运动员对整个路线产生错误的判断而造成损失，以及一些器材在安装与使用失误时对赛事参与人员带来安全危机。

　　分析可能产生以上问题的原因为：未对赛道路况进行全面检查，尤其在赛事开始前对赛事涉及的所有场地要仔细查验；主办方缺少对赛事举办地城市的地理位置进行合理划分与利用，未能全部做到因地制宜，对于场地赛道的选择缺乏科学的认知，尤其对于有危险的区域，未能预估风险并及时告知给广大参赛人员，没有真正做到重点地区的着重规划与安全隐患的排查；对于赛事场地周围居住人员的流动情况的考虑不够周全，没有事先与周围居民商量合适的出行方案；天气方面，缺乏专业的科学的预测手段，仅仅依靠天气预报的信息是远远不够的，未能将天气、地形、环境等各种因素结合起来分析，没有做到用联系的观点看问题；器材方面，后勤小组对器材设备的检查不够到位，要继续加强器材选购的质量检验，场地器材部门与安保、医疗小组等其他部分的合作有待进一步深入，应急设备与器材的准备不够丰富，在紧急情况发生时无法第一时间有序地疏散群众，确保人员的人身安全；场地的封控力度不到位，未能严格实行除参赛选手与工作人员外的无关人员禁止入内的原则。

七、设施赛道风险管理存在问题分析

　　我国城市马拉松赛事的设施赛道风险管理方面存在的主要问题为：许多赛道的位置与路线选择并不科学合理，在发生紧急情况时不便于疏散参赛运动员与观赛观众，且很多赛道的选择并没有体现出该座城市的文化背景与精神风貌；赛道的选择与赛事所指定的服务医院距离过远，不利于赛道上伤员的救助与治疗；赛道旁厕所的供给数量与投放位置不合理，赛道周围或多或少地存在一些隐患，如车辆经过等；赛道的选择不能同时兼顾组委会的要求、竞赛的要求与城市发展的要求；存在赛道上的各种设施，如公里牌、指示牌、标志牌、供水站等信息指示的设置与参赛选手休息区、颁奖台的搭建未按照国际田径联合会的要求执行的现象，存在赛道上出现一些不可抗力的自然因素对赛道产生危险的风险；由于赛道的封闭力度不够而发生的参赛观众干扰跑步选手的行为，严重影响比赛秩序，举办方对赛道的封闭程度缺乏准确地把握，没有综合考虑各部门的协作与配合和区域内居民的出行需求；存在赛道上指示牌指示不清的问题，给运动员造成区分障碍，有跑错赛道的风险。

对于以上存在的问题，其原因有以下几方面：主办方在进行赛道选择时未将参赛者对于参赛体验的主观感受作为参考方面；对于赛道周边所配备的安保人员、志愿者与安保设施等一系列的应对措施不到位，需要再加强，未对赛道沿线的重要路段使用隔离器材将赛道完全封闭，并配备足够数量的志愿者负责站岗监督，拦截所有与比赛无关人员的进出[①]；赛事主办方缺乏对赛道情况的整体统筹与布局，对于赛事构成的要素配置有待优化，赛事工作人员的专业素质仍需加强，需要加强赛道的标识信息完善工作；赛道起点与终点区域的规划需要加强，对于参赛选手的指引服务也有待进一步完善，指引牌数量不够充足，服务范围也有待扩大；未能合理布局广大参赛选手的起跑位置，未对赛道起跑区域进行科学的分析；赛道的应急设施建设有待加强，尤其在赛道的无人区与存在不确定性因素的赛道区更要有详细的应急预案与足够数量的志愿服务人员在赛道两侧进行赛事监督，提高对于赛事的应急防范能力。

八、竞赛项目风险管理存在问题分析

目前，我国城市马拉松赛事对于竞赛项目风险的管理还存在着诸多问

---

① 唐洪. 国际田联世界半程马拉松锦标赛南宁赛事风险管理研究 [D]. 南宁：广西大学, 2012.

题，主要表现为：存在运动员参赛期间猝死意外的发生，运动员会产生一些不良的运动性损伤与身体上的运动疾病，运动员为获得更好的比赛成绩而服用兴奋剂来提高跑步速度的不良现象与风气，运动员服用兴奋剂问题不仅关系着赛事的公正与公平，也对运动员自身的身体有一定的危害，如短时间内会出现情绪的变化，产生对药物的依赖性，降低身体免疫力等不良反应[①]；马拉松竞赛项目的设置存在局限性，大多数城市马拉松设置项目为全程马拉松、半程马拉松、迷你马拉松、家庭马拉松，其中涉及人群较为普遍，极少有特殊人群的参与身影，如为残疾人设置的轮椅全程、半程马拉松与轮滑马拉松等特色项目。

　　造成这些问题的原因为以下三点：首先，马拉松这一比赛项目本身就属于考验人体体能素质的一项耐力项目，要求人体的心血管系统处于良好的状态，参赛成员对身体缺乏科学预估，盲目长时间运动消耗将会给身体带来损害，在意外发生时，医疗卫生的保障措施不到位，赛事医疗保障部门缺乏根据运动员所发生的紧急疾病损伤而制定系统科学的医疗应急预案的能力，未能构建一系列赛事医疗保障体系来维护参赛成员的安全；其次，赛事组委会对参赛者健康参赛的意识宣传不到位，以至于参赛选手赛前进行科学训练的观念不够深入，且没有完全掌握与马拉松有关的安全知识，对于赛事没有整体的安全认知，容易盲目参赛，此外赛事组织者对兴奋剂的监管还不足够严格，兴奋剂检测的技术不够完善；最后，对待竞赛项目风险的风险转移策略还不够完善，对于那些经过控制但还有可能发生的对赛事主办方带来巨大损失的风险伤害的提前预防措施不够到位，如与赛事各部门工作人员厘清工作责任、赛前购买体育保险、在风险发生时将风险合理转移等，此外主办方对于竞赛项目规划得不合理，赛事的特色产品有所欠缺，赛事所面对的群体较窄，没有全面把握市场另一部分潜在人群的运动需求。

① 徐俊. 马拉松赛事风险管理研究 [D]. 厦门: 集美大学, 2017.

第六章 马拉松赛事风险管理机制及实施策略

第一节 大型体育赛事风险管理理论依据

大型体育赛事风险的特征包括客观存在性、普遍性、潜在性、偶然性及可控性，具有高事故、高人身伤害的行业特征，由于不断扩大的体育赛事规模与急剧增加的各种不确定因素，目前国内赛事多为市场化、商业化的不良运作，因此建立我国大型体育赛事风险管理体系是必要的、迫切的。

体育赛事风险管理包括多个方面：第一，风险识别是赛事风险管理的第一步工作，不论是哪一个风险没有被识别出都会造成整个赛事风险管理的失败，考虑到影响各种赛事的内外环境不同，因此需要明确赛事可能会发生的主要风险，更加准确地剖析赛事的内、外部环境，分析整个赛事管理过程的每一环节，准确地找出各风险要素之间的内在或外在联系，以及可能造成赛事筹办困难的因素；第二，风险评估是通过评估风险识别的结果，对赛事举办过程中可能遇到的风险进行定量的分析，并根据对赛事影响的程度对风险进行排序的过程；第三，根据排列赛事举办过程中不同类型风险发生的概率及后果，通过不同方法、策略提高赛事风险评估水平，在风险识别、风险评估之后，建立风险处理体系，以有效地控制风险，降低风险发生概率和减少损失程度。

一、体育赛事风险识别

（一）我国城市马拉松赛事风险识别理论

风险识别是风险管理的关键环节，在风险发生之前对赛事进行过程中可能遇到的风险运用各种系统的方法分析其显性和隐性因素，为风险管理后面环节顺利进行奠定基础，采取针对性的方法较快做出应对措施，能够较经济地实现风险规避。识别体育赛事可能发生的风险是风险管理体系的第一步，且室外赛事受多方面的影响，其可能发生的风险相对杂乱，在风险识别理论的指导下，秉着综合、谨慎的原则，选取适当的风险识别方法对整个赛事过程进行全面的识别[①]。

1. 多米诺骨牌理论

多米诺骨牌理论认为，风险因素是风险发生的第一个环节，当代表风险因素的多米诺骨牌歪倒时，会打到第二张多米诺骨牌——风险事故，其含义顾名思义是风险事故的发生，进而推倒第三张多米诺骨牌——目标损害，目标损害是指在赛事进行过程中风险发生后产生的后果，既有可能是损伤事故也有可能是影响运动员的比赛成绩等。在预防风险的过程中需要加强参与者的安全意识，有针对性地进行专业人员培训，从而尽可能地减少风险因素，降低风险发生的可能性。

2. 风险因素逆向思维

风险包含了风险因素、风险事故、风险损失三个方面。风险因素是指致使风险事故发生或风险事故发生可能性增加的必要条件。风险事故是指造成目标损失的内在或间接原因，是造成人身伤害或财产损失的事件。它将会直接导致风险损失，因此可以通过逆推的形式分析其风险因素。通过对我国城市马拉松赛事各个阶段进行风险识别，寻找并分析导致风险事故发生的风险因素，进而推出我国城市马拉松赛事的风险因素清单，识别出我国城市马拉松赛事的主要风险。

---

① 张军. A公司西昌邛海湿地国际马拉松赛事主要风险识别研究［D］. 成都: 电子科技大学, 2019.

3.特征映射理论

特征映射理论是指：用数学表示为一个非空集合 A 到另一个非空集合 B 的一种确定的对应关系，即若 f 是集合 A 到集合 B 的一个单映射，那么集合 B 中有一个唯一的元素 b 对应 A 中的任意元素 a，我们称 a 为原始图像，称 b 为图像。写成 fAB 元素关系是 $B = f(A)$ 或 $B = f(A)$，其中集合 A 为映射 f 的定义域 B 是 A 在映射 f 下的像，集合 $f(a) = \{f(a)$，$aEA\}$ 是映射域。

本研究将特征映射理论与我国城市马拉松赛事风险进行结合，由风险因素组成"风险因素特征集合"，风险事故组成"风险事故特征集合"，风险损失组成"风险损失特征集合"。三个集合之间互相的对应关系可采用映射 f 表示，因变量风险事故特征集合即为定义域是风险因素特征集合，选取风险因素特征集合中的"自然风险"和风险事故特征集合的"天气炎热、干燥风险"，二者之间的函数映射关系为：

$$b\text{自然风险} = f(a\text{天气炎热、干燥风险})$$

再向前追溯，风险事故特征集合"天气炎热、干燥风险"为定义域与风险损失特征集合之间的函数映射关系为：

$$b\text{天气炎热、干燥风险} = f(a\text{参赛者受伤风险})$$

每个 X 值都与唯一 Y 值相对应，我国城市马拉松赛事风险损失集合明确，回归到风险事故和风险因素，风险事故集合的元素与风险损失集合的元素不会形成交叉对应，且风险损失特征集合是针对风险事故特征集合经过映射而成，因此不会遗漏造成风险损失的因素。因此，特征集合之间形成的映射关系，能较好地识别我国城市马拉松赛事风险。

（二）体育赛事风险识别过程

体育赛事风险识别活动是一项活动过程，在体育赛事风险识别活动过程中需要明确任务和采用专门的技术和工具。体育赛事风险识别的基本任务是将项目风险的不确定转变为可理解的风险描述。作为风险管理过程的一个环节，风险识别有确定的识别过程。体育赛事风险识别一般分为五个步骤：第一，确定目标；第二，明确最重要的参与者；第三，收集资料；

第四，评估体育赛事风险形式；第五，根据直接或者间接的因素将潜在的项目风险识别出来。具体的体育赛事风险识别过程见6-1所示：

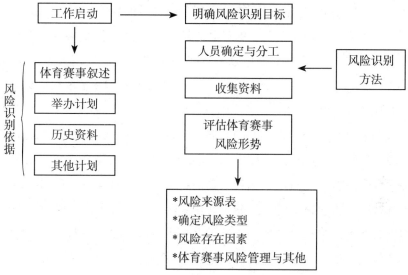

图6-1 风险识别过程图

（三）风险识别原则

我国城市马拉松赛事风险有显现风险和潜在风险之分，但在大多数情况下赛事风险是潜在风险，随着城市马拉松赛事进行的周期发展，各种各样的新风险，特别是对城市马拉松赛事举办的整体目标有重大影响的因素会逐渐显现出来。现如今为了更好地、更准确地进行风险识别，在风险识别过程中应遵循如下原则：

1. 全面性原则

全面性原则顾名思义是指在进行风险识别的过程中需要尽量全面地识别出风险，借助风险识别方法和工具对马拉松赛事进行细化分解，由点到面、由粗到细较为系统和全面地识别出风险因素，即识别出我国城市马拉松赛事的显性风险也识别出隐性风险，通过一定的方法最终确定我国城市马拉松赛事的风险清单和主要风险。

2. 综合性原则

综合性原则主要是指在进行风险识别的过程中需要综合地选择方法

进行风险识别。由于我国城市马拉松赛事规模大、赛程较长、参与人员复杂、受天气影响较大等的特性，大大增加了风险的控制难度。因此，在城市马拉松赛事举办的过程中可能会出现各种各样的风险，再加上我国地域较广泛，各地均有马拉松赛事的举办并结合马拉松赛事本身的特性等实际情况，在对马拉松赛事进行识别的过程中需要综合地运用各种方法和工具，尽可能全面、准确地识别出我国城市马拉松赛事的风险清单和主要风险。

3.谨慎性原则

我国城市马拉松赛事举办的影响因素较多，其中最为固定的就是当地的地域特殊性问题。我国地域广阔，高原、盆地、丘陵交错，因此在进行风险识别时需要谨慎对待。相较于其他赛事，马拉松赛事不仅要注意自身赛事的特殊因素，还要统筹地域、文化、赛事特色等因素，同时在进行风险识别时要多与当地马拉松赛事的举办方进行沟通交流，对赛事风险进行较为全面的了解，以便于更为谨慎地识别影响我国城市马拉松赛事的风险清单和主要风险，当风险检查出现问题时，可以很快与赛事相关人员进行商讨，得出最终结果。

（四）体育赛事风险识别方法

由于大型体育赛事风险具有很强的不确定性且始终伴随赛事的整个过程，不利于我们清晰明了地识别赛事风险，因此就需要我们运用更加科学先进的管理方法来应对各种潜在风险，同时，找出赛事全过程会导致风险产生的潜在因素，并进行进一步分析，在具体实践中，多维度、全方面地对赛事风险进行识别。以下为赛事识别常用方法：

1.德尔菲法

德尔菲法是对所预测的问题进行专家咨询，是一种反馈匿名函咨询法。首先将专家意见进行整理、统计、归纳，其次再匿名反馈给各专家，通过如此循环往复的方式，直至意见趋于稳定为止。德尔菲法与专家访谈法不同之处在于其匿名性、反馈性和统计性。实施德尔菲法的过程中，始终包括预测的组织者和被选出来的专家。另外，要选择具有一定权威性与代表性的专家。与通常的调查表相比，德尔菲法的调查表除了有通常调查

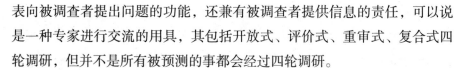

表向被调查者提出问题的功能，还兼有被调查者提供信息的责任，可以说是一种专家进行交流的用具，其包括开放式、评价式、重审式、复合式四轮调研，但并不是所有被预测的事都会经过四轮调研。

2. 头脑风暴法

头脑风暴法是解决问题时常用的一种方法，是指团队内所有的成员自发地提出自己的想法和主张，在确定解决问题的方案之前，尽可能多地提出更多更好的个人意见。

头脑风暴法的具体做法是当讨论某个问题时，保证有一个协助的记录人员通过不同媒介做记录。首先，由某个成员提出一个想法方案，其次依次进行个人想法或建议的提出，这个过程一直循环进行，每人每次提出一个想法或意见。若是轮到某个成员时其先提出想法或意见，就说一声"通过"。有些人会根据前面其他人的思路提出想法方案这包括把几个方案合并成一个或改进其他人的方案。协助的记录人将前面提出的方案、意见等记录在记录卡或黑板上，一直进行这一循环过程。

头脑风暴法相比于谈论出来的质量，更加注重的是每个人提出的数量。其目的是使团队成员更多地研究出不同方案，能够激励参与成员提出打破常规或新奇的想法与意见，因此头脑风暴法可以汇集更多的解决方案，产生更多有创造性的想法。在体育赛事风险管理中运用头脑风暴法能够尽可能多地识别出可能存在的风险，此外还能收集更多的风险应对措施，以便于得到最终的风险应对方案。

应用头脑风暴法时，要遵循一不讨论，自己想，二没有判断性评论的两个基本原则，参与者只需要提出自己所想的方案与意见，不进行讨论和评判，亦不进行宣扬。其他成员也不允许对刚刚提出意见的人进行任何支持或判断的评论，同时也不能提问刚刚提意见的人。此外，还需要注意参与者不能使用任何身体语言，例如冷笑与叹气等能够间接表达评判意见的行为，使团队获得最佳可能方案时是很有效的。

3. 风险分析表法

风险分析表法是对赛事筹办过程中各方面的因素进行排列，其包括赛事所涉及的参与人员、组织管理、物资供应、环境、资金等，然后作成一张影响因素的核对表，逐项检查每一方面可能存在的风险。通常大家在思考问题的时候会有联想的习惯，经常是通过过去的经验，对现有的事情进行某种可能发生的假设，其风险识别实际也是对未来风险事件的一种假设，同样地也是一种预测。当然若能够把人们所遇到过的一些风险事件及风险来源表现出来，制作成一张核对表，那么体育赛事管理者将更便于将思路打开，更有利于管理者寻找到潜在风险。核对表的内容是多种多样的，如针对曾经赛事的举办，可以罗列出举办成功或失败的原因：赛事管理班子成员的组织能力；赛事举办所需的人力、场地等；赛事其他方面规划的结果，如赛事过程的安全范围、参与人流量控制、分流交通车辆等。通过向保险公司索取资料，认真研究保险部分，能够有效地提醒风险管理者还有哪些风险尚未考虑到。

4. 工作分解结构法

工作分解结构法是指根据赛事的目标，确定好赛事工作范围，并将复杂工作分解为多个更好实施的简单工作单元，并分析每个工作单元可能存在的风险。他为解决问题提供了一种可视化的计划结构，将整个赛事划分为多个单元，通过赛事筹办工作需要的特殊技能和资源，赛事的举办方能够更直观地看到整个赛事在筹办过程中可能遇到的风险，从而能够更好地落实赛事举办过程中应做哪些具体工作的方法。依据工作分解结构法可以将大型体育赛事划分为申办、筹备、举办和赛后四个过程，根据每个过程需要完成的任务，分析其可能存在的风险，从而对整个过程进行清晰的风险识别。

5. 情景分析法

情景分析法是指通过图标或曲线表等，分析及描绘体育赛事即将可能发生的事情或所处的某个状态，从而识别出影响体育赛事风险因素及其严重性、可控性的识别方法。情景分析法的重点是分析举办大型体育赛事过程中，发生风险的条件和因素是什么。此外，随着相关影响因素的改变，结果的改变趋势等，情景分析法的主要功能有：识别体育赛事风险因素；

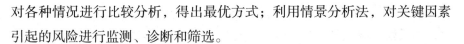

对各种情况进行比较分析，得出最优方式；利用情景分析法，对关键因素引起的风险进行监测、诊断和筛选。

6. SWOT分析法

SWOT是英文strength（优势）、weakness（劣势）、opportunity（机会）和 Threat（威胁）的缩写。SWOT分析法作为一种系统分析工具，其是一种环境分析方法，是对某种问题的内部优势与劣势、外部的机会和威胁进行风险的识别的过程。其作用是：第一，能够将外部状况和约束条件及自身的优势劣势结合分析；第二，能够随着外部环境和自身条件的改变而改变的动态分析；第三，SWOT是一种操作性强的、简易的分析方法。

7. 检查表法

检查表法又被称为"统计分析表法"，是一种用来收集数据和调查的统计方法，通常用来为其他统计数据进行补充，在理论分析和系统分析的基础上，找出可能存在的各种显现的和潜在的风险，并通过表格的形式与提问的方式生成问卷调查，对识别出来的风险优先级排序，得到马拉松赛事的主要风险清单。

8. 因果图分析法

因果图又称"石川图"或"鱼刺图"，它是一种寻找问题的根本原因的一种方法。它是将各种风险致因进行整理、归纳和分析，用简要的文字描述和线条罗列出其成因，将各种成因进行分类、分层并分析的过程。因果图的优点简洁实用、比较直观。

二、体育赛事风险评估

风险评估是将潜在危险大小通过一定的方法进行优先顺序排序的过程，通常是在项目风险识别的基础上，通过风险发生的可能性和破坏性运用定性和定量分析的方法进行估量。风险评估可以从两个视角来看，分别是内部和外部两种：外部视角详细说明过程控制、输入、输出和机制；内部视角详细说明用机制将输入转变为输出的过程活动。通过将各种风险发生概率及后果按照一定的条件进行排序，有效提高针对赛事各项风险的评估水平。

主要目的有三个：首先，评估风险发生的概率，即该风险发生的可能性；其次，如果发生该风险，其造成的影响有多大，即风险发生的损失影响范围（程度）；最后，该风险是否可控，是否可以通过一定手段进行规避。

（一）体育赛事风险评估的特性

由体育赛事风险评估的目的可以分析出赛事风险评估的特性分别为可能性、严重性、可控性。通过预估各种赛事风险可以对赛事风险的特性进行评价，具体实施办法为：事先制定一个风险特性的打分标准，将已识别出的风险按照三种特性进行分数排列，可以得出三个分数，再用三者的乘积来判定风险级别，分值大小表明风险的级别高低。因此，对于风险级别高的事件要制定周全、详细的对应策略。在赛事风险特性评价的基础上，根据风险级别的不同遵循轻重缓急的原则，找出最大风险，进行资源的最大化分配。在大型赛事中对整个赛事而言，可用于减轻风险的资源总是有限的，因此分清风险的轻重缓急，把资源用于最急需解决的风险十分重要。

（二）风险评估方法

通过定性、定量、定性定量相结合的几种方式进行赛事风险评估，常采用的是定性和定量相结合的方式，通常这种方法是最有效的。此外对项目进行风险评价的方法还有层次分析法、故障树分析法、外推法、蒙托卡罗模拟法、帕累托分析法等。

1.层次分析法

层次分析法是一种定性和定量相结合的、系统化的、层次化的分析方法。这种方法可以将多目标、多准则或者没有结构特性的复杂问题简便化，其原理是通过对复杂问题的本质、影响因素和内在逻辑进行研究的基础上利用较少的定量信息将思维过程数字化。具体来说，层次分析法就是将一个复杂的多目标决策问题通过整合、分解从而解决问题的一种方法。首先将多目标问题看成一个系统，将目标分解为多个目标或准则的若干层次，和定性指标模糊量化方法计算出层次单排序（权数）和总排序，以作为目标（多指标）、多方案优化决策的系统方法。层次分析法可以将风险量化且按照风险大小排列，更直观地面对风险。

2. 故障树分析法

故障树分析法是由上往下的演绎式失效分析法，利用布林逻辑组合低阶事件，分析系统中不希望出现的状态。该方法主要是用在安全工程及可靠度工程的领域，用来了解系统失效的原因，并且找到最好的方式降低风险，或是确认某一安全事故或是特定系统失效的发生率。故障树分析主要分为五个步骤：逐一探讨的不想要事件、获得系统的相关资讯、绘制故障树、评估故障树与控制所识别的风险。目前，故障树分析法在系统安全及可靠度分析中广为使用，简单高效。

故障树分析法可以应用于体育赛事领域，且在应用过程中秉持着由果溯因的原则，将体育赛事风险形成的原因由总体到部分按树枝形状逐级细化。探析赛事风险及其成因，即在预判风险与发现可造成风险的因素的基础上，通过逻辑推理，厘清风险机理，得出风险发生的概率，并制订出预防和规避风险的方案。故障树分析法逻辑性强且应用广泛，对于复杂系统的风险分析有良好的效果，此外，该分析方法有固定的步骤遵循，通过计算机的协助在很大程度提高了风险管理的效率。

3. 外推法

外推法主要分为前推、后推、旁推三种类型，也是一种常用的风险评估方法，前推是按照时间序列从前到后罗列历史信息数据，通过有根据的推测计算出未来发生事件的概率和后果，属于定量方法，简单易行，但要有足够的历史资料做支撑。后推是指将未发生的想象中的风险事件与后果与已发生的事件和后果联系起来，以此对项目风险进行分析与评估，由于赛事本身具有一次性且不可重复，在赛事风险评估中后推也是一种重要的使用方法。旁推法是通过类似的项目进行估算，参考同类项目的历史记录，利用历史记录对推测新项目可能遇到的风险进行评估和分析，同时考虑新项目的实际情况。这三种方法在体育赛事的风险评估与计算中被广泛应用。

4. 蒙托卡罗模拟法

采用随机抽样的方法从不确定因素中抽取样本，进行整个体育赛事风险计算，通过反复模拟各种随机组合，将组合所得到的结果进行分析与处理，从中归纳出一般规律。例如，把随机组合的结果按照大小顺序排列，再统计每个结果出现的频率，将其制作成一个频数分布曲线，从中便能得出不同结果出现的概率，然后根据统计学原理，分析所得出的结果，分别确定最大值、最小值、平均值、标准差、方差等，可以通过这些数据来分析项目风险，为管理者的决策提供参考。体育赛事风险评估中常用蒙特卡罗模拟法来模拟仿真体育赛事的过程，通过对体育赛事的多次"预演"，得出项目进度日程的统计结果。

5. 帕累托分析法

帕累托分析法是基于帕累托法则的一种制定决策的统计方法。所谓帕累托原则是19世纪意大利经济学家帕累托（Pareto）所创的库存理论，即关键的少数和次要的多数，就是我们常说的二八法则，在经济学定律中说的是80%的财富掌握在20%的人手中，该方法用于从众多任务中选择有限数量的任务以取得显著的整体效果，即能区分出"极其渺小的大多数"和"至关重要的极少数"。在体育赛事的风险评估中，将这些"大多数"和"极少数"找出来加以改进，就能大幅度地提高风险评估效果，进而有效规避风险。

三、体育赛事风险应对

（一）进行赛事风险监控

赛事风险监控是以风险管理计划为依据，监督、检查在赛事筹办过程中，赛事风险的发生情况和应对措施的落实情况。赛事风险监控不仅可以掌握赛事风险的具体情况，如风险是否存在或已经发展到什么地步，还可以检测已制定的风险策略的有效性；另外，在监控过程中，可以根据实际情况发现更多的潜在风险类别，并且及时实施措施尽可能地降低损失。由于赛事的开始与结束不是一蹴而就的，从开始到结束整个过程会存在各种各样的风险，风险不会因为风险管理计划的严谨和相近而消失，所以，在进行赛事风险监控时，在沿用已经制订好的赛事风险管理计划时，要时刻

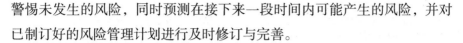

警惕未发生的风险，同时预测在接下来一段时间内可能产生的风险，并对已制订好的风险管理计划进行及时修订与完善。

（二）建立风险处理体系

建立风险处理体系是在风险识别和评估过后最关键的内容，通过管理赛事中的风险，最大限度地使风险发生的可能性降低，同时减少风险发生时造成的不良后果及对赛事本身带来的负面影响。这是赛事组织者与赛事风险管理人员最为重视的部分，同时也是风险研究的出发点与落脚点。一般来说，大型体育赛事的风险处理方法分为两类：一类是控制型风险处理；另一类是融资型风险处理。

（三）确立风险应对策略

在进行赛事风险识别与评估之后，赛事风险管理人员需要依据赛事的风险特点与可能对赛事产生的影响，并根据赛事的既定目标采用正确恰当的风险管理措施，最大限度地减小风险给赛事带来的损失，更好地管理赛事风险。确立应对策略要坚持以下三点内容：赛事风险发生前，规避风险要素，尽量减少或防止风险发生；赛事风险发生过程中，及时发现并阻止风险加剧；赛事风险发生后，对已造成的伤害进行妥善处理，尽可能地降低直接与间接损失。

1. 风险回避

风险回避是指考虑到风险存在和发生的可能性，选择采用不可能导致风险发生的方案。风险因素的存在必然会导致赛事在举办过程中产生风险，而风险回避对策是从风险因素入手，从根本上避免风险因素，降低赛事可能潜在的风险。赛事过程中的风险回避主要是指在赛事运作过程中可能发生的意外情况与经济损失大于赛事组织者本身的承受范围，或者由于其他原因，组织者拒绝承担可能会发生的风险带来的损失而选择的赛事推迟或取消，完全避免赛事运作的一系列风险的方法。风险回避是风险管理中最有效的，其目的是将风险发生的可能性降为零。比如，由于技术的不到位使体育赛事的通信功能、计算机功能发生异常的风险，就可以运用成熟、科学的技术来避免这种风险发生的可能性。但由于该措施常常伴随着赛事组织者要选择放弃某项活动，与此同时也代表着放弃此项活动所带来的经济利益，所以这一措施的使用有一定的局限性，主要被用于一些发生概率高且难控制、伤害大的赛事风险。典型的风险回避行为表现为：原定于2003年的女子世界杯由中国举办，由于非典的发生临时更改到美国举办，此外，第六届、第十二届和第十三届奥运会由于国际问题被迫取消，也是风险回避行为。

2. 损失控制

损失控制是通过制订一定的计划和措施减少损失的发生或者减少产生的实际损失，是一种主动、积极的风险对策。损失控制措施主要分为两种，一种是预防损失，即降低或彻底根除赛事风险损失发生的可能，如赛事观众携带的违禁品会给赛场带来安全隐患，就可以提前制订观众观赛安全计划，增强安保力度，以此来减小或避免损失。另一种是减少损失，是指降低损失的潜在严重性，将产生的损失控制在最小化，同时挽救损失。损失最小化方案是指在赛事风险发生后，可供赛事工作人员处理事故的一套流程，便于工作人员在紧急情况下最大限度地减少人员伤亡与经济财产损失。损失挽救方案是在损失最小化方案之后执行的一种预备方案，使用备份或替代方案来挽救紧急情况。

3. 风险转移

风险转移是运用合适的方法将赛事风险的结果及风险应对的权利转移给第三方。风险转移对赛事没有任何影响，只是转移风险损失的一部分给第三方。风险转移的手段主要有合同转移和购买赛事体育保险两种。

合同转移是指赛事举办方与赛事赞助商、供应商等分别签订制定好的合同，其内容必须对双方承担相应的风险责任有明确规定，从而起到降低举办方对风险损失承担的责任及降低举办方对第三方损失的责任。例如：针对体育赛事在筹办的过程中可能会出现其他承包活动的风险，在签订的合同中必须有明确说明，该部分责任由承包方完全负责；因汇率变动所造成的各种收入降低的风险，举办方也可以通过与其签订相应合约来明确责任。因此，在赛事筹办过程中，应当加强各种招标、采购、特许经营、

TOP计划、电视转播、赞助及协作活动中关于风险处理条款合同的规范和审核，借助合同来减少或转移风险。

　　保险转移是指赛事举办方通过向相关的机构购买保险，使赛事中发生的风险导致的损失由保险机构承担的方法，如观众的意外险、运动员的意外险都属于保险转移的范畴。在大型体育赛事中，保险必不可少，多届奥运会购买保险的金额都处在上千万的档位。所以，在赛事筹办前期，赛事组委会就应该请专业的保险经纪公司提前评估分析赛事风险与损失情况，设计合理的承保方案。但购买赛事体育保险这一行为不能完全代表赛事风险管理，还要经过风险控制、合同转移风险等手段来降低赛事风险发生的可能，这样才可以使购买赛事体育保险的花费金额保持合理。

　　4.储备风险

　　储备风险是根据项目风险的规律，提前制订相应的风险防控措施及科学高效的风险计划，若实际情况与原定计划相悖则启用应急措施与后备方案。项目风险应急措施主要有费用、进度和技术三种。而体育赛事中的储备风险是指赛事的举办方为了补偿风险事件发生所造成的一系列损失，而自发进行的内部筹资活动。资金来源没有固定要求，可以是运作成本，或者是专门设立的应急资金，适用于两种风险情况，一种是发生可能性高但损失程度小的风险，如赛事设备出现故障或损坏、工作人员因外部环境患病，另一种是发生可能性低但损失程度大的风险，如地震、泥石流、洪水等不可抗力的自然灾害。

第二节　我国大型体育赛事举办风险的评估结果分析

　　体育赛事风险评估是指对风险识别过程中识别出的各种风险因素指标进行合理的分析，分析风险发生的可能性、风险发生的严重性及风险的可控性的过程。通过建立风险评估模型，对体育赛事过程中可能产生的风险进行全方位、多维度的分析，预测各个风险发生的可能性、风险发生的严重性及风险的可控性，提出有效的风险规避、风险应对及风险转移的相应有效措施。体育赛事风险评估有助于赛事管理者客观、准确地认识体育赛事风险，认识风险对体育赛事造成的影响和这些风险之间的关系，便于管理者制订完善的应对突发情况的措施，通过利用科学的风险防范措施，可以为赛事在把控成本、进度推进、安全保障等方面提供现实、可靠的可视化数据①。体育赛事风险评估过程应遵循以下原则：

标准性原则。体育赛事风险标准的制定，应该以国家的法律法规、政府管理部门的相关制度、专家与学者的建议为依据，在风险沟通基础上，确定赛事风险标准，最大限度地保证各利益相关者都能接受对识别出的赛事风险进行评估②。

全面性原则。体育赛事从计划到结束，都会由于环境的各种变化和各相关主体行为的不确定性而产生风险。因此，体育赛事的风险评估要坚持全面性原则，对体育赛事可能出现的风险必须要从多角度、多层次进行评估，保证来自不同方面的风险都将进行评估。只有这样，才能更好地发现体育赛事在不同阶段、不同环境下存在的风险，从而为体育赛事风险预警建立良好基础。

突出固有风险原则。固有风险是在不考虑安全管控措施的情况下，基于客观因素量化的危险源的风险。及时消除事故隐患是体育赛事举办方的重要职责，在固有风险的基础上锁定风险管控的关键点，调整部门的财力投入，增加风险隐患排查的频率，减少风险隐患的存在概率，这样可以有效地降低特大事故发生的概率。

风险评估是风险识别和风险应对之间的枢纽，是赛事管理者进行风险管理与实施策略的根基。在进行赛事风险评估的之前，应先对赛事可能发生的风险进行识别。在风险识别的过程中要遵循以下原则③：

---

① 霍德利.体育赛事风险评估与应对策略研究［J］.天津体育学院学报, 2011, 26（1）: 49-53.

② 于汐, 薄景山, 唐彦东.重大岩土工程可接受风险标准研究［J］.自然灾害学报, 2018, 27（3）: 56-67.

③ 李志远.大型体育赛事风险评估研究［D］.苏州: 苏州大学, 2011.

　　全面周详的原则。详细地统计各种风险在实践中可能存在和发生的概率与损失的严重性，风险因素及因风险导致的其他问题。

　　综合考察的原则。风险是一个复杂的系统，包括不同性质、类型、损失情况的风险，一般分为直接损失、间接损失及责任损失三类。

　　量力而行的原则。在有限的条件下，根据实际情况和可接受的范围选择最好的方法。

　　科学计算的原则。风险的识别要严格以数学理论做指导，科学统计与估算，最终推断出合理的结果。

　　系统化、制度化、经常化的原则。风险识别是否精确全面直接影响风险评估的效果，因此为了风险分析准确，应进行仔细、周到的调查与评估，按照不同标准划分风险类型，揭露风险带来的不良后果。

　　体育赛事运行的阶段性决定了体育赛事风险阶段性的特征，在体育赛事风险识别的基础上，还需分别对体育赛事举办的赛前阶段、赛中阶段、赛后阶段逐一分析，进行风险评估。

一、我国大型体育赛事赛前风险的评估

　　大型体育赛事是比赛规模大、比赛项目齐全、参赛国家和人数众多的综合性比赛活动，宗教、种族、国家等之间的关系复杂，因此体育赛事的顺利运行面临着各种各样的风险。通过对大型体育赛事风险类型和风险因素进行归纳和总结，得出在赛事开始前即准备阶段，赛事存在的主要风险包括：政治类风险、经济类风险、灾害类风险、人员类风险、赛事运行类风险、场地器材类风险、技术类风险七大类型，如表6-1所示：

表6-1　赛前风险统计表

一级分类	二级分类
政治类风险	1.国际恐怖活动；2.示威游行；3.种族问题
经济类风险	1.财务风险（预算和支出风险）；2.经营风险
灾害类风险	1.自然灾害类；2.人为事件灾害类
人员类风险	1.赛会工作人员、志愿者、观众风险

一级分类	二级分类
赛事运行类风险	1.赛事日程安排风险；2.交通风险；3.卫生安全风险
场地器材类风险	1.场馆建设风险；2.场地器材质量风险
技术类风险	1兴奋剂风险；2.信息技术风险

通过对赛前阶段风险全面的分析和识别，选取风险量化的三个最重要的指标：风险发生概率、危害程度和检测能力，对风险指标的三个维度进行综合评价，最终建立风险极差量化表。表6-2显示，风险发生概率，根据概率大小分为十个等级，概率越高等级越高；风险危害程度根据造成损失大小分为十个等级，损害越大等级越高；风险可检测性根据对风险的检测能力分为十个等级，可检测性越弱等级越高。这三个指标如同一个三维坐标，对任何一项风险一个量化定位，每一项风险所获得的三个指标相乘就得出它的综合风险值[①]。

表6-2　赛事风险量化表

发生概率（P）	危害程度（S）	检测能力（D）	等级	
几乎可以确定	>1/2	可终止比赛，无预兆	绝对不可能	10
概率极高	1/3	可终止比赛，有预兆	几乎不可能	9
高，可重复	1/8	对比赛有极其严重的影响	可能性很小	8
较高	1/20	对比赛有严重的影响	非常低	7
中等	1/80	对比赛有一般程度的影响	低	6
较低	1/400	对比赛有影响较轻	中等	5
偶尔发生	1/2 000	对比赛影响极轻	中等偏高	4
低	1/15 000	对比赛影响微小	高	3
极低	1/150 000	对比赛影响极微	非常高	2
不可能发生	1/500 000	没有不良后果	几乎可以确定	1

---

① 温阳.大型体育赛事场馆运行风险识别与评估研究［D］.上海：上海体育学院，2012.

在对体育赛事进行风险识别、得到赛事风险综合值之后，形成风险评估报告。体育赛事风险评估的报告主要包括：

列出风险识别清单。包括分析风险事件的原因、风险分类、描述风险的性质和特征。

风险等级。为综合评估风险发生的概率、风险发生后果的严重性和所测得的风险程度，采用计算风险复杂成本的方法，然后根据评估结果对风险进行排序和分配。级别指示每个风险的相对重要性。

风险承受能力水平的评估。它主要取决于两个方面：一是参与者可能承担风险的心理性质，由于参与者的期望不同，风险的性质也会有所不同，他们眼中的风险也会有所不同；二是赛事参与主体具有的资源和资金能力等，如果赛事参与主体具有大量的社会资源，资金来源也比较充分，那么他们所承受风险的能力自然会得到很大的提高。

二、我国大型体育赛事赛中风险的评估

在赛中阶段，主要风险的来源包括五大方面：人的风险、组织机构风险、自然风险、商业风险、政治风险。

（一）人的风险

人的风险是指所有与赛事活动相关的人员在各方面的不确定风险。相比其他领域而言，人员因素所带来风险的复杂程度颇大。原因在于人是一种具有自身思维意识和特点的高级生物，诸多方面都有可能根据数据或已有经验来进行评价和判断。马拉松赛事在开始后的主要风险是人可能受到的意外伤害和赛事运营管理相关人员缺席引致的意外状况。参与马拉松赛事的各类人员具体来讲分为三大类型，一是赛事相关管理人员及招募的志愿者，这些人是赛事各项工作的具体执行者；二是参与马拉松赛的运动员，这些人是赛事的参与主体；三是驻足赛道两侧观看比赛的观众群体人群。按参与赛事人群类型和可能发生的风险归纳总结如下表。

表6-3　人员风险类型

参与赛事人员类型	风险类型
赛事管理人员	人身意外伤害、人员缺席
参赛人员	人身意外伤害、人员缺席、人员冲突
观众	人身意外伤害、人员缺席、人员冲突

马拉松赛事开始后，对驻足于赛道周围观看比赛的观众而言，虽然交管部门会因赛事活动实行交通管制限制机动车辆经过，但观众时常跟随着运动员脚步而前行移动，拥挤的人群移动容易导致踩踏事故。除此之外，赛道沿途建筑物、树木及公共设施等因素也是可能造成人员损伤发生的风险因素。与此同时，赛事的志愿者及其他工作人员，需要全程在现场参与赛事管理、运行，长时间、高强度的工作亦会增加他们的风险发生概率。

人身意外伤害是指遭受非本意的，外来的，突然发生的意外事故。这类风险在大型体育赛事中时有发生，类似于20世纪80年代欧冠决赛期间海瑟尔球场的球迷暴乱事件，涌入的英国足球流氓对意大利球迷实施了不法暴行，造成39人死亡、300余人受伤的惨痛结果，2005年令人悲痛惋惜达喀尔汽车拉力赛，由于翻车等事故导致5名优秀的赛车手至此永远离开了我们；2000年的悉尼奥运会期间也发生了严重的意外安全事故，某位清洁卫生人员不慎将清洗剂混入机场空调模块系统，此次意外导致了机场多人吸入有毒气体，所幸处理及时没有造成更严重危害。运动员参与马拉松需要极高的心肺能力及意志力，该运动项目具有极高难度，一些没有训练基础或缺乏系统训练的运动员，容易因运动而造成人身意外损伤的发生。

人员冲突风险。来自不同国家民族的运动员，其个人认知水平的不同和文化差异会导致运动员之间发生肢体冲突进而造成人身伤害干扰赛事的正常进行；业余运动员对于马拉松运动项目及自身运动能力时常没有清晰的判断，裁判员在比赛过程中未进行公正、公平裁决，造成运动员或群众不满，也是极易造成人身意外伤害的风险因素。针对观众的行为问题，观众能否按照工作人员的安排有序观赛是比赛顺利进行的关键。

赛会工作人员缺席导致的风险。大型赛事的相关工作人员构成复杂。一个城市若要举办一次大型赛事，需要由国家主管机关、国家体育总局、地方政府、地方体育局等相关企事业单位机构相互配合，时常人员不足需要向社会招募的诸多临时人员充当志愿者。给赛事的组织活动带来了许多潜在风险正是由于各部门机构承担的赛事活动具体分工不同所引致的。其中，风险因素最大的是志愿者风险，志愿者是大型体育赛事成功举办不可或缺的重要组成部分。志愿者一方面是赛事运行期间各个环节顺畅联通的保证，另一方面是现代体育精神、社会主义核心价值观的有力体现。但是由于举办大型体育赛事需要准备的工作多而杂，需要的志愿者往往供不应求，招募志愿者时不得已放宽条件，且后续由于某些现实客观因素限制对招募后志愿者缺乏必要的培训，这就导致了志愿者对赛事的具体工作内容不熟悉，出错情况频发，工作效率低下的情况也屡见不鲜，无形中给赛事的成功举办带来诸多不稳定的风险。更糟糕的是，在赛会已经开始后还曾出现志愿者半路"逃逸"的情况，这种志愿者中途退出的风险一旦发生，将有可能导致赛事运行的瘫痪，如1996年美国亚特兰大奥运会和2000年悉尼奥运会，由于众多报名参加赛事服务的志愿者因各种各样的原因中途突然退出，奥运会期间多项工作无人负责，赛事运行不畅。

（二）组织机构风险

组织风险是管理比赛的组织者，对资源进行分配和调用与每个部门统筹合作进行协调时出现的风险。

1.赛事日程安排风险

赛事日程风险既有因气候反常或天气异常变化影响赛事如期开展的风险，也有项目本身的风险，因为推迟这些项目举行可能会带来更大的风险。除此之外，各项赛事通常会在周末开展，由于这个时间段观众数目最多，能使赛事备受关注，进而产生最大化的经济效益、传播效益等。而这正需要管理比赛的组织者制订更加周密的风险管理方案，减少问题的产生。不能像在过去的某一次奥运会那样，因一些事故，赛事的时间、地点被调整，赛事的组织者没有提前准备，导致在电视转播中，电视工作被迫重新部署，所有的电视转播设备必须转移到另一地点；而因设备转移不及时，一些项目的转播就不得不取消了。最值得我们吸取教训的是，2004年10月，法国的"法兰西巡逻兵"受邀前来北京表演，在近万张门票售出的情况下，最终由于天气骤变不能如期进行表演，于是活动取消，组委会蒙受巨大的损失。

2. 交通风险

交通风险有多个方面需要注意。一是道路堵塞问题，可能使得运动员、政府官员或者电视新闻工作者不能准时到达运动赛场；此外，道路堵塞还可能会造成媒体转播受阻、运动比赛无法如期举行等情况。二是赛道封闭性问题，一个赛道封闭性弱是很可能引致一些情绪高昂的观众跨越设置的封锁加入运动员队伍中，出现非运动员跟跑情况，这种行为极大影响了运动员的比赛节奏，严重干扰正在参赛的运动员，而且还会引起其他人的从众效仿。三是交通管制问题，现下我国城市的汽车保有量基数十分大，某些时段城市公路的汽车流量还会突然激增，因此协调和管制必须做好，如果工作不到位，极易产生堵塞而影响比赛正常进行。大型体育赛事的交通问题最严重的一次发生在亚特兰大奥运会期间，不仅因为缺乏交通管制奥运村里交通事故频发，而且选用的志愿者和班车司机也未进行专业培训，路线的不熟悉和班车经常性晚点导致运动员耽搁训练和参赛，公共交通安排不力造成上百万乘客出行困难。

3. 卫生安全风险

卫生安全风险主要涵盖两个方面，环境卫生风险和公共卫生安全风险。一方面，大型体育赛事的举办可能对周围环境造成破坏；另一方面，在赛场聚集的观众中，某些缺乏道德素养的人可能会对赛道周边的绿化及器材设施造成破坏，甚至有些参赛选手和观众还会随意丢弃垃圾。相较环境卫生风险而言，公共卫生安全风险更要注意防范，主要包括五大方面：疫情传染病方面、食品安全方面、饮用水安全方面、病媒生物引起的公共卫生方面及其他公共卫生方面等。

4. 违禁药剂使用风险

服用违禁药物事件涉及法律、道德、伦理等方面，直接影响世界体育和奥运会比赛的公正性及世界体育的发展方向。使用违禁药剂是体育赛事中严格禁止的，然而运动员出于各种各样的目的，使国际体坛违禁药事件屡禁不止。例如，著名的加拿大飞人本·约翰逊事件、雷诺兹案、克拉贝案和布罗曼坦案、乔伊娜案等。防范违禁药物是任何赛事不容忽视的一大问题。

5. 信息技术风险

电子信息设备具有高灵敏性和高精准度的特点，在现代体育赛事中发挥的作用和所占的比重日益突出。计算机、传真机、网络等新型信息传输辅助设备的加入无疑显著地提高了人们对信息传输的准确性和效率。无论是赛事前期报名阶段，参赛的运动员通过登录组委会指定的官方网站自行注册报名，还是在比赛中使用网络和数字设备、电子计时计分系统代替手动计时和打分，并取代了以前必须发放纸质成绩册，这都使得信息传递更加便携高效。然而，电子信息设备并不能完全规避风险，机器设备的故障给赛事带来的信息风险问题也值得重视。第一是机器设备发生故障或者被人为破坏，导致信息数据的大量丢失、信息完整性、正确性破坏、信息传递不通畅等问题，严重的时候将使比赛中断或者停止。最常见的有电子计时或者计分系统在比赛过程中出现故障，造成的后果就是无法及时地为运动员的成绩进行记录；内部工作通信系统出现故障，工作指令无法及时传达致使赛事运行陷入瘫痪。这些因电子信息设备造成的体育赛事的信息风险都应提前做好预案和准备。

6. 法律责任风险

大型体育赛事中的法律责任风险是指由于违反责任条款规定而造成的有关损失风险，这其中包括管理层个人决策失误导致的失误性风险和诸多不确定的客观因素而造成的非决策失误性风险。例如，体育器材的不合格而造成的运动员受伤；体育暴力引起的有关人员受到伤害；赛事举办方的管理不善而造成的物品丢失；疏通措施不当而引起的人员拥堵等。

（三）自然风险

高温、热浪、暴风雨（雪）、雷电、冰雹、地震等自然灾害给体育赛事的举行增加了不确定的因素。马拉松赛事中的自然风险虽然是发生概率较低的因素，但其一旦发生破坏性极大，会给比赛带来巨大的灾难。针对自然灾害引起的不良后果，赛事的组织管理者应提前做好预案和应对措施。自然灾害引起赛事中断时有发生，2003年因"非典"在亚洲的爆发致使女足世界杯比赛被迫取消；北京马拉松于2014年10月举办，因比赛当天雾霾天气致使空气受到了重度污染，参与比赛的选手大多戴着口罩参与了比赛，赛后人们对于雾霾天气下赛事如期进行议论纷纷，认为这样的天气不仅影响运动员实力的发挥并且极易对参赛运动员的身体造成损伤，降低了比赛观赏性。北京马拉松赛事组委会在自然风险管理中主要存在的问题给了我们要在比赛当天建立完善的天气播报机制的启示。

（四）政治风险

政治风险受到多种因素的影响，其中包括恐怖活动、种族冲突、国际冲突等因素，从而产生威胁体育赛事开展的风险。政治风险主要从政治抵制、战争、种族冲突、宗教恐怖活动、民众示威等方面表现出来。吉林省处于东北亚几何中心地带，与俄罗斯接壤，与朝鲜隔江相望，在马拉松赛事举办的过程中不免会有不同宗教、不同国家的人共同参加，因此要特别注重每个国家的礼仪和饮食习惯，同时还要做好安保措施以防不法分子和邪教的侵入。体育赛事政治风险是大型体育赛事经常发生的一种风险。1972年慕尼黑奥运会，八名巴勒斯坦的"黑九月"恐怖分子全副武装，借助夜晚视线较差、保安人员少等条件，翻越奥运村的铁丝网，绑架并杀害了以色列九名运动员和两名教练员，使原定运动会延期。

（五）商业风险

随着马拉松赛事市场化的趋势，在赛事筹备和规划中，由于赞助商、招商机构、广告传媒和营销等介入，同时伴随着比赛会徽、纪念品等周边产品的开发，商业风险日益突出。马拉松赛事的正常进行离不开市场开发和财务运营，但同时在比赛赞助商、供应商、广告媒体等项目上也会出现一定的风险：一些非法商家和不正规媒体会在比赛中故意使用宣传标语或者向观众及参赛者递送与比赛无关的物品，进而影响到比赛的顺利进行；未与赛事合作的商家纷纷在博览会、全程起终点、迷你跑终点及赛道沿途等多处采用不同的形式对品牌进行宣传，严重妨碍比赛的正常举办，且侵犯合作商家的权益。例如，在北京马拉松比赛中，赞助商的大部分权益主要通过现场和媒体对展位的展示。由于北京马拉松赛事开放的环境，让非合作赞助商钻了空子，因此北京马拉松赛的商业风险中主要存在的问题是未体现"拥有排他性的营销权利"，未对非赞助商的隐蔽营销行为采取硬性措施。

三、我国大型体育赛事赛后风险的评估

赛后阶段，是从颁奖仪式结束、成绩信息发布完毕并宣布比赛正式结束开始，直到参赛者与办赛方撤离、资产清查完毕为止。赛后的风险主要集中在人员疏散、资产清点和纠纷处理方面，短时间内疏散几万人，对任何地域的马拉松赛事都是一项挑战。赛后人员疏散成为不同城市马拉松赛事的组委会高度重视的问题，但结果不尽如人意。这一阶段工作目标是确保赛事圆满成功并妥善处理赛事后续问题。赛场撤除，不仅要求将赛事物资回收、临建拆除完毕，而且要将赛场所在地恢复到办赛以前的样貌完成交接；资产清点，主要是对于财务收支情况进行统计并及时完成财务结算；纠纷处理，主要是针对前两个阶段中遗留的赛事相关纠纷进行应对，涉及经济、舆论和法律三个方面。赛后阶段风险现象往往容易被忽略，但如果放任其不断发展，则会使得风险现象不断发酵，损害不断扩大。具体而言，赛场撤除过程中可能发生场地临建因故无法拆除、临建撤除工程中发生人身安全事故、赛场环境被严重破坏，资产清查过程中发现赛事物资丢失毁损、财务超支，纠纷处理过程中矛盾激化、发生纠纷等风险现象。另外，还包括对参赛者的身体恢复、信息数据回收、24小时监控等方面。

比赛的结束阶段需要与计划阶段的预期目标比较。马拉松赛事的结束工作主要包括运动员离赛手续；器材设施的归还、转让等处理工作；整理、发放比赛成绩册，汇总相关信息并向社会公布最终确定的赛事成绩；

进行赛事社会效益和经济效益的评估；总结此次赛事组织的优缺点等。赛后对参赛者的参赛情况收集可以分为参赛者自身完赛情况及赛事主办方对赛事整体信息情况的呈现，如参赛者出现伤亡的情况及具体损伤的细节、实际参赛人数及工作人员情况等。通过对此类数据的分析不仅能掌握赛事的整体情况，还能够丰富参赛者信息数据库，为参赛者下次报名提供风险筛查参考。

（一）赛后恢复

一场马拉松比赛造成的应激与负荷，与日常跑步相比相差较大，马拉松比赛会造成不同程度的肌肉疼痛，对于普通参赛运动员来说，伴随引起肌肉损伤的同时，还会对细胞、免疫系统等造成损伤。参赛者运动常识与比赛经验的不同，对于赛后恢复的做法也存在较大差距。常识不够丰富且比赛经验不足的参赛者多数会选择跑过终点，领取奖品或纪念品，并选择身体的自然恢复，而有经验丰富的参赛者会选择身体的主动恢复，如若参赛者身体出现问题但没有及时发现，严重时会危及生命。赛后参赛者的控制对整个赛事的健康长远发展起着至关重要的作用，虽然赛后参赛者的个人风险问题与赛事无关，但是作为风险源可能会在某一次马拉松赛事中爆发，对参赛者赛后进行有效的控制能够降低整个赛事的运营风险。

（二）赛后疏散

赛后疏散是马拉松赛事的重要环节之一。在整个风险控制过程中，网络是赛后控制的重要手段，但对于参赛者的疏散主要采用的是现场疏散，参赛者在赛前的参赛时间可以根据自己的路程规划对应的出发时间，但赛后是统一的返程时间，如果没有合理的疏散方案，会给所有的参赛者带来安全隐患。疏散的首要问题是交通的复杂性、多样性和经济适用性，也是目前所有城市马拉松所面对的共性问题，地铁、公交、专车、私家车等在集中的时间段使用，面对几万人的马拉松赛事参赛者、志愿者、工作人员等交通运输一定会处于瘫痪状态，地上交通易出现拥堵、车祸等，地铁在同一时间段出现聚集人群，也会有被踩踏的风险。

（三）赛后信息回收

在马拉松比赛中，组委会将会为参赛者每人提供一个芯片，该芯片记载了参赛者的信息，当参赛者跑过终点系统会自动生成参赛者的跑步成绩，并进行记录和保存。最后留在系统内的信息仅仅是参赛者的成绩及个人基本信息（姓名、身份证号、单位等）。为提高风险控制程度，会将参赛者过程中出现的问题信息及时回收，对参赛者未来参赛的风险把控至关重要，这种信息的采集对大数据的完善也具有深远意义。但是，在各大城市马拉松比赛中，赛后未采集参赛者过程的表象信息，从而降低了赛事对参赛者风险控制度。

（四）赛后24小时监控

赛后24小时监控对于马拉松赛事整体完善具有重大意义，参赛者往往会在赛后出现不同方面和程度的问题。组委会多数在赛事结束时对参赛者就执行完责任和义务，不会进行下一步的服务工作，但是往往接下来的服务工作对完善参赛者的大数据的作用举足轻重，大数据的形成对全国各大城市马拉松报名系统的把控都有着重要的意义。据腾讯体育2016年5月10日外媒报道，一名36岁的马拉松选手在参加完一场马拉松比赛几天后，因血栓突然死亡。出现死亡是一种非常极端的情况，但是对参赛者自身情况的强制监控是保障参赛者安全的重要举措。这种监控不是真正意义上赛事组委会的监控，而是参赛者对自身的监控，赛事组委会只需要参赛者24小时对自己身体状况的关注和监测，然后把信息反馈到报名系统内，以此完善参赛者的信息，为接下来的参赛报名奠定基础。

（五）财务风险

马拉松赛事财务风险主要从结构、流动两个维度产生，如筹资、投资、资金运营等财务活动，这些活动贯穿马拉松赛事全过程。此项赛事中政府资助占最大投资比例，其次是体育彩票公益金、报名费、赞助等，由于报名费、赞助金额存在不确定性，因此也成为最主要的财务风险。在赛后善后阶段，财务工作的妥善度决定了赛事的盈利能力。在市场化程度不断提升的马拉松赛事办赛生态圈内，赛事盈利能力始终为各办赛方所重视，因此做好赛后阶段财务工作，合理节约成本，防止浪费，增加盈利始终具有其重要意义。而在另一方面，赛事纠纷风险表现出相对较高的重要性，也是因其对建立赛事品牌与赛事口碑具有重大影响，使之在办赛方的再三权衡之下仍无法忽视。

（六）场地器材设施

场地器材设施的风险分为在比赛过程中所需器材设施的自然损耗和人为破坏的风险，以及器材设施对他人安全带来的危险，如赛事所需器材设施摆放、使用不合理导致安全事故。场地器材设施是整个赛事正常举办的物质基础，马拉松场地器材设施的风险主要体现在两个方面：根据马拉松赛道特点，赛道两边属于公共区域，两边的树木、广告牌等存在着不稳定性，成为风险诱导因素；赛事器材设施本身带来的风险，在搭建、安装、使用器械时，由于人为损破坏和环境不可抗力等因素，造成建筑物的损坏、倒塌，产生安全风险，不利于比赛的正常进行。

通过对赛后的各个风险评估可以将这几个风险归为高、中、低三类风险，在赛事运营阶段的重要度比较中，赛前筹备阶段最为重要，赛事运行阶段次之，赛后收尾阶段重要性相对最低；在各阶段风险重要度比较中，与竞赛核心内容直接相关的各风险源、风险因素相对更加重要；在不同类型赛事风险重要度比较中，财务因素重要度相对最为突出，人力资源因素重要度次之，外物因素重要度相对最低。同时，不同等级区域的风险有其相应级别的应对措施，从而达到在马拉松风险的管理及应对方面能够更方便快捷。

第三节　我国大型体育赛事风险管理机制的建立

一、建立赛前风险管理防范与预警机制

通过对我国马拉松赛事风险进行识别，明晰风险致因，制订我国马拉松赛事赛前风险预防方案，以达到规避风险、降低因赛前风险所造成的

损失。根据马拉松赛事在举办前可能遇到的自然风险、商业风险、人员风险、政治风险、组织风险建立赛前风险管理防控与预警机制。风险应急预案是根据历史经验对赛事风险进行推测和判断，是减少赛事风险发生和降低损失的有效手段。预案中应包含预防各类可能发生的风险和风险发生后相对的应对措施，以及各部门人员分工等内容。确保风险一旦发生，相应工作人员能够第一时间到达现场并根据预案有效应对、控制风险。风险应急预案不是一成不变的，在赛事准备阶段，预案应该根据遇到的新问题随时调整，具有一定的可变性，保证其时效性。成立一个强有力的赛事内部控制及监管机构，对可能出现的风险事件进行预先演练，如火灾、人群拥堵时的疏散、机器设备发生故障时的预案应急计划、防暑应急计划等。

（一）赛事组织筹备工作管理机制

马拉松赛事需要清晰的组织管理架构，配备的组织机构、管理人员和竞赛组织专业技术人员与马拉松赛事的规模、内容相适应，并且各组织之间要相辅相成，协调分配赛事的一系列准备工作，主要包括赛事细节的规划、主办方承办方间的沟通、赛事组委会的成立与组织结构的确定、赛事的报批、详细的赛事各方面工作的计划与安排，要综合考虑，全面分析，做好充足的准备迎接赛事。

1. 规划赛事细节

科学确定赛事的日期，提前进行气候测试，关注气象台天气预报，为马拉松运动的开展选择适宜的气候和天气条件；准确选择马拉松赛事的地理位置，一些城市马拉松的位置选择，如海拔高度要在一般人群的人体可接受范围内进行选择；合理评估赛事的最佳起终点位置与赛道的路线设计，最大限度地为城市经济、文化宣传等方面带来最优效果；设置不同的赛事项目，吸引更多群众参加赛事，以保证运动参与人群的广泛性；确定参赛选手的规模与赛事举办的特色；赛事的预算成本（赛事的宣传费用、电视转播费、奖金等）；赛事的目标与呈现效果等方面。

2. 主办方与承办方的沟通

国内多数马拉松赛事是由地方体育局或政府部门承办，再寻找赛事公司去执行，也有少数赛事是赛事公司发起，申请地方体育局或政府部门进行配合，二者分别为赛事的主办方与承办方，双方讨论一起确定赛事举办城市的实际情况能否满足赛事规划的要求，如赛事的细节方面：比赛起终点的位置是否合理、赛道的设计是否科学、各组织机构的配合方案、举办地是否能容纳大量选手的到来等。同时，作为赛事的承办方还要依据赛事本身来规划特色方面、宣传的重点、赛事所需要的成本、各部门的人员构成等事项以供主办方进行参考。

3. 成立赛事组委会，确定组织结构

赛事组委会主要是就赛事的各个方面设置各职能部门，以此来保证赛事的正常运行，职能型组织结构是马拉松赛事常用的组织架构。各职能部门与其负责的具体事项分别为：公安交警部门负责马拉松赛道整体区域的交通管制与调度安排，赛事举办期间的安全保障工作与秩序的管理；路政部门负责赛道所需设施的搭建与赛道的路面管理；卫生部门主要负责运动员健康的赛道补给；医疗卫生部门主要负责安排赛道旁与起点和终点的医护人员，在运动员出现意外紧急情况时给予医疗救助；环卫部门负责赛道的环境保卫工作，及时清理赛道垃圾、降尘洒水等工作；文化体育旅游新闻部门主要负责宣传城市、拉动当地的旅游产业与经济发展；气象部门负责提供比赛当天的天气预报；团委部门负责安排赛事的志愿者，包括在校大学生与社会志愿者组织；公交部门负责协调赛事起终点与沿途公交线路的改变。以上职能部门在赛事协调会上需要根据承办方所提出的具体要求给予反馈，能否满足其要求，再进行下一步的协调工作。

4. 赛事的报批

各职能部门经过协调后，赛事承办方会出具一份详细的赛事举办计划报告，报告包括马拉松赛事各个方面的具体事项，如组委会的整体构成、赛事组织筹备与完成的经济预算及落实情况、竞赛组织计划、不同人员接待工作计划、开闭幕式等重大活动的筹备计划等。赛事主办方将这份报告提交给中国田径协会进行审核，审核通过后赛事就可以面向社会招募参赛选手。在此过程中，赛事承办方需要同步进行官方网站的建立、赛事相

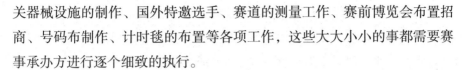

关器械设施的制作、国外特邀选手、赛道的测量工作、赛前博览会布置招商、号码布制作、计时毯的布置等各项工作，这些大大小小的事都需要赛事承办方进行逐个细致的执行。

5.赛事细节的安排

赛程开始前的一段时间内需要赛事各职能部门组成的组委会召开会议进行协调，各部门依次汇报工作进度，在过程中，若出现计划外的问题，需要举办赛事的公司启动针对意外发生情况的应急预案来确保赛事的正常举办。另外，举办方工作人员需要在赛前及时地告知选手天气信息、物品领取须知、起终点地及交通信息，并及时进行志愿者、裁判员等赛事工作人员的培训工作。

（二）人员培训监测机制

随着我国马拉松赛事的蓬勃发展，参与人员呈井喷式增长，其所引来的运动伤病类型也随之增多，甚至是猝死。人员风险是马拉松赛事中最主要的风险因素，其主要原因是与赛事相关的人员是动态的，是一个独立的个体，有着独立思维和意识。为确保马拉松赛事的正常运作，需要严格规范各类参与人员。马拉松赛事的参与人员主要包括运动员、裁判员、志愿者和赛事组织者。面对可能发生的人员风险，应从运动员、裁判员、志愿者和赛事组织者四个维度进行马拉松赛事的风险预警。

1.运动员

运动员是马拉松赛事的参与主体，在赛前对运动员进行体质检测是不可避免的也是最重要的一环，不能因为运动员自愿参赛报名马拉松赛事就疏于管理，而是要通过体质检测查看运动员是否服用兴奋剂，其生理机能及身体素质是否可以支持其完成所报赛程，体检结果要符合参赛标准，同时要进行多次体检，彻底排查隐性疾病的存在，防止猝死事件发生。对于参赛的业余选手来说，健康是其参赛的主要目的，开展赛前相关培训会可以使运动员在参赛过程中如果遇到风险时能够沉着冷静地应对处理。在赛前多做关于马拉松运动健康的宣传，通过线上短视频和线下印刷手册等手段进行的赛前医疗知识普及，同时邀请专家或学者开展医疗急救知识普及专业讲座，尽可能安排时间对运动员进行赛前热身、赛中合理比赛、赛后恢复的培训，也可通过组织人员宣传或微信公众号上发事例及文章，让运动员更多地了解关于运动损伤、运动疾病的知识，防患未然。18岁以下的未成年人参赛，组委会须要求其监护人或法定代理人签署参赛声明。在参赛过程中运动员可以佩戴电子设备等对运动员的身体进行实时的监测，最大限度地避免风险的发生，同时要购买相应的保险，若有事故发生，组委会对运动员及家人要有相应的措施，以避免负面影响扩大。为确保运动员能按时到位，相关工作人员在赛前要查看是否有运动员缺席和受伤的情况，倘若有，应及时登记及上报。马拉松赛事的参与人数几乎是所有赛事中最多的，因此踩踏事件也是在举办马拉松时需要考虑的问题。组委会在赛前可以将已规划好的路线图分发给运动员，让运动员更好地了解地形及路线，做好赛道规划，对于跑道、观赛区、补给点、停车点等都需要进行合理规划，防止观赛人群、运动员及其他人员在入场和退场等高峰时间段一窝蜂聚集，避免踩踏事件的发生。赛前发放安全手册也是不可缺少的一环，手册内应含有基本应急处理技能和相关人员的联系方式，使得风险发生的第一时间能够进行有效的处理。

2. 裁判员

裁判员在马拉松赛事中是不可或缺的一部分，在赛事的整个过程中裁判员也会对风险造成一定影响，如裁判员的失职、业务能力不足等。因此，针对裁判员的选拔不能单纯考虑裁判级别的高低，在赛前应对裁判员进行全面的考核，在裁判员选取时不仅需要根据规定的审核标准提供相应的资格证书，还要考虑到裁判员的道德修养，从而更好地确保裁判员的业务水平及道德水平，同时应该要选取执裁经验较多的、业务能力较强的、马拉松专项的裁判员，确保本场体育赛事的结果是公平、公正的。在赛事的整个过程中应有裁判长负责赛事整个过程中裁判员工作的具体分配与管理，同时要严格遵循裁判员管理制度，以此标准贯穿整个赛事。部分分配到责任重大岗位的裁判员要反复学习重点工作，以确保公平、公正的赛事顺利进行。

3. 志愿者

志愿者是参与整个赛事始终的群体，对于马拉松赛事的正常运行具有不可替代的作用。志愿者的选拔对本场赛事也是至关重要的，大多数的志愿者是培训几天就正式上岗，使得本场比赛有着较多的不确定因素，因此在选拔志愿者时要多从高校或有体育兴趣的人群中着手，另外还要选取一些会哑语、手语等有着特殊技能的志愿者，为本场比赛提供更好的便利。同时为提高马拉松赛事的服务水平，赛前应对志愿者进行培训和实践演练。利用更多的时间对志愿者进行马拉松赛事常识及赛事安全知识的普及，如如何接送运动员、处理受伤、发放补给和处理突发状况等基本常识，赛前对志愿者进行培训可以在一定程度上规避赛事中不必要的风险。组委会可将马拉松赛事场地制作手绘板或电子版地图发放给志愿者，让大家提前熟悉路况及路线的安排，更好地让志愿者履行自己的工作职责，对本次马拉松赛事出现的国外运动员进行一定了解，并学习一定的相关语言，尽可能地对这些常见外语口语进行培训，避免赛中出现与外籍人员无法沟通的尴尬，组委会应保证志愿者的安全，加大对志愿者的福利政策。同时，对志愿者的赛前培训包括对整个赛事程序的了解程度、特殊运动员的基本情况、管理者所在位置与联系方式、救援队伍的联系方式以及突发情况的处理方式等进行考察，如果这些情况志愿者本身并不了解，将无法完整地完成自己的工作。

对志愿者的培训应分为三步：第一，引导志愿者从思想上认识到其工作的重要性，提高志愿者的专业技能和应急能力，进而提高服务水平；第二，赛前进行赛事场景模拟演练，使志愿者熟悉工作流程和任务，在演练中发现问题，并及时处理；第三，选取综合素质较强的志愿者，成立一个应急小组，培训一些急救常识和操作手段，如"黄金6分钟"的紧急救助等，做好随时辅助救援人员工作的准备。赛前对志愿者是否能准时到位、志愿者的身体状况是否健康没有疾病等进行核实和检查，确保志愿者能够在赛事中高效地完成任务，并根据每个人的不同特点，进行岗位分配，以此保障马拉松赛事的正常运作。

4.赛事组织者

赛事组织委员会所采用的组织结构是职能式结构，即设立各职能部门和主管，在各自的职权范围内直接下达命令和指示。在这种组织系统中进行赛事工作时，各职能部门需要相互配合，承担各自职能范围内的工作。城市马拉松赛事主办方应依据本场马拉松赛事的特点和规模，设置一个服务于本场赛事整体的组织机构。赛事组织风险主要包括比赛场地、比赛时间、人员分配和调度、场地器材设备等。从我国当前城市马拉松赛事组委会的组织机构设置来看，主要包括竞赛部、办公室、安保部、宣传部、医疗保障部、志愿者部、市场开发部等，各部门依据各自的分工对各项赛事内容进行管理。赛事组织风险即是由于赛事组委会各部门或部门之间的工作失误引发的风险。近年来，有关马拉松替跑、转让号码簿等风险的发生，直接表明我国城市马拉松赛事在赛事组织管理上仍存在较大风险漏洞，赛事组织者在组织本场马拉松赛事时，既要考虑到对人的管理，又要考虑到对物的管理，虽然在马拉松赛事中可能有些问题并不是赛事组织者直接原因引起的，但在客观上也暴露了赛事组织者在管理工作上的重大失误与需要改进的一系列问题。参与吉林省马拉松赛事的运动员来自世界各地，在切身利益处理不当时会对赛事组织者产生负面情绪，从而导致暴力伤人事件发生。赛事组织者需要制定赛前管理制度，对各管理者的素质、能力及应急反应等进行考核和培训，以此为马拉松赛事的正常运作奠定基础。

（三）组织机构监督惩罚机制

首先，建立组织机构惩罚机制。通过举办马拉松赛事的结果与赛事各部门的业绩挂钩，提高各个部门人员的工作效率，降低组织风险。各部门之间不只有竞争，更要有互相帮助、共谋利益的精神，做到各个部门之间有效衔接，互帮互助，互利共赢，共同携手组织好马拉松赛事。

其次，严厉打击贿赂赛事组委会的行为。从大型体育赛事活动数量和规模增长速度的实际情况及目前存在的问题来看，应当建立法律监督机制，严厉打击任何已经贿赂或企图对组委会实施贿赂从而取得优异成绩或者其他利益的行为，对组委会成员加大思想上的教育，严禁出现任何越界行为，加强政治教育，明确自己工作的规章制度，明确自己的职责所在。

再次，做好对体育赛事的有效分配。统筹安排各部门事务，对于交叉管理，建立领导小组进行合理分工合作，明确风险管理的方面或者风险管理的审查标准，建立责任分配制度，做到各个容易发生风险的地方都能有明确的小组及责任人去负责，在风险发生的第一时间能够有负责人及时对风险进行有效规避。

从此，责任分担的基础应当是与利益的分配成正比的，这是市场经济规律的要求[①]。在大型体育赛事活动中获得利益较多的一方应当承担更多的责任，负责越少部分的一方得到的利益也就相应较少。现在多数的大型体育赛事属于商业性活动，走市场化道路，以盈利为目的。主办方或承办方从大型体育赛事活动中获得收益，就应当对活动的风险管理负有相应的责任。参与城市马拉松赛事协同治理的多元主体内部需要明确各自在赛事治理决策和执行环节的责任，这就需要构建一个清晰的责任标准体系，从而确保各个治理主体行使的权力是成比例的，符合各自利益诉求和赛事治理目标。

最后，建立相应的监督机制。对赛道路面状况的维持、赞助商广告牌的搭建、生态环境的保护要时刻进行监督，并对执行不力的工作人员进行惩罚，建立公众举报的制度，统一对大型体育赛事的认识，对马拉松赛事风险管理的监管做出统一的规定，从而尽可能地做到更好的宣传。比如，以虚假年龄或虚假身份报名、以接力方式完成比赛等由组委会视情节轻重情况分别给予参赛选手取消马拉松比赛资格、禁赛1至2年及终身禁赛等处罚，并报请中国田径协会追加处罚。这些举措无疑不在监督着运动员的行为，同时也在监督着赛事的举办者，加强赛风赛纪的管理会使比赛更加完整地进行。

---

① 岳明,许青.大型体育赛事风险管理法律制度构建[J].体育科研,2011,32(2):84-87.

（四）商业合作权益保障机制

马拉松赛事的成功举办可以对当地城市的发展起到促进的作用，同时也对当地的经济带来巨大的利益。举办马拉松赛事需要在封闭道路、雇佣工作人员、卫生医疗及食物补给等环节投入大量资金，资金链断裂，其中任何一个环节都不可避免地会遭受损失。马拉松的商业风险主要是关于筹集赛事资金的经济活动。商业风险指主办方为了筹措资金用于各项经济活动的过程当中，各种不确定事件和活动导致经济财产发生损失。从盈利和支出的角度来讲，马拉松的支出基本没有太大变化，收入由两部分组成，一部分是参赛选手的报名费，另一部分是收入来源也是马拉松赛事资金的主要来源：赞助商，因此要极力维护与商业之间的合作。赞助商的变动也是马拉松赛事中最容易引发风险的因素，想要使得赞助商稳定，增加赞助商对本场赛事的忠诚度，就只能不断提高本场赛事的品质，做好对外的宣传。

首先，充分调动社会力量，进行商业合作。与一些有意愿拓展体育板块的公司达成合作，形成有资金出资金、有物资出物资的合作意向，并对达成合作的企业和赞助商给予相应报酬，如在赛道旁设置广告牌、赛事装备上粘贴企业标识等，借赞助商之手将各城市马拉松打造成著名的品牌赛事，不断提升马拉松的品牌价值以期得到长期合作。多举办一些群众可以观摩或者参加的活动，吸引更多的关注度，从而提升赛事的知名度。同时可以在赛前做一些公益活动，如在2016年北京开展的"北京马拉松梦想支持计划"公益项目，吸引了更高的关注度。

其次，寻求举办地政府帮助。非政府主体在组织本场马拉松赛事以及对接资源时，会受到相关因素的限制，同时在管理马拉松赛事方面会有一定的局限性。赛事主办方要积极向政府靠拢，通过政府的力量获得更多的资源及效应，组建结构清晰的马拉松赛事组委会，健全马拉松管理体制，设立资金筹集小组，通过和政府接洽，使政府可以在税收、财政等方面提供相应的便利，在赛区的选择、投放、安保工作等方面给予政策支持，为马拉松赛事的成功举办提供应有的资源。在此过程中，政府不仅要提供制度保障，还应注意减少对市场机构的干预，避免政府过度干预而发生诸如贪污腐败、过度投资等不良影响。

再次，积极开发赛事周边产品，进行专利保护。赛事主办方要在赛事举办前开发与知名运动员和本场马拉松相关的产品，延长马拉松的产业链，并对外进行相应的宣传，多渠道拓展资金来源。赛事组委会要建立专门的法律部门，保护马拉松赛事对周边产品的版权，严厉打击盗版行为。

从次，建设网络互动模式。在"政府主导、部门协同、全社会共同参与"这一赛事利益相关者协同治理模式的基础上，发挥政府主体的整合作用，强化政府部门内部的合作串联，以"政府部门+"的网格化结构建立起政府主体与非政府主体之间的协商机制[①]。更大力度地宣传马拉松赛事，建立多元治理主体间全方位、多角度、网络化的协商交流和互动模式，使得更多的非现场群众也可以参与进来。

最后，对于赛事举办城市、赛事运营机构、赞助商、参赛者和观众这些参与城市马拉松赛事协同治理的多元主体而言，各自的利益诉求不同，相互之间的利益冲突也各有侧重，在赛事治理过程中的角色定位和职能也因人而异。因此，为了将各个治理主体有效联系和组织到一起，在合理的制度框架下发挥整合作用，就需要构建多元主体参与治理的协同机制、遵循公平合理的利益均衡和分配原则，达到良好的有效互动、共同管理的模式。

（五）自然风险预警防控机制

自然风险的发生不受人为的约束，马拉松赛事的举办情况是极其容易受到天气等自然风险影响的，对于雨雪等天气问题可以进行有效的预测，但是其他的自然灾害是不容易预测的。通过人为手段降低自然风险造成的损失是保障赛事正常运作的重要手段。有学者认为气温是决定马拉松赛事举办日期及时间的关键因素。《国际田径联合会路跑赛事组织指南》中指出，5℃～15℃是举办马拉松赛事的最理想气温。因此，更应该重视对自然风险的预警与防控，相对于处在高纬度的地区来说，不宜在冬季举办马

[①]　马迎志.我国城市马拉松赛事治理研究[D].南昌：江西财经大学，2018.

拉松赛事。

第一，选择合适的举办时期。做好赛前天气预测，确保天气预报准确，选取合适时间举行马拉松赛事，过热或过冷的天气都不适合举办马拉松赛事。高纬度地区冬季气温过低易有暴雪天气不适宜举办室外比赛，春秋气温适宜室外活动，利于马拉松赛事的成功开展。可以通过网站及移动通信信息的方式提前向运动员及相关人员实时传递天气信息。通过短信、网络等手段告知参赛者等赛事相关人员举办赛事期间准备好雨伞、一次性雨衣等工具。在赛事开始之前要做好其他自然灾害的预测及预防，如地震、恐怖袭击或其他不可控的因素而造成的整个比赛的停办、延期或改举行地址等。

第二，要注意举办地点的空气质量。例如，在大雾、霾严重的情况下并不适合举办马拉松赛事，不仅达不到运动的目的，还对身体有着极大的危害。马拉松赛事对运动员的肺活量要求较高，高质量的空气能帮助运动员的比赛进行得更为顺利，针对也许会导致赛事中途停止的自然情况，如雾霾、风暴等应及时请示组委会，暂时中止比赛，现场工作人员引导运动员有序撤离，防止踩踏、群伤事件发生，同时也对运动员的身体有益。因此，赛事主办方及专门的管理人员需要时刻关注天气质量，选取最佳时间段举行马拉松赛事，谨防在出现雾霾、大风暴雨暴雪等恶劣天气时举办马拉松赛事。

（六）政治风险调研规避机制

在大型体育赛事中，政治风险是影响赛事举办顺利与否的关键性因素，马拉松赛的政治风险特指涉及国外事务问题处理不恰当及一些敌对的势力、邪恶团体对赛事进行冲击导致比赛产生的损失，如恐怖主义、宗教信仰、饮食习惯、文化差异等都会成为政治风险的导火索。政治风险可以分为国内层面和国际层面。首先在国内层面上，在赛事举办过程中邪教组织制造不和谐流言、散布反动消息等。其次在国际层面上，我国城市马拉松赛事吸引越来越多的外籍特邀选手和普通选手，尤其是非洲各国的选手居多。马拉松赛事的参与人群来自世界各地，他们的风俗习惯、意识形态、宗教信仰等具有一定的差异，不了解其背景势必会引发不必要的纠纷，而使马拉松赛事主办方承受一定的政治风险。因此，在赛前要向相关的人员充分学习和了解相关礼仪，规避政治风险的产生。

首先，在赛前对来自不同国家和地区的运动员、志愿者和赛事管理者进行民族或者地区文化调研，对来自不同区域、有着不同文化差异的人群所提出的合理要求要尽可能地满足，对不同的人员不能有任何差别对待，同时要考虑到他们的风俗习惯及礼仪差异，避免转化成外交问题。尊重参与人员的宗教信仰自由。因宗教信仰发生的政治问题屡见不鲜，法律规定我国人民宗教信仰自由，面对有不同宗教信仰的运动员、志愿者等群体，要有正确的宗教观，不因宗教信仰不同出现歧视。

其次，面对恐怖主义的肆虐，在举办马拉松赛事之前要同相关部门进行合作，尤其是公安、武警部门，对赛区的安保进行多次详细的检查，严厉打击恐怖主义及有不法行为意向的不良分子，严防各类恐怖袭击事件发生，赛前还应大力宣传这些知识给运动员及观众，遇到恐怖袭击切记不要慌乱，听从指挥，确保马拉松赛事参与人群的安危。

最后，应联系相关的安保部门或公安局等管理人员共同对赛事沿途区域进行治安综合管理，另外采取多项措施加强对敌斗争、重点人员监控、爆炸物品管制等工作。在比赛当天甚至前几天对马拉松举办赛点较近的车站、火车站、人流量较大的地方进行严加管控，彻底排查非法分子的输入，同时可以派出大量的安保人员和机动备勤力量，防止和处置突发事件。为防止火灾发生和应急处置，可以安排消防部门在附近的指挥中心待命，全方位多角度地防止相关风险的发生。

（七）安检与安保体系保障机制

1. 安检体系

由于马拉松赛事场地的特殊性，赛道设置长且场地面积大，参赛人数庞大且繁杂，因此赛事会出现管理失控的风险，产生一系列不好的结果。为了降低意外危险情况发生的系数，给城市马拉松赛事的良好运行提供保障，需要创建一整套完善的安全检查体系，以防止参赛运动员通过不正当途径获得比赛资格，觊觎赛事奖金。依据参赛选手违反比赛规定的程度建立处罚办法，主要包括取消比赛成绩、禁止参加该项赛事，若情节严重者则可以将该名运动员拉入黑名单，终生禁赛。培养并加强部分竞赛场地的安保人员与管理人员的岗位责任感与道德素养建设，不允许出现责任人擅离岗位与道德缺失的行为，这些行为一方面对赛事造成不良的影响，另一方面，这些行为也会为参赛者带来不必要的麻烦，同时将会影响到赛事的正常进行，这也在一定程度上为体育精神带来负面影响。因此，必须加强赛事的安检体系，为马拉松赛事的成功举办保驾护航。

2. 安保体系

安保系统关乎赛事秩序的正常运行，科学严密的安保体系是马拉松不可缺少的重要方面，马拉松赛事场地有特色且范围广，面对庞大的安保范围首先需要清晰地划分安保范围，明确各自负责的起终点与赛道、沿途住宅区、沿途公交站点、地铁口与道路交通路口管辖范围，提前制订好道路交通管控方案。其次，对于封控好的赛道，需要层层管控，动静结合，主赛道严禁赛事无关人员进入，同时做好赛道分流道口的设置，注意对赛道周围可疑人员与车辆、物品的观察与监督，及时排除不利因素，及时疏导赛道周边的观赛群众，最大限度地减少由于赛道的封控给周围居民带来的不便。再次，做好赛事重点人员的监控。对于参赛运动员中有过不良社会行为的选手安排专员进行重点监督，防止其在比赛中发生破坏赛事规则、影响他人比赛秩序的行为。最后，做好应急处理方案，面对突发问题时要做到主动应对、果断处理、快速解决，当参赛选手在赛道上突发身体不适时，第一时间联系医护人员，报告运动员具体位置，疏散聚集人群，为伤者开辟救援通道，及时送往就近的医院接受治疗；当参赛运动员之间发生冲突时，要迅速就位了解情况，及时调解，态度友好地介入干预；当赛道周边有不良行为发生时（如发放传单、乱拉横幅条幅等），要迅速前往制止，将其驱逐现场；当赛场周边发生意外情况（如火灾、房屋倒塌、地面塌陷等）时，要迅速组织警戒，第一时间疏散周围群众，启动应急预案，通知救援人员与医护人员展开救助，最大限度地控制住现场局面与消极影响。

二、建立赛中风险管理应对与干预机制

风险管理计划的实施离不开高效的内部控制运行机制，它是防范赛事风险的关键，是整个赛事顺利进行的重要保证[①]。赛中运行阶段是整个赛事运营的核心部分，是赛前风险预警工作的体现和赛后保障机制的交汇，是两者表现的融合，直观地映射出赛事的办赛水准。一方面，赛中阶段存在着一系列的复杂因素，考验着赛事人力资源的运用和后勤物质保障的能力。另一方面，赛中运行对运动员本身也是一种挑战，运动员在比赛中的不同表现能够给观众带来不一样的感受。总的来说，赛中运行阶段的影响因素越多，其面临的风险就越多，如人员风险、自然风险、组织机构风险、政治风险、商业风险等。在制订应急方案时，应邀请赛事的管理专家加入研究行列，与工作人员在赛事实际操作中得出的经验，二者有机地结合形成一套科学的应急方案。仅有方案是不够的，还要对应急方案进行宣传。方案制订好了，但具体的实施人没有很好地掌握这项技术，做的应急方案就等于是一个文案，对赛事中的风险起不到降低的作用。本节主要针对以下马拉松赛事主要面临的赛事风险（如图6-2所示），提出相应的应对措施。

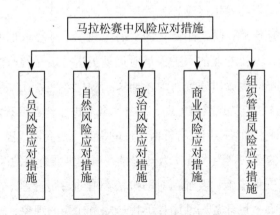

图6-2　马拉松赛中风险应对机制

---

① 龙苏江. 大型体育赛事风险分析及风险管理体系的构建 [J]. 体育与科学, 2010, 31（3）: 65-68.

（一）人员风险应对措施

马拉松赛事的人员风险是影响最大、后果最严重的风险因素之一。马拉松赛运动的参赛者往往是来自不同国家民族的运动员，其个人认知水平的不同和文化差异会导致运动员之间发生肢体冲突从而干扰赛事的正常进行，严重者造成人身伤害或死亡；终点裁判员在比赛过程中未进行公正、公平的裁决，偏袒某一国籍运动员，造成运动员或群众不满，从而影响比赛舆论。群体行为主要指的是针对观众的行为问题，观众能否按照工作人员的安排有序观赛也是比赛顺利进行的关键。此外，还包括除不可抗力外的人为因素，如纵火、偷窃、故意伤害、赛事临时工作人员相关责任风险等。人员风险可分为两类：相关人员风险与相关关系风险。相关人员风险包括事件参与者的复杂性，如运动员在比赛中可能面临的运动猝死和赛场救护水平之间的冲突；相关关系风险包括个体极端行为和群体爆发性行为，如个人极端行为包括马拉松参赛者之间发生冲突、运动员和裁判员之间的冲突等。针对以上风险可以制订出以下几种应对措施：

增加赛中医疗保障：马拉松比赛与其他赛事所不同的一点就是它对参赛者的运动水平要求不高，一些没有运动经历或者是运动经历极少的人一样可以参加马拉松比赛，而对于这种人群很有可能在比赛中发生一系列的运动损伤，严重者会发生运动猝死的现象。因此，在进行马拉松比赛的过程中要加强医疗保障，规定距离之内要有急救车，并在赛道沿途尽可能多地设置医务站，安排专业的医护人员对运动员进行定时的监控，观察选手状态，在赛道不同距离段还要有绿色通道，确保参赛者在发生运动损伤时能够及时地被送往急救点获得救助，另外医务救助工作者或其他人员都需要有相关资格认证，如果聘用没有资格认证的临时人员会造成极大风险隐患。最好提供相应的医护陪跑人员，为马拉松赛事提供强有力的医疗保障。

加强赛场安保措施：要加强对马拉松赛道的封闭管理，在马拉松比赛过程中会出现很多扰乱赛场秩序和干扰运动员比赛的现象，这不利于比赛的顺利进行，还可能会对运动员造成人身伤害，因此要加强安保工作，维护好比赛现场的秩序，在确保救护车顺利通过的情况下对十字路口进行封锁。在观赛人员聚集较多的路段要安排更多的安保人员，并定时对赛场进行巡查，发现扰乱比赛秩序的人员要立即驱逐出场，在一些没有隔离带的小路口，用三角锥和警戒线隔离，避免机动车突然冲入赛道造成故意人身伤害，还要确保在场参与人员与自身的人身与财务安全。例如，对于观众或志愿者携带的易燃易爆物品、管制刀具等极有可能导致比赛场馆发生突发恐怖袭击的危险品，就必须要在观众入口处安装金属探测器或委托专业团队进行安全检查，达到消除或减少此种风险的隐患。

改善后勤保障服务：比赛中食品和饮料的供给至关重要，为了保障食品安全要派遣食品安全协调员进行食品安全协调工作，对赛中所提供的食物进行检查，确保食品安全卫生，并且要保证供应量，方便运动员在不同赛段的使用。除此之外，要在赛道合适的位置设置可以移动的厕所，为运动员和观众提供方便，在比赛中赛道发生紧急情况时要及时处理，必要时设置警示标志，为人员安全和比赛的顺利进行提供强有力的保障。

引入赛事安全监测干预体系：我国田径协会所提供的心率预警大数据运营系统服务可以通过联动云端警示屏、智能设备、成绩查询、医护软件，对比赛中的运动员进行实时监控，一旦出现心率快速变化则有相应的报警功能，为参赛者的安全保驾护航。

在赛前人员进场时，要注意不同性质的人员分别进场，如可以组织管理者和志愿者先进场维持相关秩序、做赛事工作准备，后续运动员和观众再进行入场，避免高流量人群入场，避免出现拥挤、踩踏事件等。在终点处人流量较大且人员复杂，媒体、志愿者及观众大多会在终点处等待，因此在终点处配备相应的警员及安保人员是必不可少的。

（二）组织风险应对措施

组织风险是在比赛中组织者对比赛进行管理时，以及每个部门统筹合作进行协调时出现的风险。就一个项目而言，为了避免危险，首先必须加强公共卫生制度建设，为了达到这一目的必须严格赛事管理，同时充分地利用科技成果，注重提高其他工作人员的安全意识[①]。为了完善组织风险

---

① 周向成，卢存. 降低马拉松比赛运动员猝死几率可行性的研究［J］. 体育科学，2014，4（18）：67-69.

运行机制，首先我们应完善各种规章制度，并认真地进行落实现就防止组织管理漏洞提出以下相应措施：

以项目为分类划分不同的区域：将大多数的人员进行分散，避免了参赛者拥挤而发生撞击、推挤、跌伤甚至踩踏等事故；对同一个项目的专业组和非专业组进行区分，或者根据不同条件改变同一项目的比赛时间；对于其他非运动员人群，如志愿者或观众等不参加马拉松比赛的应有相应的所在区域，不能跟运动员等在一起，以防扰乱运动员比赛。

对相关人员进行赛事培训：严格按照国际田径联合会对马拉松举办的要求，总结归纳国内外各个马拉松赛事的风险发生因素，借鉴优秀的比赛成功经验，对裁判和志愿者开展有关赛事训练与教学，注意抓细节，掌握好各个环节，强化国际大赛的工作理念。

设立专门的志愿者部门：对招募到的志愿者进行统一管理、组织和培训，并按照需要分为组织协调组、宣传活动小组及后勤保障业务组等，提高志愿服务水平。

加强跑道安全设施：在跑道沿线配备保安人员及志愿者，并安装隔离设备使跑道周围构成一种全封闭的自然环境，避免非比赛人士进入影响正常赛事，并在每隔百米处布置一名或多名志愿者对参赛人员进行观察和监督。

加强赛事信息管理：广泛使用电子设备，在提升比赛质量的同时又采用人工录入比赛信息，使电子和人力相结合，保证数据的准确性和稳定性，确保能够及时向组委会反馈赛事信息。

进行赛事预演，制订应对预案：针对比赛的特殊性和实际状况制订风险应对预案，并由各工作组按照各自责任部分分别开展合作预演和单独预演，做好比赛人员的思想教育，提升业务素质，保证人员了解并掌握自己的职责及参赛时的紧急处置措施等，提高各部门的协调和配合的能力[①]。

各个区域应有相应的指示牌：如入场区域、退场区域、休息区域、等待区域、运动员检录区域、厕所等都应有规定的指示牌，避免人群拥挤难

① 刘东波.大型体育赛事风险管理研究 [J].体育文化导刊, 2009, 8 (3)：8-12.

以找到相应的区域。

加强卫生的监控：由于马拉松赛事时间较长且人流量较大，路线场地也比其他运动项目复杂，因此在卫生管理这一方面应配备更多的人员监督，马拉松赛事本就是宣传城市文化的一种方式，需要更加重视卫生管理方面，塑造绿色城市形象，宣扬美好的城市文化。关于参赛者和工作人员对比赛任意抛弃废弃物、污染赛场或者周边环境的现象，比赛组委会一方面要制定监管办法，及时发现污染环境的行为，并进行制止，一方面形成惩戒制度，对一些不听劝导一意孤行的人员，进行罚款处罚或者其他形式的通报批评。

进行风险转移机制：在赛前和赛中的赛事风险防控之后，一部分风险还是有可能发生，而且极有可能会对比赛产生巨大的危害，如各种原因引起的赛事停办、意外伤害等。购买比赛体育保险是比赛组委会向保险人支付相应数量的保费，在发生意外时，就会在保险人手中得到补偿，并把风险留给保险公司的一种方式。不过赛事体育保险也仅仅是比赛风险管理中的部分内容，并不可以完完全全地取代整个比赛风险管理，而只能利用之前的比赛风险管理、预案演练等方式，去降低整个比赛的风险出现的可能性，如此就可以将所有花费于赛事体育保险中的支出，控制在一个合理的控制范围之内。

（三）商业风险应对措施

随着国际马拉松市场化的进展，在商业风险中，企业赞助、招商组织、广告媒体宣传和销售活动等的参与，往往伴随着赛事会徽、纪念品及附属商品的开发，商业风险日益突出。马拉松赛事的正常进行离不开市场开发和财务运营，在比赛赞助商、供应商、广告媒体等项目上会出现一定的风险，一些非法商家和不正规媒体会在比赛中故意使用宣传标语或者向观众及参赛者递送与比赛无关的物品，进而影响到比赛的顺利进行。同时一些运动员在获奖后领奖时没有穿戴赞助商提供的鞋子或衣服，赞助商可能会在之后不会再考虑赞助本主办方操办的马拉松赛事。面对以上问题可以采用以下措施：

雇用专业的项目法律咨询：可以参考中国的马拉松赛事组织运作模式，聘请马拉松赛事律师全程负责活动方针和流程的制订，对项目赞助、诉讼、项目合作、风险管理进行专门的法律顾问。

加大赛事宣传力度：在比赛中利用广播和宣传标语来宣传本次赛事的合作商和赞助商，加大宣传力度来掩盖小广告、小标语行为的出现。

提高市场开发人员的专业素质水平：在进行与商业合作对接时应选择专业素质水平较高的人员与商业进行对接，同时开发市场人才，组建一支具有专门负责商业对接的部门进行定期的学习与培训，相关人员专业素质水平的提升有助于应对商业风险的发生。

加强对广告的监控力度：在赛中要加大对无用广告的监控，对于不是商业赞助的广告一律严加管控，对派发广告宣传单、递送与比赛无关物品的行为要及时制止，为商业赞助商提供一份保障，同时也避免对参赛者造成伤害。对非比赛合作商户实施限制、驱赶、处罚、没收商品或者实施其他处罚手段，保障赛事的顺利实施，保障合作商户的正当利益。

发展比赛实物产品：比赛组织者把市场研究上的重点放到了比赛赞助商上，希望通过比赛的商品赞助来实现项目的顺利运营和资本回报。虽然比赛的赞助商起到了资金回收的作用，但这并不是长远的解决办法，应打造赛事的相关实物产品，通过赛事相关实物产品的开发和利用，打造一个赛事的品牌影响力，且长期在消费市场上起到一定收益的效应。

（四）自然风险应对措施

马拉松赛事中的自然风险虽然是发生概率较低的因素，但其一旦发生破坏性极大，会给比赛带来巨大的灾难，因此一定要严加防范，做好应对措施。

完善信息管理系统：信息管理系统贯穿马拉松赛事的始终，在比赛进行中可以通过信息系统及时反馈场上信息，在赛道突发紧急情况时要通过信息系统及时向组委会和相关人员播报情况，在遇到大雨、冰雹等突发自然现象时要利用信息传递平台实时推送场地信息，并指导人员进行疏散撤离，信息管理平台的完善是马拉松赛事重要的安全保障。赛事组委会可从气象部门获取信息，通过多种渠道对运动员和市民进行播报，如遇到小雨，希望运动员做好赛前热身，注意身体保暖；如果遇到大雨，运动员还应该采取一定的保护措施，比赛结束后，运动员需要尽快将身上雨水擦干，预防感冒。

合理利用赛事风险应急预案：在面对突发事件，如自然灾害、重特大事故、环境破坏及人为破坏时应当立即启动赛事应急预案，对现场进行应急管理、指挥、调度和救援。在马拉松比赛的过程中，如果遇到台风、山体滑坡等自然灾害时要根据事先设定和演练的应急预案对突发情况进行处理，要根据事件发生的态势和情况在关键时刻合理利用风险应急预案，而不能无故或随意采用应急预案。

落实相应责任分配制度：在比赛中各个管理部门要确立相关任务及职责，把每个职位的任务、要求具体化，责任要分配到个人，一旦出现自然灾害各个负责人要第一时间赶到救援位置，这样在面对突发自然灾害时各部门才能有条不紊、高效率地解决问题。

（五）政治风险应对措施

马拉松比赛涉及国家和城市非常广泛，在举办马拉松赛事的过程中会有不同宗教、不同国家的人参加，因此要特别注重每个国家的礼仪和饮食习惯，做好安保措施以防不法分子和邪教的侵入，主要可以采取以下措施：

对赛场人员进行排查：在比赛进行的过程中要派人对赛场附近人员进行排查，发现可疑人员立马上报。

树立文明标语：比赛中在人员集中的路段设立文明标语，提醒参赛者和观众文明参赛与观赛、尊重他人。

增加对警车、警力的投入：在赛事当天所有警察到位，拖卡、清障车辆、预警车、巡逻车都要停靠完毕。在比赛中要安排武警巡逻车对现场进行巡查，以防邪教组织和犯罪人员破坏比赛、伤害他人，可以设立流动的警亭，尽量在人员密集的地方投入更多的警力，确保人身安全和比赛的顺利进行。

合理应对涉外事务：赛事组织者和相关人员在处理涉外事务时要认真

对待，友好交涉，尊重各国礼仪，避免利益冲突。

对赛场工作人员提前进行相关文化培训：包括政府部门人员、审议员、义工等都要培养互相敬重、合理节约的心态，避免触及忌讳和敏感性议题。需要使他们充分地认识参加活动的来源于世界不同国度、地区，在语言、思想、生活习俗，以及宗教上的差别和不同情况，在信息接收和沟通等工作中以互相尊重、有理有节的态度服务群众。

政府与相关人员应做好与当地人民的沟通，注意与当地人民群众的协商，确保在赛事举办的过程中当地人民群众知情且无闹事者，不出现其他情绪，以确保政府与当地人民不起冲突，确保赛事正常进行。

与当地政府签订相关协议，由当地政府为赛事提供赛事补贴，在赛事过程中政府也要有参与度，由政府出面颁奖，做到有一定的政治参与，保证本场马拉松赛事的顺利进行。

三、建立赛后风险管理保障与保险机制

（一）物资保障机制

马拉松赛事组委会应在赛后针对此次赛事中出现的物资保障问题进行总结，并同金融、卫生、气象、通信、电力、供水等保障部门协同制订紧急工作的保障措施。要建设必要的紧急工作准备体系，保证紧急处置的贮备经费、医疗卫生用品通信基础设施、材料供应等；要建设应急物品监控信息系统、预警系统和紧急物品生产、储存、调用和应急物流体系，保证紧急物品可以有效地供应，并增强对储备物资的监管，及时予以填充及更新。马拉松赛后，应做好医疗用品和饮水的供给，以便运动员恢复体力。组委会在运动能量物质的供给上也应准备得丰富而多样，包括在活动时所使用的能量胶丸及运动的功能性饮品。对于需要颁发的奖品或纪念品等物资应提前准备好，以方便后续工作的顺利进行。赛事中所用到的器材、设备的拆卸、清理和转移，该区域关门后，水站、食物站、医护点、移动公厕、指导牌等由场馆人员负责拆卸、清理或迁离，路面仍然正常使用，设备收归后由赛会公共服务中心人员管理；计时设备则由芯片单位拆卸并搬

离。赛事完成后，起终场拱门、颁奖平台、领舞台、观众休息室将由建设企业人员拆卸并运离；电视直播系统由电视台人员拆除并撤离；声控、电子显示装置则由租赁企业人员回收并迁走。同时由主办方提供的物资及赞助商赞助的物资，都应进行清点并统一带回。

（二）安全保障机制

马拉松赛事的安全问题是马拉松赛事面临的首要问题。大型体育赛事的主体是人，包括选手、教练、裁判、赛会部门工作人员、志愿者、观众等，他们直接或间接地参加了比赛，在参加比赛的过程中随时存在着各种意外受伤的风险。马拉松赛事中的安全事故频频发生，如在2013年4月15日的波士顿马拉松赛上，恐怖分子在终点处引发两起爆炸，致使多人伤亡，影响极其恶劣。因此，保证马拉松赛事的安全进行，是马拉松赛事顺利进行的关键因素之一。马拉松赛事的赛后安全保障机制可从以下三个方面解决。①参赛人员人身安全和放松工作。马拉松赛事对运动员的体能消耗大，很多参赛人员在刚结束比赛时可能感觉没有太大异常，但是在赛后24小时之后可能会出现身体不适、肌肉关节酸痛等其他的情况，对此可在终点处设置专门的医疗点，配备足够的医疗物资和医务人员。此外，赛后的身体放松工作极为重要，因此可以在终点处设置专门的身体放松场地，并放置简单的放松器材，这样不仅能使参赛人员身体得到放松，而且能宣传基本的健身技能，利于全民健身更好的施行。②重要人员的安全保障。对于马拉松赛事中的重要人员，如出席开幕式的领导、形象大使或重点运动员，这些人员往往对比赛的开展有较大贡献，因此对于这些人员应加强保护力度。③人员疏散保障。重大赛事的现场往往人流密度大，极易发生拥挤、踩踏等易造成人员伤亡的事件，尤其是在出发点和终点，观众聚集密度大且人员复杂，也是各种诈骗和盗窃案件的高发地带。对于此情况，可在终点处设置参赛人员和观众疏散通道，并对不同人员区域进行划分。同时，对于来自不同地区的运动员或其他人员，应有相应的指示牌，以便他们更快速、有序地撤离现场。

（三）交通保障机制

交通管理也是比赛举办成功的关键因素。事故的发生过程是具有随机性的，最基本要求就是保证参与人员平安、正确、便捷抵达目标地区，保证比赛按时、顺利地进行，保证政府可以在紧急的事件下对应急交通工作人员可以优先安排、调配、适时放行，保证交通运输的平安顺利，保证抢险救灾物品和人力可以迅速、安全、第一时间送达。对赛事周边地区及主要的交通路线进行交通管制，并禁止一些机动车通过上述路线以减轻上述路线的交通压力；还在比赛期间对部分单位工作时间进行相应的一系列调整，进行弹性工作，错开比赛进场及退场的高峰时间，采用各种方式，在比赛期间达到交通安全、舒适、快捷、准时的目标。根据事故应急处理的需要，对事故发生的现场状况及应急通道实行交通管理，开设应急救援窗口，开放"绿色通道"，保证救援工作在第一时间能够到达现场，确保救援工作的顺利开展。

（四）救援保障机制

医疗卫生保护项目直接影响着选手、志愿者、评委和广大观众的生命安全，马拉松赛事中的风险问题引发人员伤亡的风险很大，所以医学救护是非常关键的。比赛组委会根据需要在赛道上各场地设立了医疗卫生点，并配备了专业的医师、护士、救护车及应急救援装备，同时，医疗卫生部门还负责组织医疗卫生应急专业力量，按照要求对可能出现的重大健康危险问题及时赶到事故现场，进行医学救护、病情防范管理和医疗应急工作。同时，指定医院作为赛会组委会专用医院。参与赛事进行中的救援任务的人也必须有专职的医师、护士执照，同时还应该配备相应的应急技术人员、救护人员、调度员、管理人员，在比赛结束后的终点站最好配有理疗师、按摩师，为运动员提供更好的放松条件，从而在参赛人员方面做到最大限度地减少风险的发生。针对实际情况，科学选择AED、医疗站点、救护车、医护保障队伍、医护陪跑队伍等，形成联动的快速急救保障体系急救机制[①]。这套医疗系统，给参赛者带来了涵盖赛前、赛中与赛后的全

---

① 梁海燕.2015年广州马拉松赛事管理研究［J］.运动, 2017（12）: 17-18.

面多层次的生命保障和关爱，在风险发生时能够第一时间采取解决方案。

（五）信息保障机制

比赛的信息管理风险是在比赛过程中信息传输的失败对比赛产生的损失。健全应急通信、应急电视广播等工作保障体系，完善公共通信网络，建立有线网络及无线网络相联合、电信网络与通信系统相配合的应急通信系统，确保通信畅通[①]。建立健全和严格执行国家突发事件紧急管理信息接收、传输、管理、上报及物流管理的工作机制，进一步健全已有的信息传送途径，确保信息报送设备性能良好，并配置必要的信息备份设施和力量，以保证信息的传输途径是安全有效且畅通的。赛事完成后，主办单位将及时总结运动员成果，向新闻单位移送、整理相关的文档资料，并公布最后参赛情况。最后，对赛事的所有信息进行归纳，总结办赛经验。赛事风险管理的经验与技能，是在不断总结的基础上逐渐发展与提升的。在赛后，政府应当健全风险管理后评估制度和不断完善激励机制，并形成相应的问责制度，以产生强劲而有力的赛事后风险管理执行的力量，保证各个后风险管理要点都能够取得预想的效果成效。在具体做法中，要仔细研究整个比赛风险管理环节的每一个细节，并分析在整个比赛流程中哪些方法是可取的，哪些是不可取的，并总结成功的方法与错误的办法教训，提出合理化的建议并总结经验，为大型体育赛事风险管理体系的优化走向规范化、制度化的发展道路提供一定的力量。

（六）商业保障机制

在赛后要提高马拉松的商业运行经验，进行多元化经营、多渠道筹资，形成一定的体育产业链，提高马拉松赛事的资金水平。马拉松不但有着广泛的群众基础，现在随着人民生活的提升，参赛选手也有了相应的居民消费意识。但是多数马拉松的产业链条并不能真正地发展起来。通过在活动现场增加比赛演出的方式，聚集赞助商和听众，进一步增加吸引力；同时做好活动的品牌打造，借助多媒体的宣传和互联网的推广，进一步提

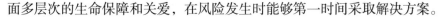

① 曹燕飞.体育风险和保障在我国的出现及其发展方向[J].山东体育学院学报,1999,(4):12-16.

高活动的服务质量和经济效益。通过整合大都市马拉松赛事中所涵盖的安全装备、医疗、计时信息、媒体传播、健康食品、跑步设备等，培养出可以进行专门供应的服务品牌，从而打通了大都市马拉松事中"比赛、出行、就餐、玩乐、购买"等多样化供应的大型赛事产业生态圈，进一步彰显多样化力量的协调管理的综合效益，多元供给的赛事产业链，彰显多元主体参与协同治理的社会效益。

（七）法律保障机制

在赛事的整个过程中，赛事的相关规章制度及法律法规在比赛中有着至关重要的意义，大多风险的出现都没有在法律层面授予保护，所以在风险发生时甚至发生后都没有得到很好的处理，因此在赛事结束后要总结本场赛事出现的风险，推进完善立法层面，一方面应当尽快健全《中华人民共和国体育法》及各级别体育赛事监督管理措施，进一步推动体育赛事风险法律体系建立，并根据体育产业的发展实际情况，把体育赛事及突发公共卫生事故的应急管理工作融入国家法制监管框架内。另外，要加快健全体育诉讼机制，充分发挥体育诉讼的保障功能，促进体育法制发展，为体育市场发展提供法律保障[①]。因此，应不断丰富赛事规章制度及体育的法律法规，杜绝因为相关法律或规章制度的缺失或者滞后而造成的风险无法及时或者圆满解决的情况。

（八）服务保障机制

通过赛后采取不同途径与措施，引导与帮助国家级和地区性的运动社会机构履行其负责比赛承办和管理的责任，在帮助跑者的方面增强比赛的支持。同时选择一些优质的售后服务人员开展专业的相关技术培训，并合作储备"爱跑步、懂跑步"的专业技术后备人才，建立一定的合作精神，有着一定的信用体系、赛事服务体系、合作共赢机制等，共同搭建起城市马拉松赛事标准化的服务质量保障体系。

---

① 林桥兵，吴钟，兰彦芳，等. 重大突发公共卫生事件下我国大型体育赛事风险防范与管理研究[J].吉林体育学院学报，2020，36（3）：30-35.

第七章　马拉松赛事风险监控

风险监控是指在决策主体的运行过程中，对风险的发展与变化情况进行全程监督，并且根据需要进行应对策略的调整。由于风险是随着内部外部环境的变化而变化的，在马拉松赛事的推进过程中可能会增大或衰退，也可能因为各方面条件的变化而出现新的风险。马拉松赛事风险监控就是通过对风险识别、评估和应对全过程的监视与控制，从而能够保证风险管理达到预期的目标，是赛事实施过程中的一项重要工作，主要包括两个方面，其一是监测马拉松赛事风险，其二则是针对国际马拉松赛事经营风险的演变状况进行有效应对管理。在马拉松赛事风险监控过程中如何采取恰当的方法、应用风险监控相关技术、做好风险信息采集，都是马拉松赛事风险监控中非常值得探究的问题。

第一节　马拉松赛事风险监控的概述

一、马拉松赛事风险监控的基本概念

马拉松赛事的风险监测，是对其比赛实施风险辨识、评价及比赛应对等全过程中的风险管理和风险监控，通过应用多种工具、方法等对不同类型的马拉松赛事风险因素执行跟踪与控制，是进行马拉松赛事风险管理的一种日常性管理活动。马拉松赛事风险监控的主要任务是对马拉松赛事风险跟踪并实施风险降低计划；评估重新计划马拉松赛事具有的战略需求环境；调用降低马拉松赛事风险的措施方案与执行偶然事件计划；关闭可能

存在的赛事风险并记录风险教训等。同时，当确实发生马拉松风险事件时能够及时启用事先规划好的应对措施与应急方案，将开展马拉松赛事的风险控制在可接受的范围内，保障赛事的成功举办。由此可知，马拉松赛事风险监控贯穿其赛事风险管理的全过程，是进行赛事风险管理的重要的组成部分，因此有必要对马拉松赛事风险管理进行风险监控。

二、马拉松赛事风险监控的基本工作

马拉松赛事风险监控的工作主要包括两个方面，其一是监测马拉松赛事风险，对已识别出来的马拉松赛事风险因素进行跟踪，监测风险因素随着赛事开展而发生变化的实时情况，即在马拉松赛事风险管理的整个管理活动中，产生马拉松赛事风险的环境条件和风险事件导致赛事目标及后果的变化。在以往的研究基础上可知，任何事件风险的不确定性会随着时间的临近而减少，风险性会随着确定性因素的增多而减少，这是因为导致风险不确定性存在的基本原因就是已知资料与现存信息的不足。因此，随着不同类型马拉松赛事举办时间的临近和相关赛事准备工作逐渐得到补充和完善，关于马拉松赛事风险本身的信息与资料会逐渐增多，对已知赛事风险发生具有条件的认识与把握亦会变得更加清晰。其二，则是针对国际马拉松赛事经营风险的演变状况进行有效应对管理，需要对已经出现的经营风险及风险形成的遗留经营风险和增加经营风险做出有效的识别、评价，并制订合理适当的处理对策。例如，在不同类型马拉松赛事举办当天遭遇不良天气环境，风险监控就要做到根据马拉松赛事举办时的天气情况，确认是否有必要启动赛事风险管理工作预案，从而做出相应的赛事风险应急处置。以常见的下雨天环境为例，若是小雨、低温天气，根据掌握的各种条件因素，假如预知下雨持续时间较短，则组织参赛人员正常进行赛事，假如下雨持续的时间较长，则决定是否有必要就近疏散避雨或就地解散；若是中到大雨、低温天气，是否能够做到及时进行避雨或做好疏散工作，同时关于赛事出现的类似突发风险规划合理的疏散安排，如在马拉松赛事未开始阶段，下雨较大做就地解散处置，所有参赛人员解散且不再参加当日赛事，将马拉松赛事的举办时间延期，在赛事途中遭遇类似情况，就要限期就近解散，中止马拉松赛事[①]。

三、马拉松赛事风险监控的过程

风险监控作为马拉松赛事风险管理活动中的一个有机组成部分，也是一种具有系统性执行追踪的行为活动过程，借鉴其他非体育领域风险管理中的风险监控活动过程已有研究，可将国际马拉松赛事风险管理中的风险监测活动过程从内部与外部的两种视角进行剖析。外部视角是指马拉松赛事中风险监测的管理、输入、产出过程与机制，而内在视角是指运用管理机制把输入转化为产出的过程活动。如下图7-1所示，风险监控用机制将输入转变为输出，通过控制调节过程，输入启动过程，输出结束过程，处理机制支持此过程，形成一个完整的马拉松赛事风险监控过程活动。

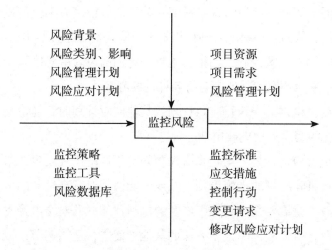

图7-1　风险监控过程

（一）风险监控过程控制

马拉松赛事的资源、参与人员的需求及赛事风险管理计划方案共同制

---

① 厦门市体育局.2020建发厦门马拉松赛应急处理预案［EB/OL］.（2020-01-21）［2021-12-26］.
sports,xm,gov.cn/xxgk/zfxxgk/ml/yjya/202001/t20200121-2612682.htm.

约着风险监控过程。

（二）风险监控过程输入

马拉松赛事开展所具有的风险背景，对赛事进行风险识别、评估、评价的结果，赛事的风险管理计划方案，赛事风险发生的处理对策等是风险监测过程的重点输入元素。

（三）风险监控过程输出

风险监测标准、应变措施、监控行动、变更请求等是风险监测过程的主要输出内容，其中基本内容包括：

风险监控标准。监控标准主要包括马拉松赛事风险原因的种类、出现的可能性、对比赛风险所产生后果的严重性，及其对比赛风险所产生的可控性。

随机应变措施。随机应变措施，主要指排除重大赛事风险发生时，所采用的、但未能预先计划的应对措施，关于这些措施方案应该进行有效的记录、备案，从而合理地融入马拉松赛事风险应对计划方案中。

控制行动。风险控制行动指实施事先计划的风险应对措施预案，其中包含了执行紧急预案和其他应对行动计划的方案。

计划变更申请。当执行应急计划或其他应对计划时，通常会出现对风险做出反应的赛事策划更改申请。

修改风险应对计划方案。当事先预知赛事风险已经发生或未发生时，或者当执行风险控制的措施得到消减或未能消减对赛事经营的危害严重程度与概率时，就需要完成对赛事经营的重新评估，并对赛事经营产生的概率、价值及赛事风险控制计划方法的其他方面进行适当调节，以便实现对赛事重大经营影响因素进行科学合理的有效管理工作。

（四）风险监控过程机制

风险监测流程的方式一般分为风险信息系统、事件风险监测方法和事件风险监测方法，而事件风险监测方法的采用，使风险监测流程更为智能化和高效率。

（五）风险监控流程活动

风险监控流程是指监控事件发生的阶段，判断事件是开始出现、继续产生抑或已经消失；同时，验证事件风险处理方法是否合理，监管的机构能否顺利执行，从而有效发现更新的危险因子，其中事件风险监测方法的应用，让风险监测流程变得智能化与高效率，做出风险预警并且制订最新的合理对策方案。马拉松赛事风险监控过程活动其主要内容包括以下几个方面：

第一，监控马拉松赛事风险设想因素；

第二，跟踪马拉松赛事风险管理计划的实施；

第三，跟踪马拉松赛事风险应对措施的实施；

第四，制定赛事风险的监控标准；

第五，采用合理有效的风险监测和控制方法、工具；

第六，报告马拉松赛事风险状态；

第七，发出赛事风险的预警信号；

第八，予以赛事风险处置新的建议。

第二节 马拉松赛事风险监控的时机

马拉松赛事风险监测程序是根据我们对比赛风险情况与社会发展要求的了解程度制定的一个综合权衡与控制决策的优选程序，既要可以规避风险，又要对经济有效，因此要谨慎选择执行对马拉松赛事风险监控的时机。在处理这种问题时可以两种方式为基础：首先，将承受赛事风险后可以得到的直接收益和可能遭受的直接损失加以对比，如果赛事得到的直接收益同比大于直接损失，马拉松赛事能够继续进行，相反政府必须中止赛事的开展；其次，通过对比马拉松赛事举办所获得的间接利益和间接损失，并把赛事举办过程中不能进行量化的组成部分考虑进来，如马拉松赛事开展时环境因素对其的影响。因此，在权衡赛事风险后果时，不能仅仅依据单一方面的影响因素，同时还要考虑到为了获得一定的赛事收益而采取规避风险策略时可能遇到的困难与费用。如图7-2所示，描述的内容为在实施或规避风险战略时取得的成效及因此而所支付的相关费用的相互关系，可以作为对马拉松赛事风险管理监控活动优选过程的依据。

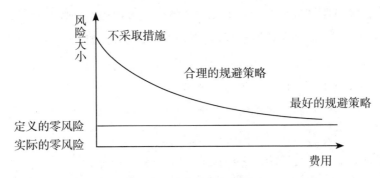

图7-2　风险监控时机选择

图7-2中最左边的点表示对赛事未采取任何风险规避策略，即在马拉松赛事开展时没有考虑任何的风险因素，赛事是成功还是失败，完全根据赛事的自然发展。沿着横坐标向右，可以看到随着资金等费用投入的增加，赛事经营风险规避策略的有效性亦在逐步提升中，但最右边危险性已被减少至最小。要了解到图中的最低限度并非指零风险，而是可能被认为达不到具有危险性水平的程度。同时，图中所表示的最低限度是通过主观判断来决定的，是通过马拉松赛事参与的各组成部分共同认为其达不到具有风险的程度。

第三节　马拉松赛事风险监控的方法

关于马拉松赛事的风险监控并未形成系统的、公认的且单独的技术可以使用，风险监控基本目的是通过某些方式最大限度地驾驭赛事风险，从而能够保障马拉松赛事可靠、高效地实现赛事开展目标。因为国际马拉松的赛事风险问题中存在着重复性、变化性、突然性、提前性等特征，所以

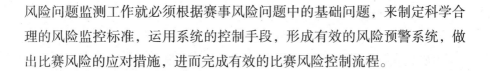

风险问题监测工作就必须根据赛事风险问题中的基础问题，来制定科学合理的风险监控标准，运用系统的控制手段，形成有效的风险预警系统，做出比赛风险的应对措施，进而完成有效的比赛风险控制流程。

一、采取系统的风险监控方法

从马拉松赛事整个过程来看，风险监控属于其风险管理步骤中的末端，但是要明确的一点是对赛事风险的监控并不仅限于此步骤，风险控制是以赛事风险管理的全过程为重点，而马拉松赛事预定目标的完成是整个风险管理流程有机作用的结果。马拉松赛事中如果没有充分的资金支持、考虑全面的比赛规划、进行细致的时间跟踪或比赛目标没有确定，这些障碍及其他不可控的因素都会导致或加大比赛开展风险，失利的可能性也更大。而采取系统方法来监控赛事风险管理的过程，将有助于减少或避免能够产生不利后果的风险因素。

系统方法下的风险监控是一个连续的过程，其主要任务是按照在整个国际马拉松赛事风险管理流程中规定的衡量标准，全面实时追踪和评价风险管理活动的实施状况。可靠有效的监控过程可以获得相应风险因素的处置是否有不正常之处，这些风险正在变成现实问题，在掌握了解这些状况的基础上，将能够确保马拉松赛事各项目组有足够的时间来制定针对风险的改进举措。在系统方法的指引下形成一套管理指标体系，以便于以最清楚简单的方法得到最精确、有效而且关系密切的赛事风险因素信息，这也就是实施风险监测制度的关键所在。同时系统的风险管理方式有着如下许多优点：

首先，为马拉松赛事管理提供标准的方法。在系统标准化管理下，可以为马拉松赛事人员的沟通创造一种共同的基础，从而减少了在认知风险和管理风险上出现错误的可能性。

其次，伴随着标准化而来的是赛事部门之间交流沟通的改进，保障了众多风险因素的信息资源共享。

再次，鉴于比赛风险变动性与复杂化的特点，有效的赛事风险管理方案可以为各政府部门对日益变动的状况进行迅速地反映、提供重要的支持和帮助。

从次，能够给风险管理过程提出一个较好的预期，使赛事中各部分的管理者都能够对经营风险结果进行合理的预测，与此同时，由于采用更加规范的赛事风险管理程式，也使风险管理工作过程产生了持续性。

最后，提高了赛事开展的有效率。标准化、灵敏的反应、完美的沟通、合理的预测，从而实现了降低马拉松赛事内举办的复杂性、混乱性及矛盾冲突，同时亦降低了赛事外马拉松赛事举办的复杂性、混乱性及矛盾冲突，同时亦降低了赛事外部或内部风险发生的机会。

针对近两年来出现的马拉松风险事故，为密切监测比赛中的情况变化，大型体育赛事采用了新型应用专利：马拉松、越野赛路线环境监测系统。该系统包括若干赛事路线环境监测装置，其主要功能模块分为：风速风向监控模组、气温监控模组、湿度监控模组、照明监控模组、紫外监控模组、储存模组、中央信息处理模块和显示模块。其中，中央处理模块将各职能模块电性相连，并将各职能模块所检测到的信号发送至显示器模块并加以指示。该监控系统的环境监测装置，布设在赛事路线预设的各个位置点上。赛事路线的环境监测装置采用安装不同的功能模块的机架，如风速风向、紫外线、温度湿度等。

其辅助功能模块还包括：移动通信模块，任两个赛事路线环境监测装置可通过移动通信模块进行实时通信；异常告警模块，若任一功能模块所监测到的数值超出阈值范围时，中央处理模块会将对应的数值判断为异常信息，并将异常信息发送给所属异常告警模块进行处理；红外测温模块，可对运动员进行红外测温，将监测运动员的体温信息通过中央处理模块进行处理，并发送给显示模块进行显示；近距离通信模块，近距离通信模块可与运动员佩戴的手环进行通信；视频模块，包括云台支架和摄像头，摄像头支撑在云台支架上并用于对视觉范围内的信息进行监测；电源模块，该模块为整个装置供电；移动通信基站，为所述移动通信模块提供信号支持。

在众多技术突破中，该监测系统创新性地加入了人工智能AI系统，可预判赛事发展状态，第一时间启动应急处理机制以最大限度地确保赛事顺利进行，同时最大限度地保障选手健康安全。

二、制订应对赛事风险的应急计划

对马拉松赛事进行风险监控的价值根本体现在保持赛事风险管理在预期的轨道上进行，不会出现很大的错误，出现无法挽回的重大损失，但是由于风险的特殊性，风险控制中存在着巨大的风险，变化多样的外部环境，突发性、复杂性的风险因素，对马拉松赛事风险管理进行风险监控的可靠性与有效性提出更高的要求。需要对赛事实施过程中的各种潜在的或已识别的风险进行系统的管理，并对比赛风险中可能产生的各类意外状况实施有效的管控，所以，建立针对各类风险的应对预案是比赛风险监测的一项关键工作，同时也是进行比赛风险监测的另一条重要途径。

应急策划主要是为了控制在马拉松赛事进行过程中可能存在或已经产生的某些情况进行准备。一种有效的应对预案，通常是将比赛风险当成是一个"触发器"（Trigger）引起的，即在赛事中的风险存在着某些因果关系，如图7-3所示。在马拉松赛事风险管理中，如果人们仅是承受风险而没有特别注意风险产生的原因，只会出现人们针对风险做出反应，却又没有做出预先行动、采取计划针对风险来源进行评估的局面。

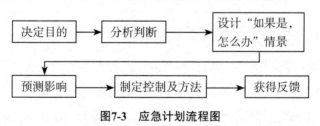

图7-3 应急计划流程图

触发器在国际马拉松赛事经营风险监控中是一种非常实用的概念，通过触发器能够实现三种最基本的管理功能：第一种是启动功能，通过触发器可以重新梳理预计所获得的发展，或使用风险行动规划中的警铃；第二种功能是终止，通过触发器可以发出危险性警告信息，或停止危险性应对活动；第三种方法是待处理，触发器也可用作停止运行风险计划。下列四个触发器可以用来提交不受风险事件等级影响的各项活动通知：

（一）定期事件触发器

提交马拉松赛事的各项活动通告，赛事事件进度的状况（赛事筹备、参与人员情况等评审）是定期事件触发器的基础。

（二）已逝时间触发器

提供赛事计划文件、行程表等是过去日期触发器的基石，也可以用具体时间作为以日期为基本的触发器。

（三）相对变化触发器

给出了在可接收范围外的信息，相对改变值是预先确定的定量目标和现实值间的差额。这里的阈值被定为高于或低于计划量化目标中的一个目标值，具体百分比的偏差，或者高于或低于计划中的量化目标，都将使触发器产生警告讯号。

（四）阈值触发器

给出了超过预先设置阈值范围的信息，而状态指标与阈值范围的比较是阈值触发器的基准。当状况指数高于阈值范围时，就触发了触发器，因此当赛事风险状况指数高于阈值范围时，或当赛事风险指标超过阈值时，将发出报警信号，及时提醒相应部门的管理人员，并报告赛事定量目标所接受的范围。

三、制定赛事风险监控行动流程

风险监控流程有利于控制马拉松赛事流程在预期的轨迹上进行调整，使预定目标不产生偏离。所以，在马拉松的赛事风险管理工作中就必须限制行为以完成整个过程。风险行动计划作为风险控制中心产品，并通过它所需的行为以完成对其产生满意结果的整个流程。马拉松赛事风险控制，最重要的就是依据监控掌握的比赛活动情况和问题特点，做出客观科学的评估，并采取相应的措施，即应建立赛事风险控制行动流程。根据控制的PDCA循环流程，包含整个PDCA循环系统中的四个步骤——规划

（planning）、执行（do）、检测（cheek）、处理或改善（action），马拉松赛事的风险控制活动过程中通常包含以下四个环节：

（一）发现风险

找出马拉松赛事存在的问题，可以是已识别或潜在的风险因素。风险因素是动态变化的，识别过程不仅仅是赛前的风险预估，还包括了赛中及赛后可能出现新的赛事风险。通常采用多种方法结合的评估手段，如头脑风暴法、情景分析法、风险分析表法等。

（二）评估问题

进行分析以便理解和评估记录在案。在风险识别的基础上，通过对收集到的大量信息及相关资料进行分析，主要包括频率分析及后果分析。

（三）计划行动

执行行动计划来解决问题。当风险危害程度过大时，应当执行紧急备用计划，终止比赛。

（四）监视进展

追踪工作进展直到风险问题有所改善，并把成功经验教训记录在案以便于日后借鉴。

四、应用风险监控相关技术

（一）审计检验法

审计检验法是风险管理的一个常见的管理技术，其可以用于马拉松赛事的全部过程中，从赛事策划书开始直至整个马拉松赛事的结束。若要举办一场马拉松赛事，其中赛事类型与规格要求、参与对象、参与单位、实施计划及安全相关工作等的开展、筹备都需要进行审核。在审核过程中要求能够查出错误、工作疏漏、实施计划不准确明晰、预案矛盾之处等，通过审核可以发现以往或他人未注意的或没有考虑到的问题缺陷。在审核时应采用会议的形式进行，并能够在马拉松赛事准备的不同阶段通过会议沟通交流。审核会议对于相关马拉松赛事要有明确的目的、具体的问题，需要邀请各方的有关人士参与评审工作，参加者不得审核自己承担的某方面任务。每次审批工作完成后，要将审批出现的问题及时和原来负责的工作人员进行交流。让其即刻采取行动予以解决问题，并在问题得以解决后由专人签字验收。

检查则是在马拉松赛事开始后的过程中进行的，其目的是把赛事相关各方面的反馈意见及时通知到相应负责人员，一般对马拉松赛事的检查是以赛事目标为研究对象，包括赛事实施过程、相关安全工作、应急措施等。但检查不像审核工作那样正式，要求参加检查的人员在职位、技术水平等最好差异不要太大，以便于平等地在检查工作中讨论问题。同时检查应准备相应格式的表格，把要检查的问题或要询问的方面记录在上面。在检查结束后，要把检查发现的问题及时向相应的负责人进行反馈，使他们迅速采取行动予以解决，问题解决后要求由专人签字验收。

（二）监视单

监视单在国际马拉松的赛事风险管理流程中，是需要管理者予以格外重视的关键区域的清单，如极端天气等。监视单属于一个简单明了，又很方便编制的文件列表，相关赛事风险的内涵可浅可深，浅些则可只显示已鉴定出的风险因素，深则可以列出诸如以下的风险内容：风险顺序（按照严重性、可能性、可控性排序）、风险在监视单中已经停留的日期、所有风险的处置活动、所有风险处置活动的计划执行情况、对所有风险之间差别的理解程度等。

马拉松赛事风险监视单的编制应基于赛事的风险评价结果，在监视单中一般应有尽量少的风险数目，并重点列出哪些风险因素对马拉松赛事的影响最大、威胁最大。如前文提及的，由于国际马拉松赛事有关工作的发展一旦发生意外将有数额巨大的新风险，对马拉松赛事形成严重负面影响。因此，对其的定期评估可能要增补或删减某些风险内容，非常有必要全部列入监视单，因其说明初始的比赛危险性评价不准，马拉松赛事的开展危险性较原先预测的要大，对赛事风险因素的可控性较弱，存在较大风险。如果某项风险因处理过程无进展而长时间存在监视单中，则可以说，可能需要对该风险或风险处理方法做出重新评价。同时，监视单的风险内容也将在所有公开或非正式的审查会议期间加以审核和评价。

第四节　马拉松赛事风险监控的信息采集

马拉松赛事风险监测基础是比赛过程中的风险信息状况，并体现出项目风险的变化状况。及时精确地掌握项目风险状况信息，可以高效地对项目风险进行监测，在风险监控的过程中需要获取以下信息。

一、风险源信息

风险源与风险密不可分。风险是指事故中可能造成的风险损失，其可以是低报酬风险、低机遇风险，也可以是单纯风险。当可能产生高报酬，但实际回报程度并不明确的风险称为低报酬风险；产生实际受益机会损失的风险则称为低机遇风险；不能够造成伤害的危险称为单纯风险。可以产生危险的人或物，又或者事物可以被看作危险源。

危险源信息需要根据工程技术、时间步骤和时间给出必须加以注意的危险要素和事故清单，根据马拉松相关的技术分析指标，在马拉松赛事中，主要的经营风险来源，包括竞赛经营风险、政治安全风险、社会经济风险、企业组织管理工作经营风险和自然资源经营风险五大类，在每大类风险下还可以细分为更多种类的风险。

二、风险因素变化信息

随着马拉松赛事进程的推进，各种风险因素会随着时间的推进而变化，要及时获取各种风险因素的变化情况信息，包括真实性、影响的主要或次要关系、影响的直接或间接关系、可控因素及其转化等。在马拉松赛事筹办中，赛事筹备阶段的风险因素主要由赛事活动策划风险和筹备工作风险构成，进行到规划阶段主要风险为人员风险、物资准备风险及商业风险，在启动阶段时主要是赛事安全风险、赛道服务风险及后勤保障风险。

随着赛事筹办进程的推进，风险因素的不断变化是马拉松赛事风险监控中一个不可忽略的问题。常见的赛事风险因素如表7-1所示：

表7-1　马拉松赛事风险因素表

赛事总风险	竞赛风险	运动猝死风险	
		运动损伤风险	运动性损伤
			踩踏等事故
		运动疾病（传染病）风险	
		药物（兴奋剂）风险	
	政治风险	种族差异冲突风险	
		信仰差异冲突风险	
		社会因素导致的其他风险	
	经济风险	财务风险	资金风险
			外汇风险
		商务风险	冠名风险
			广告风险
	组织管理风险	有关人的风险	运营决策风险
			岗位空缺风险
			人员冲突风险
		有关物资的风险	赛道补给风险
			场地设备风险
			赛道管理风险
			行李寄存风险
			完赛物品发放风险
		有关时间的风险	竞赛日期的选择
			相关培训日期的选择
	自然风险	恶劣天气风险	
		环境破坏风险	
		能源消耗风险	

三、风险识别、评估及结果的修正信息

根据风险因素动态变化的情况，采用不同的风险应对措施，及时修正风险分析结果，准确掌握项目风险状况的变化。在进行风险监控的过程中，相关管理人员应当随时关注风险的发生、采取的应对措施及实施的效果，对残余风险进行评估。马拉松赛事风险评估总体流程见图7-4所示。

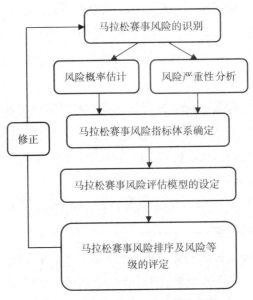

图7-4　马拉松赛事风险评估流程图

四、预警指标体系

在明确马拉松赛事风险监控所需信息的基础上，下一步就是对风险信息的管理和利用，即实施风险预警管理。由于马拉松赛事的特点，决定了马拉松赛事中的风险是难以避免的，风险发生后，对马拉松赛事举办地及马拉松赛事运营方造成的影响和损失是非常严重且难以弥补的。因此对于风险，除了要有一套完善的马拉松赛事风险应对策略，更要针对马拉松赛事的特点及赛事举办地的特点建立一套完整的马拉松赛事风险指标体系。

智慧赛事管理系统，整合物联网、人工智能分析全方位布控城市交

通、医疗救援、安全保障、疫情防控等系统，通过大数据采集对赛道、跑者进行监测、预警，并迅速做出评估、分析、决策、指挥，全面提升了赛事的管理效率和赛事安全。该系统主要由赛事主办方掌控的智慧马拉松实时监控管理平台，结合选手手机上的智慧马拉松赛事助手小程序，构成双向的信息流通。赛事的信息实时共享系统，确保了赛事裁判、赛事组委会、志愿者、医疗工作人员、交通布控人员交流通畅；鹰眼赛道，保障所有选手安全完赛，降低赛事风险；引入智慧马拉松AI引擎、大数据分析、人脸识别、GPS追踪等技术，提高效率，减少人力成本、沟通成本；科技手段协助赛事执行标准化，整合模块化数据与信息，使马拉松运营管理可视化。

在制定马拉松预警指标的过程中，通常需要划分为基础指标与征兆指标，基础指标是指与风险估计有关的基本技术指标，而后者则是指报警依据的分析指标。在确定马拉松赛事的这些指标体系时要遵循以下原则。

（一）敏感性原则

要保证所设计的监测指标可以及时反映马拉松赛事开展过程的真实状态。

（二）独立性原则

所设计的监测指标之间需要没有相关性，减少各指标之间的重叠，使得这些指标可以从多个方面来表明当前赛事的风险状态。

（三）可测性原则

系统的所有参数都可以被检测出来，具备实用性，从而能够根据不同预警的需要进行全面的监控。

（四）规范化原则

要保证在马拉松赛事运营过程中的监测信息可以在整个风险预警的过程中的各个阶段和其他风险管理决策中得到应用。

五、预处理风险信息

风险类型作为风险因素的集合概念，包含了多种风险因素，各个风险之间既存在区别，又具有联系。对马拉松赛事运营过程中的各种风险源信息进行组合和相互印证，使得各种零散的风险信息形成整体的具有预报性的信息，并根据信息做出风险的预测，包括利用现有的信息做出推测，用一部分信息推断其他的信息，积极侦测和预防其他潜在风险因素。预处理风险，指在组织马拉松赛活动的过程中采用提前或事先预警的方法，一旦在风险监测活动中出现产生危害的迹象，及时做出纠正措施或发布警示信息，最大限度地减少不良影响的产生。通过建立预警指标体系，及时察觉项目中的问题，从而实施高效的风险管理过程。当项目规划和实际之间产生偏离时，就具有了这样的可能性，即项目正在遭遇着难以管理的风险，而这些偏差既可能是正面的也可能是负面的。

WBGT监测系统，可以在赛前更加科学地评估气候风险，根据温度的变化制定相应的保障措施；通过赛事当天的监测了解天气情况，及时调整保障重点。包括波士顿马拉松、澳大利亚网球公开赛等赛事均采用WBGT监测系统，以保障赛事安全。WBGT监测系统主要应用于高温天气，如温度27℃~32℃、湿度70％左右。在这种高温、高湿度的天气下跑步，人体会觉得很闷很湿热，体温也会更高，身体的耗氧量、肝糖量的消耗、心率都会上升，乳酸产生也会更快一些，能量消耗更大，人体皮肤需要处理的散热压力更大，而当排汗排热的效率变快后，人就更容易体渴，造成中暑或者热衰竭的不良反应。

WBGT的英文全称为wet bulb globe temperature，中文名称为湿球黑球温度，也叫"暑热压力"，指热给人体所带来的压力。其工作方法是通过几个球形装置测量气温、湿度、太阳辐射和风的指标，以一个固定的公式将这4个元素相加计算出一个数字，这个数字以温度的形式给出，并规定出在这个温度区间应当采取的相应措施。

赛事组委会根据WBGT数据，在赛前利用官方平台接连推送"降温须知"，并在赛道两侧设置喷淋、海绵冰水，增设冰矿泉水、口服补液盐站等。比赛当天，组委会通过WBGT监测系统，以五公里为半径，以计时点为采样基点，从早上七点开始至赛事结束每半小时采样一次，并实时通知全体医疗保障人员，告知预警级别，确保所有参赛跑者都安全完赛。

六、风险防范与控制对策

风险防范与控制对策包括对马拉松赛事组织过程中的早期预防、处于临界状态风险的有效控制及针对风险事件的应对措施。早期预防指在马拉松赛事的组织筹备过程中可以预见的风险，如人员风险和物资风险，通过合理的规划与防范可以降低或减少该类风险的影响。处于临界状态的风险一般是赛时突发状况的风险，如赛事当天天气影响等。

第五节　马拉松赛事风险监控的内容

一、马拉松赛前风险监控内容

在马拉松赛前策划阶段，主要工作内容包括路线的规划、赛道的设计、比赛时间的选择、组委会成员的分工、赛事的推广与宣传、赛事赞助与广告等。在规划路线时需要对拟定的赛道进行安全检查，对其是否适合运动员参赛及对城市交通的影响做出准确的判断。为了保证赛事的展开可以顺利进行，要根据当地的人文环境、自然环境、气候条件科学地选定赛事的开赛日期。在赛前需要针对各项内容制定一套赛事组织管理办法，同时确定赛事中各个部分的负责人及其具体工作。与政府密切联系，对赛事推广方式与宣传方式进行沟通，尽可能地进行赛事的宣传。对于赞助提早接触，将需要赞助商准备的东西及给赞助商的福利待遇等方案尽早完成。由于大多数马拉松面向国际开展，在前期筹备的同时需要注意政治问题，当赛事的宣传开始时，会吸引大量的海内外人士前来参加，此时不同地区、国家的人文背景、意识形态及宗教信仰都会有差异，因此组委会应当做好接待人员的培训及注意宣传工作的严谨，否则可能会导致政治风险的出现。

在赛事筹备工作阶段，主要工作内容包括市场分析、赛事安全保障等。为了确保赛事的公平、公正、公开，必须制订合理的管理方案。在赛事的筹备阶段需要大量的资金注入，由于马拉松的举办动机包括经济方面的动机，因此还应考虑如何保证在办好比赛的同时达到收支平衡甚至有更多的营收。同时在筹备阶段时应根据当地的游客承载力和办赛能力确定参赛人数，参赛人数的多少决定了一场马拉松的规模大小，是马拉松能否成功的核心因素之一，由于人数多，风险发生的可能性很高，需要制定一整套应对机制。

临近赛事时，主要面临的风险是人员方面的风险，人员方面分为三类，第一类是从事赛事管理的人员，也就是组委会的成员，其中既包括政府部门的管理人员和承办方的管理人员，也包括招募来的志愿者，第二类是参加马拉松赛事的运动员，第三类是观众及陪同参赛者而来的家属，与其他的风险相比，人员风险更具有随机性和复杂性，其中志愿者是重点人群，志愿者的数量虽没有参赛人数多，但也非常庞大，同时也是马拉松赛事不可或缺的一部分，对于志愿者的招募，应当制定严格的选拔标准，加强志愿者的培训，保证培训的课时量，培训内容可以借鉴其他赛事的经验，结合案例进行讲解，防止志愿者因不专业产生的风险隐患。工作人员要确保每个岗位的到位情况，确保工作正常推进。除此之外还有补给品和设备的保障风险，通常马拉松赛事每五公里设立补给点以供参赛运动员补充能量和水分，除了物资数量要确保充足，还要确保投放得准确，途中的喷淋点和起终点所需要的水、电也需要提前协调好并且确保万无一失，电力水源与器材供给也会对赛事的举办形成制约。物资投放前需要确定赞助商的广告牌等内容，是否与同类企业冲突或其他常规错误。

大型体育赛事舆情监测工作。为确保这些大型体育赛事在举办过程中不会出现大的负面舆论，即使出现舆论大潮，也能有效控制。与赛事相关的品牌，无论是举办方还是赞助商、参与方等都必须通过网络舆论监控系统，加强网络舆论监视，特别是实施网络实时监视，提前全面把握相关舆论动向，提前应对，防止事态扩大。

（一）大型体育赛事的舆论风险

大型体育赛事分类多，覆盖范围广，因此加大了风险概率，如赛事运作与体育产业、竞技体育与大众体育之间的矛盾协调等。以赞助商为例，赞助翻车等舆论事件时有发生；体育报道的娱乐化、暴力化、异化，往往成为体育赛事舆论氛围破坏的根源；赛事安全装置配备差，造成运动员安全事故。

（二）舆情预警方案

关键词预警通知：在使用全网舆情监控软件关键词监控功能时，将需要报警的字词设置为关键词，当有关舆论在全网范围内提及并触发关键字时，系统可及时推送。语音警告通知：根据舆论软件的智能语义识别功能，自动识别网络上产生的敏感、负面、突发新闻标题、信息内容、媒体/网民评论、视频摘要记述等。定向预警通知：对某一重点舆情传播平台或有影响力的媒体、KOL的舆情动态进行定向跟踪预警，一旦发布相关动态第一时间报警通知，以满足用户获取个性化舆情信息的需要。

二、马拉松赛中风险监控内容

马拉松赛事的赛中风险主要是赛事安全和赛道服务及后勤的风险。

赛事安全的风险包括赛中的气候风险、观众骚乱风险、运动员人身安全风险、比赛规则风险、恐怖袭击风险、传染病风险。由于马拉松是一项大型体育赛事，参与人数多，同时赛道距离长达几十公里，管理不当可能会产生骚乱。在比赛当天如果出现极端天气，对运动员的成绩甚至安全都会有影响，需要组委会做好人员的管理工作。在比赛中，由于运动员的身体原因或其他原因，很可能出现伤病，严重的可能会发生猝死等现象，在马拉松的官方网站上及各大新闻报道中显示，马拉松运动中时常发生猝死的事故，目前马拉松的发展在我国进入高峰期，呈现一个"井喷式"的发展，这类风险伴随着马拉松的壮大而扩大，这需要组委会在医疗上加强投入或从源头筛选报名参赛的运动员。相较于国外，国内的大型体育赛事恐怖袭击事件发生的概率较低，但仍需与安保部门协调做好赛事的安保工作。

赛道服务风险包括交通管制风险、补给点风险和医疗服务风险。交通管制需要赛事举办地派出大量警力疏导交通，赛事当天对城市交通的影响非常大，如果处理不好相关问题，对马拉松赛事之外的人员造成影响，会直接影响赛事的口碑，引起当地居民的不满。而马拉松是一种对身体耐力要求非常高的有氧运动，对运动员来说，这项运动的持续时间长，为了杜绝意外情况，需要主办方提供妥善的医疗服务，全程马拉松的赛程长达42.195公里，由于运动时间过长，运动员的身体机能水平会提高，排汗量增加，心血管系统工作负担增加，随时可能会有意外发生，因此医疗救援服务是必不可少的内容。

赛事后勤风险主要指完赛人员的滞留风险和环境维护的风险。在赛事结束时，大量的运动员通过终点，同时又有大量的观众围观，这样的情况下非常容易出现环境脏乱差的现象。同时，比赛结束时常常出现周边绿化被人群踩踏和毁坏的现象，终点的补给站大量人群滞留，如果乱丢垃圾，将给赛道的环境带来影响，并损害了举办地的形象。

三、马拉松赛后风险监控内容

马拉松赛后的主要工作为收尾，包括赛后的恢复工作和财务结算工作。恢复工作包括参赛人员的撤离、运动员成绩的整理、观众疏散及赛道沿途的补给点、设备的撤离，马拉松可以提高一个城市的形象，表现在马拉松赛事的各个阶段，赛事的收尾工作同样可以彰显一个城市的气质和素质。赛事结束后，不仅参赛人员需要撤离，观众和工作人员同样需要撤离，以恢复城市的交通和秩序，因此在设计赛道时首先就应该考虑赛事的终点交通是否便利。其次需要考虑，在经过全程马拉松42.195公里距离的比赛之后，运动员是否有体力进行长距离的行走乘坐交通工具，赛事组委会应为运动员提供便捷的交通工具使他们可以回到起点。因为参赛人数众多，运动员的成绩汇总也具有一定的难度，要求每一个运动员的成绩都要精确。在马拉松关门时间到达时，需要尽快安排车辆沿途收集补给点物资和设备，以尽快恢复城市正常的交通。财务结算工作的风险包括财产流失风险、赛事盈利风险、资产回收风险和发放风险。在马拉松赛事的运营中，主办方投入大量的财力、物力到比赛中，因为比赛过程中的各种不确定因素，这些资产可能有流失的风险。设施和器材可能因为各种原因损毁，包括客观原因，如天气等，也包括人为破坏等原因。在马拉松赛事中，赛事盈利也是非常重要的，马拉松的资产不止体育设施等有形资产，还包括商标、周边、电视转播权等无形的资产，这是赛事盈利的重要渠道。为了保护这些无形资产，要设立专门的权益保护部门，打击盗版和有损赛事形象的事件发生，防止侵权。赞助商的赞助在赛事资金中占一定比例，但赞助商不只是提供资金，同时还和赛事联系在一起，为了达到赛事的举办目的，维护赞助商权益是不可或缺的措施，在赛后的资金结算时非常重要。同时，赛后马拉松获奖选手的奖金发放是一个非常重要的环节，要及时发放奖金。

第六节　马拉松赛事风险监控系统

一、风险监控组织及其人员

马拉松赛事的风险是相当复杂的，其逻辑关系是环环相扣的，在人类相关社会活动等方面还存在普遍的联系，构建大型马拉松路跑赛事的风险监控系统在一场马拉松赛事中尤为重要。在构建马拉松赛事风险监控系统时，首先要明确风险监控组织和人员，在马拉松赛事中，一般来说风险监控组织首先是由赛事组委会组成，由组委会主要负责人负责风险管理的实施，由政府部门、企业等协同开展监控活动，总负责人是最重要的一环，必须负起责任，参与到整个风险监控的过程中。总的来说，马拉松风险监控是依靠马拉松主办方和主要的参与机构、企业协同进行的团队工作，通过加强各部分之间的联系来促进团队的风险监控工作。

二、风险监控政策、规章的确立原则

在进行风险监控时，需要通过多种因素有机结合实现科学化和有序化的风险监控，因此在项目风险监控系统设计建立时应当遵从以下原则。

（一）动态监控全过程

在风险监控过程中，风险随着马拉松赛事进度的推进不断变化，要及

时收集与赛事有关的各种信息，并进行处理，及时关注风险应对措施（避免、减小、转移）实施的效率，识别剩余风险或排除其他不会发生的风险，制定新的风险应对措施。

（二）权责一致

在马拉松赛事风险监控过程中，应当明确每个人的职责内容和权利范围，做到权责一致，使整个系统顺利运行。

（三）信息及时反馈

发现问题时，将马拉松赛事运行过程中存在的问题及时反馈到相关负责人处。定期开展讨论会议，对风险现状进行评级，并通过开会及项目实施状况的反馈找到新风险。

（四）建立完善数据库

对不同类型风险及其应对措施进行归类，有利于今后同类项目开展中相关风险的应对。

三、风险监控在马拉松中的应用实例

2020年11月22日，第34届杭州马拉松在武林广场举行。杭州马拉松是世界田径联合会的金标赛事和国内"双金+"赛事之一，赛事主办单位按照相关办赛要求制订了细化、优化的疫情防控和办赛方案。检录处，人脸识别、身份信息验证、健康码检查、体温测量四项检查植入同一台移动设备，既保障了疫情防控，又提升了入场速度。在杭州马拉松组委会的指挥室里，采用两块独立显示的大型屏幕，同时呈现竞赛道路实时数据和医疗救护实时数据，数据来源则是布置在赛道上的各种信息设备：10个360°监控摄像球无死角捕捉赛道动态；八十余名配有AED装置的应急工作人员，全部携带具备卫星定位系统和拍照功能的执法仪器，随时随地能够与控制室进行视频连线以能够更准确地在第一时间做出判断；埋在计时毯里的芯片从5公里间隔减小到2.5公里，铺设更密集，监测更精准。这些基于阿里云技术打造的可视化指挥系统，让杭州马拉松的赛道会"说话"。以往的马拉松比赛里已有通过大屏展示比赛数据的应用实例，但随着科学技术的进步，杭州马拉松最大的提升在于可视化和精准化，选手运动轨迹更精准，竞赛车辆的位置更实时准确，使赛场检测工作更加便捷和高效。"数字化杭马2.0"解决方案，除了延续阿里生态给选手提供食、住、行服务，比赛管理方还搭建了可视化的比赛指导和管理，将数据首次提升至可视化的信息同步呈现，辅助赛事指导决策。新增的可视化医疗急救系统也可以更好地调度急救资源，同步事发现场画面，提升急救指挥工作的效率。

南昌国际马拉松中，赛事组委会引入了许多高新科技监测手段，用来提升参赛者的参赛体验和安全性。智慧马拉松作为现代体育发展的缩影，覆盖了多行业、多产品及解决方案。从赛场布局、装备检测、安全维护及保障等多角度整合智能AI技术，营造智慧跑步环境，全面显示城市智能发展水平。

在南昌国际马拉松比赛中，组委会还配备能够检测周围环境热负荷的仪器，及时掌握了赛场的天气情况，以及热力负荷等各种因素的变化。为全部救护车、移动AED配置定位设备，完善通信指挥辅助系统，并实施了后台监视监听系统和一键式电话拨号，以便于迅速进行现场调度。此外，开发并提供"运动团子"小程序，功能包含领物指引、比赛通知、参赛手册等，对选手熟悉赛事相关信息提供很大帮助。赛事还同时开放了智能马拉松信息网络平台。该平台主要由可视化LED大屏、手机端控制模式及手机小程序等构成。在项目中，将通过收集大数据分析信息和资料、系统化管理和可视化等手段，实现大数据挖掘。比赛期间，通过整理数据与信息、系统化数据及可视化方式，引入大数据分析、人脸识别、卫星定位、5G视频传输等技术，并介入志愿者、医疗、安保等体系，实现马拉松全程实时可视化监控，为赛事高效运行、策略优化和运动员安全，提供有力的保障，从而为参赛者创造更好的参赛体验，保障赛事安全。

以杭州马拉松和南昌国际马拉松为代表的智慧马拉松推动了全民健身的热潮，让市民感受到智慧城市建设为生活带来的改变。同时，通过大数据积累、分析，提升群体运动项目赛事的安全保障性和便捷性。马拉松全程数据的保留和总结可以为马拉松赛事监控系统的后续发展提供参考依据。

参考文献

[1]周三多,陈佳明,鲁明鸿.管理学:原理与方法[M].上海:复旦大学出版社,2009

[2]JCONTRERAS J L, CORVALA A. Olympic Games: No legacy for sports [J]. Economics Letters, 2014(2): 268-271.

[3]KENNELLY M, TOOHEY K. Strategic alliances in sport tourism: National sport or ganisations and sport touroperators[J]. Sport Management Review, 2014, 17(4): 407-418.

[4]周向成,卢存.降低马拉松比赛运动员猝死几率可行性的研究[J].体育科学, 2014, 4(18): 67-69.

[5]戈德布拉特.国际性大型活动管理[M].陈加丰,王新,译.北京:机械工业出版社, 2003.

[6]吴小圆,任占兵,李乐虎.政府治理视域下我国马拉松赛事发展的综合效益、潜在风险与治理路径[J].上海体育学院学报, 2021, 45(12): 50-58.

[7]姜鑫.中国马拉松参赛者参赛风险评估与控制路径研究[D].长春:东北师范大学, 2019.

[8]SHONE A, PARRY B. Successful event management: Apractical handbook [M]. London: Thomson, 2004.

[9]常芸.马拉松运动与健康[M].北京:人民体育出版社, 2013.

[10]沈七襄.马拉松与健康[M].厦门:厦门大学出版社, 2013.

[11]刘均.风险管理概论:第二版[M].北京:清华大学出版社, 2008.

[12]刘燕华,葛全胜,吴文祥.风险管理:新世纪的挑战[M].北京:气象出

版社, 2005.

[13] 肖林鹏, 叶庆晖. 体育赛事项目管理 [M], 北京: 北京体育大学出版社, 2005.

[14] 王守恒, 叶庆晖. 体育赛事管理 [M]. 北京: 高等教育出版社, 2007.

[15] 石磊, 时广彬. 马拉松赛事竞赛组织风险与评估研究 [J]. 体育文化导刊, 2017,（12）: 22-26.

[16] 杨铁黎, 李良忠, 陈文倩. 商业性体育赛事风险管理 [M]. 北京: 北京体育大学出版社, 2010.

[17] 刘新立. 风险管理: 第二版 [M]. 北京: 北京大学出版社, 2014.

[18] 高岩. 体育赛事风险管理研究: 基于项目管理理论视角 [M]. 北京: 北京体育大学出版社, 2017.

[19] 范道津, 陈伟珂. 风险管理理论与工具 [M]. 天津: 天津大学出版社, 2010.

[20] 刘东波. 我国承办大型体育赛事风险管理机制研究 [D]. 长春: 东北师范大学, 2010.

[21] 姜宇. 北京马拉松赛风险管理研究 [D]. 北京: 北京体育大学, 2017.

[22] 康树昆. 郑开国际马拉松赛事风险管理研究 [D]. 郑州: 郑州大学, 2018.

[23] 吕万刚, 曾珍. 基于WSR的我国马拉松猝死风险防范模式及机制研究 [J]. 体育学研究, 2020, 34(02): 1-8.

[24] 蒲毕文, 贾宏. 大型体育赛事风险评估的结构方程模型构建及实证研究 [J]. 中国体育科技, 2018, 54(02): 51-58.

[25] 梁波, 李伟, 李峻峰. 城市承办大型体育赛事生态风险评估体系的构建研究 [J]. 成都体育学院学报, 2020, 46(02): 34-41.

[26] 王子朴, 孙琦, 吕予锋. 从项目管理视角看赛事风险投资的风险防范与控制 [J]. 成都体育学院学报, 2007(02): 14-16+42.